PENSÉES EN CHEMIN

Axel Kahn, médecin et généticien, est l'auteur d'une bonne vingtaine de livres dont plusieurs ont été des best-sellers. Notamment *Et l'homme dans tout ça ?* (Nil, 2000), *Comme deux frères : mémoire et visions croisées* avec Jean-François Kahn (Stock, 2006) ou *L'Homme, ce roseau pensant* (Nil, 2007).

AXEL KAHN

Pensées en chemin

Ma France, des Ardennes au Pays basque

STOCK

*Le lecteur pourra retrouver sur le site
http://axelkahn.fr/2013-enimages/ les centaines
de photographies prises tout au long du parcours
d'Axel Kahn, chacune commentée et mise en situation.*

© Éditions Stock/NiL, 2014.
ISBN : 978-2-253-18264-1 – 1ʳᵉ publication LGF

À ce pays que j'aime et qui est le mien, la France.

*À ceux qui y vivent, y travaillent,
y souffrent, s'y épanouissent.*

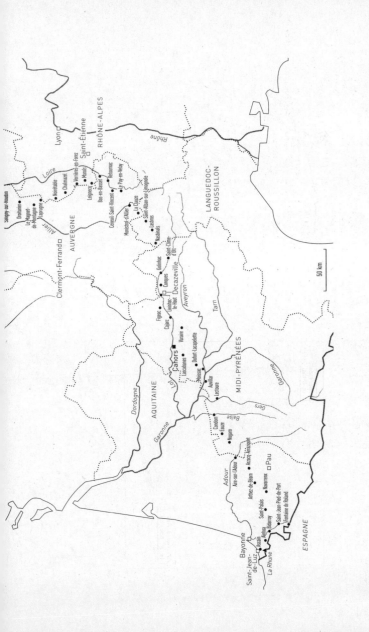

Introduction

Toute ma vie, j'ai aimé marcher. Petit garçon, j'ai passé les cinq premières années de ma vie dans un village du sud de la Touraine, Le Petit-Pressigny, où les circonstances familiales et celles de la guerre m'avaient fait naître en septembre 1944. La villageoise qui s'occupa de moi, mère de quatre enfants dont trois grandes filles, avait perdu deux époux, l'un à chacune des deux guerres mondiales. C'était une famille paysanne pauvre dans laquelle la marche à pied restait le moyen presque unique de se déplacer lors des visites à la famille ou aux amis des villages environnants dans un rayon de près de dix kilomètres. Dès mes trois à quatre ans j'accompagnais le mouvement, parfois pomponné et endimanché, au moins au départ, lorsque la troupe se rendait à une noce. Certes, les épaules secourables des adultes étaient là pour pallier la fatigue de mon jeune âge, mais je me rappelle ne pas en avoir abusé. Après que j'ai rejoint mes parents à Paris, ma mère m'inscrivit bien vite aux organisations scoutes de la paroisse, les louveteaux puis les scouts de France. Je m'y épanouis vraiment, adorant les camps en pleine nature, les jeux de nuit et les longues marches. Toutes mes longues vacances scolaires de l'époque (trois mois !) furent campagnardes. Je crois bien avoir très tôt ressenti que mon milieu naturel, ma matrice en quelque sorte, était constitué des chemins et des forêts, des prairies fleuries et des animaux de la ferme. Au petit matin, ce n'est pas le coq fêtant le jour nouveau qui m'a jamais gêné, c'est son silence lorsque j'en étais tenu éloigné.

Plus tard, mes goûts d'adolescent puis de très jeune homme m'ont sans cesse amené à me replonger chaque fois que possible dans ce monde de nature d'où je venais et loin duquel je ne me suis jamais senti vraiment à l'aise. Sac au dos, j'ai ainsi commencé, dès mes quinze ans, à profiter de mes vacances pour partir, en auto-stop et à pied, d'une auberge de jeunesse à l'autre, à travers la France, l'Allemagne et les pays voisins. Cette passion des espaces et paysages non urbanisés me conduisit ensuite à consacrer plusieurs semaines chaque année, au printemps et en été, à la randonnée en moyenne et haute montagne, d'abord avec un groupe d'amis puis en couple. C'étaient alors des parenthèses enchantées à mes longues études puis à une vie professionnelle et publique de plus en plus trépidante. En totale autonomie, campant près des torrents et des lacs de montagne, progressivement le plus à l'écart possible des itinéraires balisés, j'aspirais, tel un cétacé avant sa plongée, l'air pur, le seul que je respire volontiers, nécessaire à ma survie dans la longue immersion qui m'attendait en ville dans la « vie ordinaire ». Le souvenir des randonnées passées et la préparation des suivantes contribuaient aussi à me donner les ressources me permettant de supporter les longs mois aux horizons limités par les murs de l'université et des laboratoires, dans les atmosphères aseptisées et normalisées des hôtels du monde entier dans lesquels je descendais à l'occasion des congrès, d'échapper à la ligne des rues et à l'enfilade des immeubles de la cité.

De fait, je garde de ces périodes de liberté vaga-bonde, les pivots de toutes ces années, mes souvenirs les plus vifs. S'y mêlent mon émotion au bord d'un lac en bordure de la portion supérieure de la vallée des Merveilles dans le massif du Mercantour, la tente de bivouac dressée à quelques mètres de l'eau sur une langue herbeuse entourée de deux névés, ma compagne lasse assoupie, doucement caressée par le soleil rasant du soir tombant ; ou bien cette fin d'après-midi douce et lumineuse sur le haut plateau situé au pied du pic Carlit, dans les Pyrénées orien-tales, à contempler cette étrange montagne en pain de sucre dont il faudrait le lendemain escalader les quelque six cents raides derniers mètres. Lorsque le regard s'éloignait de l'obstacle, tout contredisait cependant le rude effort qu'il faudrait fournir bientôt, les reliefs émoussés de ce paysage glaciaire constellé de lacs, son herbe rase et dorée à la végétation rare, quelques isards craintifs, les marmottes dressées méfiantes à proximité de leur terrier, leur sifflement d'alerte déchirant brutalement l'épaisseur du silence. Je ne sais ce qu'est le paradis auquel je ne crois guère mais en accepterais une telle image.

Le sentiment de bonheur dans lequel je puis som-brer dans de telles occasions me précipita, des années auparavant, dans un irrésistible désespoir. Je parcourais avec mes amis la partie sud du chemin de grande randonnée numéro 20 (GR 20), en Corse. Après le col de Vizzavona, le sentier se dirige vers le monte Renoso, puis le monte Incudine en parcourant en particulier une longue arête parsemée de formations rocheuses aux formes diverses et étranges, la « crête des statues ». Auparavant, plus bas, le randonneur chemine dans un paysage plus aimable, sillonné de petits ruisseaux qui se fraient un chemin hésitant dans une herbe grasse sur les brins de laquelle scintillaient, ce matin-là, en un ultime embrasement avant leur évaporation rapide sous l'ardeur du soleil, les perles de la rosée matinale. Puis le paysage devient de plus en plus minéral, les horizons s'élargissent entre les silhouettes fantasmagoriques des « statues » de la crête, dans une luminosité d'abord crue qui s'adoucit ensuite dans la nébulosité des premières brumes de chaleur. C'était quelques années après le suicide de Jean Kahn, mon père. L'idée qu'il m'était maintenant impossible de partager tant de beauté avec lui m'envahit soudain, elle m'apparut intolérable et la tristesse me submergea.

Un autre souvenir de ces randonnées annuelles a joué un rôle direct et important dans le passage à l'acte de me remettre en route en mai 2013. Il y a plus de vingt ans, je marchais avec un groupe d'amis dans le Massif central, de Murat dans le Cantal jusqu'à Volvic dans le Puy-de-Dôme. Quoique nous fussions en été et que l'après-midi précédent eût été magnifique, au bord du lac Chambon dans les pentes environnantes duquel nous avions fait une exceptionnelle récolte de myrtilles, le temps était dans la soirée devenu exécrable. Un vent glacial balayait, le matin suivant, la crête sur laquelle nous cheminions à mille quatre cents mètres d'altitude. Je crus d'abord à un phénomène optique lorsque je distinguai à travers le brouillard épais en ce petit matin une forme scintillante, affaissée sur le sol. M'approchant, je reconnus une silhouette humaine, celle d'un très vieux monsieur enveloppé dans une couverture de survie tapissée d'aluminium ; ses deux cannes anglaises étaient posées à côté de lui. La veille au soir, il avait été pris par le mauvais temps et avait passé la nuit là. Après l'avoir réconforté, lui avoir préparé un café bien chaud, je lui posai alors une question dont la stupidité condescendante me consterne aujourd'hui encore : « Qu'est-ce qu'une personne dans votre état peut bien faire en un tel endroit ? » L'homme ragaillardi se redressa alors à l'aide de ses cannes et me fixa longuement de son regard intense et clair, d'abord en silence. Il m'interpella ensuite : « Parce que, selon vous, je devrais être dans un hospice en attendant qu'on me passe le pistolet et le bassin ? Chacun choisit sa vie, je l'ai fait. »

Mon goût, je devrais presque dire le besoin vital que je ressens pour la marche dans une nature aussi belle et vierge que possible, explique l'enthousiasme avec lequel je lus, à la fin des années quatre-vingt, le livre *Chemin faisant* que Jacques Lacarrière avait consacré en 1977 à son périple de Saverne dans les Vosges jusqu'aux Corbières. Il y déroule une vraie philosophie du chemineau, décrit la France rurale d'alors, y conte ses impressions et aventures de « vagabond » dans des populations farouchement sédentaires, avec la joie de vivre, la gouaille, la culture et le style merveilleux que l'on a tant appréciés dans ses autres ouvrages consacrés à ses pérégrinations grecques. Aussitôt lu le récit de Jacques Lacarrière, je fis le projet de traverser la France sur ses traces, en une grande diagonale que j'imaginai d'emblée nord-est/sud-ouest mais plus ample que la sienne. J'ai toujours eu un côté « jusqu'au-boutiste ». Cela dit, il est plus facile d'imaginer une telle aventure que de la vivre lorsqu'on se trouve sans discontinuer placé à des postes à responsabilité qu'il est hors de question d'abandonner pendant plusieurs mois comme cela est nécessaire pour réaliser un tel projet. Je me contentai par conséquent de rêver, bientôt douloureusement. En effet, en 1995, à l'âge de cinquante et un ans, des circonstances de ma vie personnelle m'amenèrent à mettre un terme à mes randonnées pluriannuelles, ramenées seulement à de longues promenades aussi fréquentes que je le pouvais. Il y manquait bien entendu cette rupture radicale et immédiate avec la vie professionnelle et publique qui rend pour moi irremplaçables les évasions de plusieurs jours dans la solitude des montagnes et des campagnes, la focalisation exclusive de ses pensées sur le chemin à emprunter, le site où bivouaquer, les repas à préparer, après avoir pu parfois faire ample cueillette, selon la saison, de champignons, de myrtilles ou de framboises sauvages, d'asperges sylvestres ou de pissenlits. Je tentais alors de compenser le manque profond que je ressentais par une pratique plus intensive de l'équitation, une autre de mes passions depuis bien longtemps, et par un engagement accru, presque à corps perdu, dans mes activités universitaires et scientifiques : création de l'Institut Cochin puis présidence de l'université Paris-Descartes.

Ce contexte et les souvenirs de ma vie de marcheur expliquent sans doute la décision de me remettre en chemin. En juillet 2011, à cinq mois du terme de mon mandat de président d'université, je me promenais en solitaire dans la campagne de Champagne méridionale, berceau de ma famille, où je possède aujourd'hui la demeure de mes aïeux paternels. La question de mon avenir immédiat me trottait dans la tête. Quels choix me rendraient le plus heureux ? J'avais la possibilité de solliciter un nouveau mandat de deux ans à la présidence de l'université. Un engagement politique plus actif m'était aussi ouvert. Ou encore je pouvais m'efforcer d'entamer une nouvelle carrière de consultant dans l'administration de l'enseignement supérieur et de la recherche. La réponse à ces questions m'aveugla alors par son évidence. Je ne désirais rien de tout cela ! En revanche, la pensée de réaliser enfin mon déjà vieux projet, celui de traverser la France à pied, d'y poursuivre la quête de moi-même après un parcours déjà long, au contact des gens enracinés dans leur territoire, me remplit d'allégresse. Et puis c'était là une décision personnelle qui ne devait rien à personne. De la sorte, j'obéissais enfin à l'injonction du vieil homme rencontré dans les monts d'Auvergne : « Chacun choisit sa vie », sous-entendu, faites-le vous aussi. En effet, j'avais choisi et informai dès lors les miens et mes amis de ma détermination à me mettre en route.

I

S'y préparer puis commencer

Avoir les jambes pour ça

À soixante-huit ans, mon âge en mai 2013, la première question posée par une longue marche, que
j'évaluais alors à plus de mille six cents kilomètres,
entre les Ardennes et le Pays basque était celle de mes
capacités physiques. Certes j'avais un solide passé de
randonneur mais il datait déjà de dix-sept ans. Je ne
pouvais être assuré que ma bonne forme physique fût
à la hauteur des exigences d'un parcours accidenté,
et ce sur plusieurs mois. Je pris par conséquent dès
l'été 2011 la résolution de me soumettre à un entraî-
nement conséquent, voire intensif. Durant les derniers mois de mon mandat présidentiel, j'expliquai au
chauffeur de l'université que je tâcherais désormais
d'effectuer à pied l'essentiel des déplacements liés à
ma fonction. Puis, le mandat terminé, je laissai mon
véhicule personnel au garage, me gardai de renouveler mon abonnement aux transports en commun
d'Île-de-France et devins un piéton sillonnant Paris
du sud au nord et d'ouest en est plusieurs heures

chaque jour, par tous les temps, muni si besoin d'un impressionnant pépin. Ayant accepté la proposition du maire de Paris d'affronter François Fillon à l'élection législative de juin 2012 dans la deuxième circonscription de Paris, je n'utilisai durant ma campagne pas une seule fois de transport mécanisé. De février à juin, je parcourus presque chaque jour, selon des itinéraires divers et en tous sens, les quelque six (douze si on compte l'aller et le retour) kilomètres séparant le Champ-de-Mars de la gare d'Austerlitz, limites de ma circonscription, distance à laquelle il faut ajouter les trajets de et vers mon domicile. J'ai évalué à plus de mille deux cents kilomètres la distance ainsi avalée sur les trottoirs de la capitale. La compétition électorale terminée, il me restait une année pour affûter encore ma forme, toujours à Paris mais aussi, avec désormais plus de liberté, en forêt de Fontainebleau, dans ma campagne champenoise et en montagne. Je testai ma résistance sur les longues distances, supérieures à trente kilomètres, et surtout ma tolérance à leur répétition quotidienne. En Oisans, région que j'apprécie particulièrement, je renouai avec les grands dénivelés et leur succession. Je lançai même des défis de marche sportive au plus âgé de mes petits-fils, un grand gaillard de seize ans. Marchant bon train à un peu plus de six kilomètres à l'heure de moyenne en terrain facile et grimpant sans forcer cinq cents mètres de dénivelé à l'heure, j'étais avant mon départ rassuré sur mes capacités à parvenir jusqu'au terme de mon parcours.

Les jambes, certes ; et la tête ?

En 2011, une fois que j'eus écarté les différentes perspectives qui s'offraient à moi après mon départ de l'université et que j'eus décidé d'accomplir ce long voyage pédestre dont l'idée m'était venue environ vingt-cinq ans auparavant, il m'est d'emblée apparu évident que je partirais seul. Ce projet était le mien, je désirais m'y consacrer exclusivement sans y impliquer quiconque. De plus, le cheminement à plusieurs n'est pas la juxtaposition d'itinéraires individuels, il implique des interactions entre les personnes, interactions qui viennent nécessairement en compétition avec le dialogue intérieur de chacune et leur disponibilité aux sollicitations de l'environnement. Or, si par le passé j'ai apprécié mes expériences de randonnées en groupe ou en couple, je désirais cette fois connaître un réel tête-à-tête avec moi-même en une solitude propice aux perceptions et impressions laissées par les spectacles de la nature et les œuvres humaines, et aux émotions ainsi suscitées. Quant aux échanges humains, je les désirais plutôt avec les personnes rencontrées sur le chemin, enracinées dans leur territoire ou vagabondes comme moi. Cependant, étais-je capable de supporter la solitude, de l'apprécier, de la déguster, de m'en enrichir ? Le médecin que j'avais été travaillait au sein d'équipes hospitalières, il intervenait sur autrui chez lequel, avec la santé, il tentait de rétablir la meilleure autonomie possible. Ma recherche fut toujours un travail d'équipe, elle évolua vers un rôle d'animation, puis d'organisation et enfin de direction excluant l'action solitaire. J'ai eu une vie d'homme public, et même une expérience d'homme politique. Ma vie antérieure ne m'avait, de la sorte, guère confronté à l'expérience de l'érémitisme. Pourtant, d'un certain côté, je l'ai toujours regretté et ai caché en moi une aspiration ancienne au repli dans un certain isolement. Adolescent, déjà, je me rappelle avoir apprécié des soirées de Nouvel An passées seul dans ma chambrette où je dressais la table d'un réveillon solitaire ; ces soirs-là Lucullus dînait chez Lucullus et s'en montrait ravi. Mes premiers voyages de jeune homme se déroulèrent aussi en solitaire, en auto-stop puis en scooter. Chaque fois que je le peux, je tâche de me soustraire aux rituels dîners collectifs organisés à l'occasion des congrès ou en marge des conférences que l'on me demande de donner. Même les miens savent ma réticence à participer aux grandes réunions familiales et me disent « ours ». En définitive, et contrairement aux spectateurs extérieurs de ma vie publique, je n'avais quant à moi aucun doute sur ma capacité à cheminer seul, je l'attendais même avec gourmandise. Je ne manifestais par ailleurs aucune inquiétude en ce qui concerne la robustesse de ma détermination à parvenir au but que je m'étais fixé ; on me dit tenace, voire têtu, je le suis.

Les objectifs d'un périple

Je désirais de toutes mes forces partir et je devais maintenant dire pourquoi, parce que mon rationalisme l'exigeait et qu'on me le demandait. Beaucoup d'amis et des journalistes firent l'hypothèse que mon départ s'apparentait à une sorte de fuite devant la réalité d'une atmosphère politique irrespirable (on était encore au plus fort de la mobilisation des opposants au mariage entre personnes de même sexe), à laquelle se serait surajoutée ma déception de l'action gouvernementale. En fait, on l'a vu, ma décision d'entreprendre une traversée du pays était antérieure aux élections de 2012, même si je me suis de fait réjoui de ce qu'elle me permette de prendre du champ en cette période pesante. D'ailleurs, la notion de « fuite » a toujours été étrangère à mon projet, qui s'apparente plutôt à une continuité, fidélité à un rêve ancien et moyen de renouer mon lien organique, momentanément interrompu, avec les espaces et les paysages.

Une question récurrente me fut et m'est encore posée : « Cherchez-vous (ou avez-vous cherché) dans cette aventure à vous retrouver vous-même, à vous mieux connaître ? » Une telle interrogation appartient au registre classique des discours sur la marche. De fait, c'est là une occasion remarquable de donner le temps nécessaire à l'approfondissement du dialogue entre soi et ce « je » qui est un autre, selon la formule d'Arthur Rimbaud, ce prodigieux fils des Ardennes où débuta mon périple. Pourtant ce n'est pas ainsi que j'ai perçu mes intentions. En définitive, je ne me suis pas perdu au point qu'il me faille me retrouver, je me connais passablement bien. Mon amour de la terre et du ciel, des champs et des bois, des vaux, des cols et des cimes, des choses et des êtres qui s'y trouvent, m'était connu depuis l'enfance, j'avais ici à en jouir, non à le découvrir. En revanche, pressentant les joies qu'une semblable immersion me procurerait, j'étais curieux d'observer leurs éventuelles conséquences sur ma pensée et ma relation à autrui. C'est ce que j'ai désiré exprimer en indiquant que le chemin serait l'occasion pour moi d'une triple quête, de moi-même, des territoires parcourus et de leurs habitants, ai-je d'abord écrit sur mon blog, des personnes qui traversent seulement les mêmes paysages et sont exposées aux mêmes spectacles que moi, ai-je ajouté ensuite. Plus tard, j'ai eu plutôt tendance à insister sur ce qui est commun à cette triple quête, la beauté et l'émotion qu'elle provoque.

Pas d'humanité sans beauté

Je me suis intéressé depuis longtemps à la place occupée par la perception du beau dans l'édification de l'humanité des primates du genre *Homo* et y ai consacré un chapitre de mon ouvrage *L'Homme, ce roseau pensant. Essai sur les racines de la nature humaine*[1]. Dans le monde animal non humain, les signaux d'attractivité sexuelle peuvent être appréhendés par nos semblables comme beaux (la roue du paon, la queue colorée du poisson guppy, les bois du cerf, etc.) ou bien non (les fesses turgescentes de la guenon en chaleur, l'odeur forte du bouc, etc.). En fait, il ne s'agit là que d'un système de signes

---

1. *L'Homme, ce roseau pensant. Essai sur les racines de la nature humaine*, NiL, 2007.

intervenant dans des fonctions physiologiques de l'espèce, ils n'ont aucune raison d'avoir pour nous une valeur esthétique. Il n'existe pour l'instant aucune indication que les animaux en dehors de ceux du genre *Homo* seraient déterminés par la qualité d'un spectacle dénué d'importance pour eux-mêmes.

La qualité du beau n'a de signification qu'en référence à une espèce capable de l'éprouver, c'est-à-dire, en première analyse, aux êtres humains. Est belle toute perception ou sensation susceptible de provoquer une émotion agréable sans lien direct avec une quelconque fonction d'utilité et sans qu'il soit nécessaire d'en fonder l'origine en raison. Il est possible de demander à quelqu'un s'il trouve un objet ou une idée beaux, mais certainement pas d'exiger de lui qu'il nous en démontre les raisons objectives. Un tel trait est sans doute apparu très tôt chez nos ancêtres. Il y a 1,8 million d'années, les tailleurs des premiers outils en pierre donnent à leur travail une qualité formelle que ne nécessitent en rien les objets en question. Il y a environ deux cent mille ans, un *Homo erectus* européen vivant en Grande-Bretagne taille une tête de hache dans un galet en prenant grand soin de respecter scrupuleusement deux coquillages fossiles qui y sont incrustés.

Il apparaît probable que la capacité à ressentir le beau, inductrice de celle à le créer, ait joué un rôle essentiel tout à la fois dans la socialisation des humains et dans l'accroissement de leurs capacités cognitives, deux processus liés. C'est là d'abord une qualité qui est à l'origine de l'artiste-artisan, au centre des processus civilisationnels. L'émotion partagée fait lien et est un important facteur de cohésion sociale. Par ailleurs, la perception du beau est à l'origine d'une diversification des motifs de l'action. Celle-ci est déterminée, bien sûr, par l'intérêt et les besoins chez tous les animaux, y compris les humains. Cependant, ces derniers peuvent aussi faire des choix car un projet, une idée a cette qualité de ce qui provoque l'émotion esthétique. Il existe de ce point de vue une relation évidente entre le sens moral et la reconnaissance du beau. Une belle et une bonne action sont en général synonymes. À l'exception de déviations dont la perversité humaine est toujours capable, la perception de la beauté incite au partage et non à l'exclusion, elle sous-entend, quoiqu'elle n'implique pas toujours, une aspiration à l'universalité.

Cette place du sens de la beauté dans l'édification d'une vie humaine étant rappelée, force est de constater que la logique de la civilisation moderne, focalisée sur des objectifs presque exclusivement matériels et quantitatifs, crée une tension nouvelle et lance un défi à chacun d'entre nous. En effet, nos sociétés tendent de ce fait à être d'une remarquable tolérance à la laideur si elle apparaît source de rentabilité, ou alors à ramener la notion du beau à « ce qui le vaut bien ». La propension moderne à la subversion du beau se manifeste de multiples manières. Ainsi une belle carrière est-elle aujourd'hui synonyme d'un parcours professionnel rémunérateur. La tendance est forte d'apprécier le dynamisme de la créativité artistique en fonction de la cote des œuvres et de l'importance du marché engendré.

Je me réjouis bien sûr de l'engouement pour les grandes expositions d'art mais observe comme chacun que leur dimension économique est de plus en plus prégnante. Pourtant, quand une personne s'efforce de déterminer ce que doit être son chemin, c'est-à-dire le sens qu'elle désire donner à sa vie, il est rare qu'elle se satisfasse d'objectifs uniquement numéraires, les exemples en sont innombrables. À l'inverse, il est sans doute illusoire de désirer, comme Oscar Wilde, faire de sa vie une œuvre d'art. La vie ne peut bien entendu jamais se limiter à cela. Elle ne peut s'en passer, pourtant. Tel m'apparut bientôt être le sens profond de mon périple : inscrire dans le chemin d'une existence ce trajet particulier qui veut être une phrase poétique, c'est-à-dire un énoncé dont le but principal est de faire ressortir tout ce qui dans le monde peut engendrer une émotion esthétique. Non pas comme une parenthèse hors du temps, mais comme un élément lui aussi essentiel d'une vie proprement humaine.

La richesse et le partage

Outre une manifeste marginalisation du beau, du moins son éviction du centre des préoccupations humaines au profit de la rentabilité et de l'efficacité, notre temps est marqué par le repli du sentiment collectif et le recul des visées solidaires alors que l'accent est mis sur les valeurs individuelles. Le considérable succès des ouvrages et gourous qui prétendent donner les recettes du « développement personnel » illustre cette pente forte des sociétés libérales et individualistes depuis la fin du siècle dernier. Le dessein d'une marche solitaire, occasion de se mieux connaître soi-même et de la sorte de s'enrichir, s'inscrit à la perfection dans cette perspective, ce qui peut contribuer au succès moderne de ce type d'activités qui ne doit et n'apporte rien – ou si peu – aux autres. J'avoue manifester une vraie intolérance à ce discours que j'assimile à la promotion du plus médiocre des nombrilismes et du plus insouciant des égoïsmes. Pour moi, la seule justification recevable, au moins par autrui, du développement et de l'enrichissement psychiques personnels est de disposer ainsi d'une plus grande richesse à engager dans les échanges et partages avec nos semblables. Or j'étais résolu à marcher seul. Certes, j'avais le projet d'écrire ensuite un livre relatant mes pensées et impressions en chemin, de conter les événements qui les avaient suscitées comme le pratiquent en général les écrivains randonneurs. Cependant il s'agit là du partage différé d'un récit, et nécessairement retravaillé et limité aux acheteurs du livre, échange par ailleurs peu interactif. Aussi avais-je pris la décision dès l'été 2011 de susciter des rencontres au-delà de celles liées au hasard, de donner des conférences à certaines de mes étapes et de permettre aux habitants intéressés à me rencontrer d'être informés de ma venue. Cela nécessitait l'établissement précis de mon itinéraire, de chacune des étapes et du calendrier de mon passage, ainsi que leur large diffusion. En d'autres termes, un relais suffisant par les médias nationaux et régionaux était une condition du succès de ce plan.

Les risques de l'accompagnement médiatique de mon projet n'étaient pas nuls, je le savais. Le principal d'entre eux résidait dans le naufrage de mon cheminement solitaire, contrecarré par des interpellations incessantes en chemin, voire, l'horreur, par la tentative de « fans », s'il en existe, de me suivre, ma transformation en une sorte de gourou itinérant. En fait, ces craintes étaient inutiles et mon plan fonctionna à la perfection, j'en fus presque étonné. Le relais médiatique fut considérable ; en particulier, la presque totalité des journaux provinciaux et locaux annoncèrent ma venue et en rendirent compte après m'avoir rencontré à l'étape. De la sorte, outre les quatre conférences programmées sur mon parcours, qui attirèrent des assemblées de plusieurs centaines de personnes, je pus discuter en différentes occasions avec des habitants qui avaient eux-mêmes contacté mes hôtes, les priant d'organiser des réunions informelles avec moi. Cependant, je ne fus jamais importuné pendant ma marche solitaire ; en fait, seul un très petit nombre de gens me reconnurent, tous d'une gentillesse et d'une discrétion parfaites. Pour l'essentiel, l'on me considéra partout sur mon passage comme l'un de ces anonymes étranges dont le vagabondage est vu depuis tout temps avec méfiance – sauf, j'en reparlerai, sur la portion de mon trajet qui coïncidait avec le chemin de Saint-Jacques-de-Compostelle – par les habitants sédentaires des villages. Avant mon départ, je dissuadai les quelques personnes qui en faisaient la demande de m'accompagner, leur expliquant ma motivation. Ils la comprirent toujours.

Familiarisé avec l'utilisation des réseaux sociaux et d'Internet par ma campagne électorale de 2012, je pris aussi la décision d'offrir à tous ceux qui le désireraient la possibilité de m'accompagner dans ma progression presque en temps réel, par l'image et le texte. Grâce à la toile, des dizaines de milliers de personnes eurent de ce fait la possibilité de me suivre au jour le jour et de réagir à mes images et à mes textes. Ce que je n'avais en revanche pas anticipé, c'est la lourdeur de la tâche que je m'imposais : après des heures de marche, vite me décrasser et me changer, faire ma mini-lessive quotidienne, donner des interviews, rencontrer ceux qui en ont fait la demande, trier les photographies prises dans la journée, les commenter et les « scénariser », écrire et diffuser un texte sur mon étape ou bien sur ce qui m'est passé par la tête en marchant… Pourtant, ce programme fut tenu, j'ai posté des centaines d'images sur les réseaux sociaux, y ai placé des textes quotidiens qui, cumulés, représenteraient un livre de trois cents pages et dont une partie se retrouve bien sûr dans le présent ouvrage.

Nous voilà en 2013…

Le 1er janvier 2013 ne s'est pas présenté pour moi sous l'aspect d'un jour de l'an ordinaire. Dès le douzième coup de minuit, je me suis engouffré avec jubilation dans l'année de mon départ. Pourtant, il me restait cinq mois à attendre avant de faire le premier pas sur le chemin qui devait me mener jusqu'au point du pays le plus éloigné de celui dont je m'ébranlerais.

Ce délai devait être mis à profit pour achever la rédaction d'un ouvrage débutée à la fin de l'année précédente, puis pour établir mon itinéraire précis et sa chronologie, faire les réservations de mes points de chute aux différentes étapes, diffuser tout cela, choisir et acquérir l'équipement nécessaire, parvenir enfin à partir.

L'échéance de la sortie en librairie du livre achevé avant mon départ, de sa promotion et de sa défense ne m'a pas d'abord semblé naturelle. En effet, une fois prise la décision de me mettre en chemin, je me suis refusé à envisager ce qu'il y aurait après. Ce « chemin » représentait alors l'horizon le plus éloigné de mon avenir que j'étais en mesure de penser, le parcourir était devenu une idée envahissante, totalitaire, n'admettant de concurrence avec aucun autre projet. À la plupart des sollicitations que je recevais pour tel ou tel événement, je répondais « on verra ça après mon retour des sentiers de France ». J'eusse aimé, sans doute inconsciemment, qu'il n'y eût pas d'après, que tout s'achevât ainsi par une apothéose qui ne revêtait pas dans mon esprit une dimension morbide – j'adore la vie et les cimetières m'apparaissent être plutôt des endroits joyeux – mais l'aspect d'une phase d'existence dotée d'un début ardemment désiré et qui, sans être infinie, serait au moins indéfinie et dépourvue de limite postérieure. Hélas, les plus belles histoires, les plus désirables, butent souvent sur une réalité habitée par l'aspect vectoriel du temps. Ce qui n'est pas éternel a une fin qui, si elle n'est pas celle de tout, pose la question d'un après inéluctable. La parution programmée de mon livre au

terme de mon voyage m'aida en somme à rétablir la
continuité de mon temps au-delà de l'épisode que
j'aspirais tant à vivre.

J'établis mon itinéraire précis à partir de mars.
J'en avais arrêté le trajet global depuis longtemps, de
la frontière belge dans les Ardennes à la frontière
espagnole sur la côte atlantique, au Pays basque.
Entre les deux, je n'accordai aucune priorité au plus
court chemin, attaché plutôt à visiter la plus grande
diversité possible d'endroits remarquables auxquels
j'ajoutai des passages obligés : dans ma propriété
champenoise pour m'occuper de mes chevaux et
donner une conférence ; chez des parents, dont mon
frère Jean-François qui possède une maison à quelques kilomètres d'Avallon ; près de Moulins dans
l'Allier, enfin, où réside l'une de mes filles. Le départ
de Givet se justifie par la position de cette petite ville
frontalière sur la Meuse, en périphérie des Ardennes
françaises, et par mon vif désir de connaître la somp-
tueuse vallée du fleuve dont les méandres paresseux
entaillent le bouclier ardennais couvert d'épaisses
forêts. Ensuite, détour vers l'est pour parcourir
l'Argonne, retour sur la route logique vers le lac du
Der-Chantecoq, arrivée à Mussy-sur-Seine, mon fief.
De là, bifurcation vers l'ouest en traversant le département de l'Yonne pour atteindre Vézelay et sa « colline inspirée », qui chaque fois m'émeut au-delà du
dicible. Puis à nouveau virage vers l'est pour rejoindre
puis franchir le Morvan jusqu'à la Saône-et-Loire
avant l'Allier. L'étape chez ma fille Cécile avait le
double objectif de les embrasser elle, ses trois enfants
et son mari, et de rejoindre en voiture depuis Moulins

mon village natal d'Indre-et-Loire dans lequel le maire inaugurait le 8 juin un square et une variété de roses à mon nom. Après Moulins, je choisis de rejoindre Le Puy-en-Velay par le Haut-Forez et les gorges de la Loire. La facilité consistait alors à me mêler au flot des pèlerins empruntant la *via Podiensis* du chemin de Saint-Jacques. Elle rejoint Saint-Jean-Pied-de-Port par la Margeride, l'Aubrac, Le Rouergue, les Causses, la Gascogne, le Béarn et le Pays basque. Enfin, je désirais finir en renouant avec la montagne, en l'occurrence la crête pyrénéenne le long de la frontière espagnole et jusqu'à l'océan, Ascain et Saint-Jean-de-Luz. Le choix de suivre sur plus de sept cents kilomètres la principale voie jacquaire de France n'allait pas de soi. D'une part cela introduisait une confusion quant à mes motivations, de peu de conséquences cependant. Je n'étais pas un pèlerin mais n'étais pas offusqué que l'on me prît pour l'un d'entre eux. Plus dérangeante était l'évidence que, du Puy au pied des Pyrénées, il me serait bien difficile de garantir la solitude dont j'ai expliqué le rôle central dans mon projet. Enfin, sur le reste du trajet et à l'exception de Charleville-Mézières dans les traces de Rimbaud, j'ai soigneusement évité de traverser les villes importantes, ce qui est toujours une épreuve pour les marcheurs. Or le chemin de Saint-Jacques va de ville en ville, Le Puy, Figeac, Cahors, Moissac… Cependant ce sont là des étapes dont la splendeur console du désagrément des trajets urbanisés. Et puis l'équipement de cet itinéraire en gîtes, chambres d'hôtes et auberges facilite beaucoup la vie du marcheur, elle lui garantit de trouver aisément un hébergement.

J'ai dans ma jeunesse et jusqu'à près de la cinquantaine beaucoup campé en pleine nature, je l'ai dit. J'ai aussi, avec beaucoup moins de passion et quand je n'avais pas d'autre solution, utilisé les refuges où l'on dort sur des bat-flancs de planches, plus ou moins comprimés selon l'affluence, le sommeil rythmé par les ronflements sonores des voisins, parfois en compétition avec ceux du dortoir d'à côté quand il y en a un, les papilles olfactives sollicitées par les odeurs musquées des pieds, en général deux fois plus nombreux que les dormeurs. Je suis rompu à la gymnastique consistant à enjamber la nuit tout ce beau monde pour me rendre aux uniques toilettes du gîte, dans une tenue décente pas évidente à trouver car le randonneur s'encombre rarement d'un pyjama ou d'une chemise de nuit. Ma philosophie est que l'on peut sans doute être heureux à tout âge à la condition expresse de ne pas vouloir imiter absolument, plus vieux, ce que l'on faisait plus jeune. Fort de cette philosophie, je considère « avoir donné » pour ce qui est du camping et des hébergements collectifs. D'ailleurs, si la funeste idée de dormir sous la tente m'avait traversé l'esprit, mon aventure se serait terminée bien vite compte tenu des conditions météorologiques abominables du premier mois de mon périple. Aussi étais-je résolu à dormir chaque soir dans une chambre isolée avec salle d'eau privative, ce qu'offrent les auberges, les chambres d'hôtes et, plus rarement, les gîtes. Ce type d'établissement est plus ou moins bien distribué dans le pays ; pas de difficulté pour en trouver sur les grandes voies jacquaires, présence plus irrégulière ailleurs.

Des Ardennes à Vézelay, il n'existe pas d'itinéraire balisé ni, par conséquent, de guide spécifique. Je devais donc tracer ma route moi-même, aidé seulement d'une carte au un cent millième et, en chemin, d'une boussole. Résolu à parcourir des étapes d'environ trente kilomètres chacune, ce que je savais être dans mes possibilités, je fixai mes lieux d'hébergement à l'aide d'un compas réglé pour indiquer une distance de vingt kilomètres à vol d'oiseau, puis cherchai les établissements aptes à m'accueillir dans les environs de l'arc de cercle coupant mon parcours ainsi délimité, ou un peu au-delà. Les petites routes et les chemins de France musardent souvent, ils ne connaissent pas bien longtemps la ligne droite et sont même parfois carrément facétieux. Ainsi s'explique que plusieurs de mes étapes avant Le Puy se révélèrent en fait bien plus longues qu'escompté, de trente-cinq à quarante-quatre kilomètres. Entre Vézelay et Le Puy, je traçai mon itinéraire en suivant pour l'essentiel les GR 13 et 3 dont je fus cependant tenu de m'écarter plusieurs fois, parfois de plus de dix kilomètres, pour trouver un hébergement qui me convienne ou parce que leur parcours m'apparaissait déraisonnable. Après Le Puy, mon trajet fut scrupuleusement celui du GR 65-*via Podiensis* jusqu'à la fontaine de Roland sur la frontière espagnole, puis le GR 10 jusqu'à la Rhune au-dessus d'Ascain-Saint-Jean-de-Luz.

Je passai la première partie d'avril, en dehors d'une semaine d'un ultime entraînement intensif en raquettes dans les neiges de l'Oisans, à réserver toutes les nuitées de mon périple. Je prévoyais des arrêts de deux nuits dans des sites touristiques remarquables,

soit pour les visiter (Vézelay, Le Puy, Figeac…), soit
pour rayonner dans la région environnante par un
trajet en boucle de même longueur moyenne que les
étapes « en ligne ». Cette décision d'une programmation stricte de mon parcours ne fut pas facile à
prendre car elle impliquait que je brave tous les éléments météorologiques, même les plus extrêmes, et
que nulle maladie ni accident du type entorse ou
tendinite ne me cloue sur place pour un temps. D'un
autre côté une telle anticipation des dates de mon
passage dans certaines cités était indispensable pour
y organiser des conférences et faciliter des rencontres.
Surtout, j'avais le souvenir de randonnées dans lesquelles la question de l'endroit où – et des conditions
dans lesquelles – on allait pouvoir passer la nuit deve-
nait la préoccupation quasi obsessionnelle dès le
début de l'après-midi. Or je désirais pouvoir cheminer dans l'insouciance maximale. Au total, ce pari
fut lui aussi gagné, je respectai à la lettre ma feuille
de route.

Équipement

Tout étant maintenant prêt, il convenait que je
m'équipe. Ma détermination était d'être totalement
autonome, c'est-à-dire de transporter avec moi tout ce
dont j'aurais besoin pendant plusieurs mois. Jeune et
jusqu'à la suspension de mes randonnées annuelles à
la cinquantaine, j'étais habitué à porter des sacs à dos
très lourds. Tente, matériel de camping, vêtements de
montagne, provisions de bouche pour plusieurs jours,

crampons et piolet, ils pesaient toujours plus de vingt kilos. Comme j'en ai fait la remarque à propos de mes choix d'hébergement, il y a un âge pour tout, je ne souhaitais pas récidiver. Aussi m'étais-je fixé une limite de dix kilos à vide, soit douze kilos avec les réserves d'eau et le casse-croûte du midi. Heureusement, l'industrie textile a fait des progrès considérables ces dernières décennies et trois changes de linge de corps plus un pantalon et deux shorts de marche pèsent aujourd'hui un poids de plume. Les vêtements chauds et de pluie, évidemment indispensables, se révéleront essentiels les premières semaines. Avec un ensemble confortable pour me changer à l'étape, y compris des chaussures ultralégères et fort bon marché qui se révélèrent aussi d'une remarquable résistance, le nécessaire de toilette, une pharmacie sommaire, mon couteau dans la poche, je m'estimai paré. J'achetai aussi deux paires de chaussures de marche, conscient qu'une seule ne tiendrait pas plus d'un millier de kilomètres, nettement moins que la distance alors grossièrement évaluée, comme je l'ai déjà dit, à au moins mille six cents kilomètres. Afin, en avais-je l'illusion, d'éviter toute mauvaise surprise en route, testai-je l'une et l'autre de ces paires de souliers lors de promenades de quelques dizaines de kilomètres. Les chaussettes sont pour le randonneur aussi importantes que les chausses et s'usent très vite. J'en fis par conséquent une ample provision, en emportai trois et me mis d'accord avec mon épouse pour qu'elle m'en envoie d'autres à mesure de leur usure en chemin. De même devait-elle m'adresser ma paire de chaussures de rechange lorsque celle avec laquelle je débutai mon périple aurait rendu l'âme.

Restait à m'équiper du matériel indispensable au partage des images, impressions et réflexions. Ici encore la technique m'offrit des solutions impensables il y a quelques années encore. Pour les photographies, j'optai pour un Smartphone de dernière génération dont les performances optiques s'avérèrent étonnantes et qui me permit de déposer les images directement sur les réseaux sociaux. Une mini-tablette et son clavier firent parfaitement l'affaire pour la rédaction et l'envoi de mes billets quotidiens. Elle me permit aussi de télécharger la totalité de *À la recherche du temps perdu* de Proust, de quoi ne pas risquer de me trouver en manque de lecture pendant mes mois de pérégrination. Cette saga d'amateurs d'art, de fidèles de la beauté, m'apparut de plus en phase avec mon affaire.

Sur le départ, la catastrophe…

Le mardi 6 mai était une journée chargée. Je devais prendre le train le lendemain pour passer la nuit à Givet et être à pied d'œuvre le 8 mai au matin, date retenue pour le grand départ. La presse, la radio et la télévision étaient pressantes, je devais boucler des affaires en cours, faire d'ultimes achats, finaliser la préparation de mon sac, saluer les proches que je quittais pour quatre mois. On peut l'imaginer, la journée fut fébrile du fait de l'excitation du départ et du souci de ne rien oublier.

En fin d'après-midi, j'avais rendez-vous chez moi avec une équipe de France 3 nationale qui désirait faire une ultime interview avant que je m'élance sur les routes de France. Piéton comme d'habitude, je me hâtai pour n'être pas en retard, traversai vivement la dernière rue avant mon domicile, puis la piste cyclable contre le trottoir lorsque je fus percuté de plein fouet par un jeune cycliste qui fonçait lui aussi tête baissée sous son casque en lanières qui m'évoqua Jean Robic, le Breton courageux et têtu, l'un des héros de mon enfance. Question de génération ! Le choc me projeta à plusieurs mètres et fit choir aussi le cycliste qui se releva cependant et repartit presque aussitôt. Pour moi, c'était une autre paire de manches. J'avais tenté dans un geste réflexe d'amortir ma chute en me recevant sur la main gauche en extension vers l'arrière, ce qui est classique. Mon poignet céda, cela l'est aussi. Je ressentis sur le moment une douleur syncopale qui m'étourdit. Mes esprits vite recouvrés, je n'eus aucun mal à porter un diagnostic : fracture de Pouteau-Colles. C'est là une fracture-tassement du radius qui sanctionne le réflexe des gens tentant de se protéger de chutes comme je l'avais fait. Elle est ou non associée à un déplacement mais se révèle en général stable du fait de l'impaction de la partie supérieure de l'os dans la tête du radius.

Je savais bien qu'une radio confirmerait un diagnostic évident, que je n'échapperais pas à la pose d'un plâtre, au moins d'une attelle, et que la conséquence en serait sans doute l'annulation de mon départ, au moins son recul alors que tous mes hébergements étaient réservés. Cela, je ne le voulais à aucun prix, la perspective de devoir renoncer, ou même de retarder un projet dont je rêvais depuis tant d'années, m'apparaissait constituer pour moi une catastrophe inenvisageable. Je n'ai pas fait de radio et ai pris le risque. Je suis droitier et pouvais me débrouiller. Je prévins mes enfants, dont deux sont médecins et la troisième kinésithérapeute-ostéopathe, de l'incident, en ajoutant que, heureusement, rien n'était cassé, que je m'en tirais avec une grosse entorse. Je servis aussi cette fable avec moins de difficulté à ma femme et à mes proches qui n'exercent pas de profession de santé. C'est avec un mal de chien que je donnai l'interview prévue à France 3 et, le lendemain matin, à Canal +. Je bouclai mon sac d'une main. En définitive, je pris le train mercredi en début d'après-midi, serrant les dents, direction Reims, Charleville-Mézières et enfin, par un merveilleux tortillard prenant tout son temps en épousant les moindres inflexions et méandres de la Meuse, Givet. J'étais à pied d'œuvre.

II

De Givet à Vézelay, marchons sous la pluie

Le chemin, enfin...

À Givet, j'ai droit dès mon arrivée en gare sous une pluie battante à une réception officielle par les principaux élus de la ville, de la communauté de communes, du canton et de la circonscription : discours, cadeaux et échange d'amabilités en mairie, puis dîner convivial et chaleureux où les édiles me parlent avec émotion de leur petit coin de France si excentré, si loin de la capitale, la nationale aussi bien que la régionale, Reims, tout au bout de ce curieux diverticule – une bizarrerie de l'histoire – qui s'enfonce en Belgique des deux côtés de la Meuse. Affublé de mes vêtements de randonnée et de mes grosses chaussures de marche, je détonne un peu dans le meilleur restaurant de la ville, ce soir-là empli de beaux messieurs en costume-cravate ; il faut que je m'y habitue, cela se reproduira en plusieurs circonstances entre Givet et Ascain, je n'y prêterai bientôt plus attention. La presse est là, aussi. Lorsque je m'informe discrètement auprès d'un journaliste de la raison de ces honneurs que l'on me rend, il me répond : « Vous ne vous rendez pas compte ! Avec la médiatisation de votre départ, c'est la première fois depuis bien long-temps que les grands médias nationaux parlent de Givet ! » Je devais en effet constater que, au-delà de la région Champagne-Ardenne, la plupart de mes interlocuteurs ignoreraient jusqu'à l'existence de cette petite cité élégante dont le cachet doit beaucoup à la « pierre bleue ». De nombreuses carrières de cette roche calcaire très dure, d'autres d'ardoise, étaient jadis exploitées sur les pentes de la vallée de la Meuse, de Haybes où je dois faire étape à la frontière belge et au-delà. Les demeures utilisent souvent cette pierre avec des motifs de brique qui donnent aux façades un aspect de marqueterie d'un fort bel effet. L'extrac-tion a aujourd'hui cessé, comme hélas la plupart des activités économiques hors le tertiaire. Les communes de cette pointe nord des Ardennes s'en tirent cepen-dant moins mal que les autres grâce aux retombées économiques de la centrale nucléaire de Chooz, l'une des plus importantes du pays, implantée sur le fleuve, entre Haybes et Givet.

Mercredi matin 8 mai, je me mets enfin en route sur la rive droite du fleuve, direction le plateau arden-nais. Mon exaltation est intense, elle me fait oublier ce poignet et cette main gonflés, douloureux et qui commencent à virer par toutes les couleurs de l'arc-en-ciel. Après tout, je ne marche pas sur les mains, je m'élance d'un bon pas sous un ciel bleu pâle dans une atmosphère limpide et fraîche, juste le temps d'immortaliser la scène en première page du quoti-dien local *L'Union*. Cela ne pouvait durer et ne dura pas. Dès midi, cape et guêtres deviennent de rigueur et c'est sous des trombes d'eau, en une zone peu abritée de la forêt, que je tente d'avaler mon premier casse-croûte. Rude tâche, en vérité, voire impossible. En moins de temps qu'il ne m'en faut pour l'écrire, le pain des sandwichs est transformé en une pâte informe et gluante qui se délite. Immangeable. Je m'attendais à la pluie et m'étais fortifié l'âme en prévision des longues marches bien arrosées. J'avais eu raison, je n'ai pas été déçu ! Mon pain n'est pas le seul à perdre toute consistance sous le déluge. Le sol se transforme vite en une surface boueuse sur laquelle garder son équilibre n'est pas une mince affaire. La forêt est ici riche en superbes concrétions rocheuses aux contours remarquables. Attiré par l'une d'entre elles, je m'approche, la contourne pour en admirer la structure tourmentée, bute sur une pierre, glisse et tombe. Sauve qui peut, mon poignet ! Dans un ultime réflexe pour le préserver, j'évite qu'il ne touche terre mais ne peux de ce fait atténuer ma chute. La crête de mon tibia gauche heurte lourdement un caillou acéré : plaie, hématome, saignement... Je ne suis parti que depuis quelques heures, mon poignet est brisé, ma jambe gauche entamée, fichtre ! Inconscient, sans doute, je ne m'inquiète nullement et poursuis mon chemin d'un pas guilleret.

Je rejoins la vallée de la Meuse et la petite cité d'Haybes sur ses rives, terme de ma première étape, par des sentiers forestiers pentus vite détrempés, bientôt balayés par le ruissellement de l'eau, dans un léger brouillard qui envahit les hauteurs. Je me remémore en progressant avec prudence la discussion de la veille avec les élus de cette portion septentrionale des Ardennes, leur extrême souci de la déprise industrielle, de la fin de l'exploitation des carrières, leur inquiétude de l'avenir. C'est dès ce moment-là que je prends mieux conscience de ce que mes pas ne m'amèneront pas à côtoyer seulement la beauté des paysages et des œuvres de la main de l'homme, que la dure réalité économique et humaine des régions traversées s'imposera à moi, que cette dimension ne peut être exclue des objets de ma quête. Elle y prendra en effet une place essentielle.

*Un pays de splendeur, de traditions
et de légendes... d'antan*

Entre Givet, Haybes puis Nouzonville, je traverse de part en part le massif ardennais, d'une beauté sauvage. La forêt, aujourd'hui largement déserte, est omniprésente ; s'y ébattent, peu dérangés, des animaux nombreux (grands cervidés, sangliers, renards, oiseaux divers, salamandres, tritons et sans doute bien d'autres que je n'ai pas vus). Le haut plateau, autour de cinq cents mètres d'altitude, est spongieux. Il ruisselle de toute part entre les pelouses de jonquilles justes écloses en ce rude climat encore accentué par un printemps humide et glacial ; les bottes, et pourquoi pas des échasses, auraient été mieux adaptées au terrain que mes souliers à l'imperméabilité fort relative et brève. Bientôt, j'ai la sensation de marcher pieds nus sur le sol imbibé, chacun de mes pas souligné par des « floc-floc » qui proviennent aussi bien de l'intérieur que de l'extérieur des chaussures. Les ruisseaux sont innombrables, ils entaillent parfois le socle ardennais – il date de l'ère primaire, a été ébrasé puis resoulevé lors du plissement alpin – en vallées escarpées elles aussi délaissées à quelques exceptions près, dont, outre la vallée de la Meuse, celle très touristique de la Semoy. Parfois abrupte, pleine de charme avec ses petits villages baignés par la rivière, j'admire son lavoir ardennais accroché à la pente en contrebas d'une petite source qui l'alimente.

Les Ardennais rencontrés s'étonnent tous que je ne suive pas pour me déplacer la « trouée verte » de la Meuse, chemin de halage de plus de quatre-vingts kilomètres transformé en agréable piste cyclable et qui suit fidèlement les méandres et boucles du fleuve. Ils me mettent en garde de ce que le massif comporte du dénivelé, que je risque fort de me perdre si je m'enfonce dans les bois. De fait, à l'exception de la partie sud à partir des abords de la Semoy, rien n'y est prévu pour le touriste aux aspirations sylvestres, aucun panneau, pas de balisage, chemins souvent dégradés et, je l'ai dit, parfois marécageux. Le contraste est frappant avec la mise en valeur touristique des Ardennes belges. D'ailleurs, la comparaison entre le dynamisme apparent de part et d'autre de la frontière est, au dire de mes interlocuteurs unanimes, saisissant. Certes, la crise économique n'a pas plus épargné la province de Namur en Wallonie que le côté français, cette terre industrielle, jadis riche en activités métallurgiques, textiles et autres, a vu disparaître la presque totalité des entreprises. La manne déjà évoquée des retombées fiscales de la grande centrale nucléaire de Chooz est la bienvenue pour la communauté de communes mais n'incite guère aux initiatives, de toute façon entravées par l'éloignement des grands centres et liaisons rapides.

Quand les habitants des Ardennes au nord de Fumay, et même en deçà, vont au restaurant, ont des achats importants à faire, doivent recourir à de l'imagerie médicale, se faire hospitaliser, c'est vers Dinant qu'ils se dirigent, ville belge d'une taille pourtant similaire à celle de Givet. Les Ardennes françaises donnent l'impression au voyageur trop rapide que je suis de répondre au sinistre économique par les détresses individuelles et l'évocation, dans les milieux les plus éduqués, des solides traditions de cette terre de légendes et de pèlerinages. Hélas, la geste des quatre fils Aymon, infatigables et indestructibles chevaliers en butte à l'arbitraire de Charlemagne, risque de ne plus guère opérer pour tirer les filles et fils du pays de leurs difficultés : ils ne sont plus que de saisissants reliefs appalachiens dominant la vallée de la Meuse du côté de Bogny-sur-Meuse.

D'une vallée à l'autre, d'un monde à l'autre

La descente des Hauts-Buttées, sur le plateau ardennais, vers la verte et accueillante vallée de la Semoy, puis le passage de la crête qui la sépare de la vallée de la Meuse à Bogny et Joigny amènent le marcheur à pénétrer successivement dans des univers différents : les hautes terres sauvages et en voie de désertification, une belle vallée appréciée des touristes puis, de Bogny à Nouzonville, un ancien territoire industrialisé ravagé par les restructurations successives. En fait, tout voyage, même pédestre, y compris une simple promenade au sein de la ville, confronte à la succession rapide des paysages, des habitats, des styles de vie. Cette variété est à porter au crédit de la profusion de la nature et de la richesse incroyable de l'esprit humain, elle témoigne cependant parfois de vrais processus de noyade collective.

Nouzonville, où j'ai dormi, est une ville de plusieurs milliers d'habitants. Elle et les cités environnantes étaient des centres importants de la métallurgie ardennaise et comptaient d'importantes fonderies, boulonneries et clouteries, en particulier destinées aux chemins de fer. Il persiste de belles demeures de maître et, à Bogny, de singuliers quartiers de maisons ouvrières dans le plus pur style britannique. La Grande-Bretagne, qui avait connu sa révolution industrielle des décennies avant la France, servait de modèle. La vigueur de l'activité industrielle d'alors est attestée par les traditions ouvrières revendicatives de la « vallée rouge », plutôt rose aujourd'hui. Le seul buste de Jean-Baptiste Clément en France est installé sur le quai de Meuse, juste en face de la chambre d'hôtes où je suis descendu et qui a pris le nom de sa célèbre chanson *Le Temps des cerises*. Il était venu à Nouzonville pour y dynamiser l'organisation syndicale. Aujourd'hui, plus rien de tout cela n'existe, la ville s'est comme rétractée sur elle-même. Les gens sont affectés par de gros problèmes médicaux caractéristiques des régions sinistrées et du mal-vivre qui s'ensuit. Peu de magasins, de restaurants. Pour reconstituer mes forces de marcheur, il me faut prendre un taxi pour aller dîner dans la vallée de la Semoy que j'ai quittée quelques heures auparavant, à quinze kilomètres de là. À la fin du repas, je vois arriver une dame qui semble me chercher. Informée par la presse de mon passage, elle a pris contact avec la chambre d'hôtes, a appris où je dînais et m'a rejoint. Ancienne enseignante, elle est attachée à sa région, souffre de ses difficultés mais est fière de ses beautés et de son passé. Elle se propose de me ramener à Nouzonville en tentant de me faire connaître avant la tombée de la nuit les sites remarquables de la vallée, de me parler, passionnée et intarissable, de ses heurs et de ses malheurs.

Le lendemain matin, je rejoins Charleville, à dix kilomètres de là en longeant les rives de la Meuse par le chemin de halage. Budapest réunit la médiévale Buda à la plus moderne Pest. À Charleville-Mézières, l'ordre est inversé, puisque la « ville de Charles de Gonzague » a été créée au début du XVIIe siècle, se juxtaposant à la médiévale Mézières que le chevalier sans peur et sans reproche Bayard défendit avec courage et ruse au nom du roi François Ier contre les troupes de Charles Quint. Deux villes, donc ; l'aristocratique Charleville et sa place ducale en pierres ocre qui inspira la place des Vosges à Paris, la perspective par la rue du Moulin sur le musée Rimbaud en bord du fleuve, à proximité de la maison de sa mère dont il fugua si souvent, du collège où il étudiait au début de sa fulgurante et brève période de créativité poétique, entre quinze et vingt et un ans ; et puis Mézières dont ne persiste guère de sa splendeur d'antan que l'église Notre-Dame-d'Espérance, ancienne ville ouvrière aux XIXe et XXe siècles, elle aussi aujourd'hui terrassée par la crise.

Ce 10 mai, les saints de glace s'étaient, à l'évidence, donné rendez-vous, ils furent des compagnons attentifs à demeurer à la hauteur de leur réputation. Neuf degrés dans la bise pénétrante, des bourrasques de pluie. Cela ne devait pas contribuer à masquer la réalité du spectacle offert par les faubourgs de la capitale ardennaise, celle d'une population qui souffre et dont l'horizon reste bouché. Il y a bien longtemps que les fonderies ont là aussi fermé, Citroën et Ford, les deux gros employeurs du bassin, font un appel croissant au chômage technique, l'optimisme serait hors de propos. Je connais cette réalité, trop bien, je n'ai jamais fait preuve de voyeurisme misérabiliste et le but de mon périple n'était pas, je l'ai dit, de m'en convaincre plus encore. Cependant, j'étais entré dans cette ville par le nord pour en admirer les trésors et croiser une fois encore l'incroyable mauvais garçon et prince des poètes pour l'éternité, il fallait bien que je la quitte par le sud, en une progression déclinante saisissante : Charleville, l'élégante, la bourgeoise ; Mézières aux faubourgs accablés par la succession des difficultés qui apparentent le temps qui passe à un long cheminement vers le pire, des mondes distincts dont l'un ne peut qu'être habité par l'image du déclin.

Après des kilomètres à parcourir les rues du faubourg et de la banlieue balayées par la pluie, à laisser de façon définitive la Meuse derrière moi, je débouche sur une campagne vallonnée que j'imagine plus gaie sous le soleil mais dont la sérénité aujourd'hui maussade suffit à m'apaiser. Chalandry-Elaire, où j'ai choisi de faire étape, est la première commune, mi-rurale, mi-cité dortoir, au sud de l'agglomération que je viens de quitter. J'y suis accueilli dans une maison d'hôtes attachée à maintenir les traditions culinaires ardennaises, celles d'habitants fiers de leur lutte contre la dureté d'une vie chiche en bienfaits. La cacasse en est l'un des fleurons. Jadis « cul nu », elle était à base de pommes de terre cuites avec des oignons dans un poêlon frotté au préalable de lard. Aujourd'hui « culottée », elle ne fait pas que prendre le goût du lard, elle l'incorpore au plat, accompagné de saucisses. Ce soir-là, je déguste avec un appétit d'ogre une salade ardennaise qui ajoute à la base de la cacasse décente d'aujourd'hui de la salade cuite ; puis une sorte de pain perdu aux pommes et au boudin blanc. Ces roboratifs délices ont bien sûr la capacité de créer du lien, quand il y a cependant encore des réalités tangibles à lier.

Saint Mamert et le curé qui ne croyait pas au ciel

Depuis que j'ai quitté la vallée de la Meuse, fini les reliefs austères et les entailles à l'emporte-pièce dans le bouclier ardennais, s'offre maintenant à mes yeux un paysage de collines et de prairies où paissent des vaches laitières de race holstein et divers autres bovidés à viande, rassemblés avec une calme détermination par le chien berger à la demande de l'agriculteur. Çà et là quelques ovins stoïques, bien à l'abri de leur épais paletot de laine, affrontent sans souci les éléments, la bise hivernale qui souffle sans discontinuer et gifle par épisodes mon visage de bourrasques de pluie. Je suis pour ma part beaucoup moins réchauffé que les brebis dont le spectacle m'apparaît incomplet : aucune bergère n'est visible à l'horizon ; les moutons s'en passent, moi moins bien dont l'enthousiasme intact peine à ranimer seul le feu de mon cœur transi. J'allonge le pas, toujours plus au sud vers les crêtes préardennaises couvertes de belles forêts qui se prolongent au sud-est par celles de l'Argonne vers lesquelles je me dirige. Vers l'ouest, les bois laissent place aux grandes cultures céréalières qui annoncent déjà cette Champagne appelée jadis pouilleuse et que l'amendement des sols a transformée en l'une des terres à blé les plus fertiles de France. Ce spectacle bucolique à souhait est, on l'a compris, quelque peu gâché par les facéties de saint Mamert au mieux de sa forme. Après l'entrée en matière humide, ventée et glaciale dont j'ai parlé, il illustre les manifestations de son pouvoir par de robustes averses de grêle dont je ressens les mille piqûres à travers le vaste poncho rouge qui protège mon corps et mon sac mais limite tragiquement mon champ visuel et me transforme, pour être franc, en un gnome décati et loufoque. Peut-être est-ce d'ailleurs l'une des explications de l'absence regrettée des bergères.

Je suis enclin, dans ces circonstances, à reconnaître les pouvoirs sinon du bon Dieu, au moins de ses saints. C'est dans cet état d'esprit que j'arrive à Étrépigny où une habitante, professeure de philosophie mariée à un agriculteur, témoigne de l'aptitude de sa discipline à percevoir la réalité des êtres derrière les apparences : elle me reconnaît, m'invite à entrer chez elle pour me réchauffer et m'offre une bonne tasse du café tenu au chaud dans une grande cafetière, sans doute depuis les premières heures de la matinée. Pendant que je laisse la chaleur de la pièce et celle du breuvage m'envahir, elle me parle du héros du village dont il fut le singulier curé, Jean Meslier (1689-1729). Ce précurseur des Lumières, hostile aux nobles et au clergé, était convaincu de la non-existence de Dieu, il se faisait fort de la démontrer. Je l'imagine avoir été aussi l'adversaire des superstitions liées au culte des saints, ceux de glace comme les autres. En un tel lieu, il m'est dès lors impossible d'invoquer saint Mamert pour le maudire, j'en suis tout désemparé.

Mon désarroi a peut-être été pris en compte par une providence que j'hésite à qualifier de divine. Arrivé près du petit village perché d'Omont à l'heure du pique-nique, je jette mon dévolu sur un banc à l'entrée du village, face à la vallée… et au soleil qui vient tout juste de trouver la faille, une superbe « culotte de gendarme », comme on disait dans ma famille. Râ, le dieu-soleil de l'Égypte ancienne, est sorti pour quelques instants de sa léthargie, juste le temps pour moi d'avaler mon casse-croûte. La divinité astrale enveloppe le voyageur frigorifié et toutes choses alentour de cette bienfaisante chaleur dont je partage le goût avec les chats et les lézards, amenant à confirmer s'il en était besoin la puissance en l'homme de ces « esprits animaux » dont parle John Maynard Keynes, mon libéral préféré. À ce bien-être du corps et de ses articulations que provoque la tiède caresse solaire, il faut ajouter la légère ivresse due aux

effluves capiteux de la campagne mouillée et maintenant ensoleillée, qui s'exhalent avec une brume légère
estompant les détails pour ne conserver que l'essentiel : on est bien.

Au pays des buttes rouges

Le marcheur au long cours a le privilège de
connaître ces moments particuliers de bien-être où se
dissipent soudain les soucis et les fatigues, où l'esprit
recouvre du manteau des merveilles les spectacles
perçus et les idées conçues. Il y suffit parfois d'un
rayon de soleil qui réchauffe l'âme et le corps, d'une
gorgée d'eau fraîche lorsqu'on est tenaillé par la soif,
de la saveur des mets après l'épreuve d'une rude
marche, de la rencontre de la beauté qui exalte. La
relation à l'autre est bien sûr souvent à l'origine de
ces états mentaux qui amènent à percevoir le monde
et les gens avec optimisme et sérénité. L'accueil du
couple qui tient la maison d'hôtes *Les Mirabelles* à
Marquigny, un village de soixante-dix âmes, me met
de cette humeur telle que tout semble délectable.
Aucune onde hertzienne n'est reçue, dans ce petit
bourg encaissé, mais émanent de cette femme et de
cet homme des faisceaux de culture, de gentillesse,
de bienveillance et d'intelligence qui illuminent mon
séjour. Elle est une ancienne professeure d'histoire et
géographie, lui de philosophie, tous deux Lillois
reconvertis dans l'accueil des voyageurs ou touristes
par un choix qui reflète leur conception du couple et
de la vie. La conversation au dîner s'écoule avec une

paisible aisance ; elle porte sur le travail, le sens de l'effort, la marche, l'existence – ou non – d'une nature humaine, les lieux de mémoire de cette terre où se sont entretués tant de millions d'hommes. La femme en est devenue une spécialiste passionnée, elle m'apporte une masse d'informations que je reçois avec attention et émotion : le lendemain, dimanche, j'aborde l'Argonne, le cœur serré à la pensée de ce qui s'y est joué.

Au petit matin, mes premiers pas hors de ce havre d'humanité sont un enchantement. Je sais la journée rude, j'ai trente-quatre kilomètres à parcourir, une bonne partie par des sentiers forestiers que je devine détrempés, voire inondés. Je suis d'emblée saisi par un froid voisin de la gelée mais encouragé par un soupçon de soleil naissant et par les chants joyeux des mésanges, pinsons et autres volatiles primesautiers. En cet instant, le doute ne m'est pas permis : quelle chance est la mienne, quelle décision opportune j'ai prise en m'engageant sur ce chemin ! À défaut d'avoir fait de ma vie une œuvre d'art, pour rappeler le souhait hors d'atteinte d'Oscar Wilde, je me sens vraiment capable de transformer mon périple en une longue phrase poétique évoquant la beauté par ce qu'elle est et par ce qu'elle dit. Pourtant saint Pancrace, le saint de glace du jour, a noté ma résistance aux artifices de saint Mamert et ne s'avoue pas vaincu. Il se concentre plutôt aujourd'hui sur l'utilisation de l'arme du froid. J'avais affronté les deux ou trois degrés du matin avec autant de calme que celui de l'air à cette heure mais bientôt se lève un vent à décorner un troupeau de vaches salers. Il ne me faut pas moins de cinq couches de vêtements pour tenir. Le reste de la journée est rythmé par un épluchage progressif, une élimination les unes après les autres des couches de l'oignon voyageur auquel je me compare. Le cœur reste protégé et jamais l'on ne me voit pleurer, pour le cas où une bergère… Hélas, elles sont frileuses, c'est bien connu.

Mes hôtes des *Mirabelles* m'ont préparé de succulents sandwichs que je m'apprête à consommer bien vite entre deux claquements de dents dans le noroît glacial lorsque, après vingt kilomètres de marche, j'aperçois ce qui m'apparaît d'abord être un mirage provoqué par un soupçon de lassitude et, surtout, par la faim de loup qui me tenaille. Mais non, il y a bien une auberge à Boult-aux-Bois, je m'y précipite, éperdu. Une bière ardennaise me fait un effet certain dont je décèle vite la cause : huit degrés d'alcool ! Suit une cacasse bien culottée qui achève de me rendre aussi heureux que Dieu en France. D'ailleurs, en France, j'y suis et je l'aime quand je la vois belle, accueillante, ouverte, ma France. Ah, quel dimanche je passe là !

Cette gaieté est cependant de courte durée. Je pénètre en effet en Argonne, une terre martyrisée par l'Histoire. La chanson pacifiste *La Butte rouge* trotte dans ma tête, obsédante. Elle nous dit que son nom vient de ce que « tous ceux qui grimpaient roulaient dans le ravin »… De l'Aisne à l'Argonne en passant par Sedan et Verdun, les buttes rouges sont nombreuses ici. La Horgne, où, en 1914, les spahis chargèrent avec une folle témérité les mitrailleuses allemandes et furent tous massacrés ; Stonne et ses combats de chars de la dernière guerre. Les tranchées du sud de l'Argonne. La trouée de Grandpré, de toutes les invasions, comme Sedan. La Meuse autour de Verdun où l'on se battit furieusement, en 1940 encore ; les grands cimetières militaires français, américains et allemands ; les exploits du sergent York, en 1918. Durant la longue marche de ce jour, je ferme parfois les yeux et vois les hommes dans la boue, le froid, envahis par les poux et les rats, qui montent à l'attaque au petit matin la baïonnette au canon et la peur au ventre. Je vois les copains fauchés, la tranchée où, si l'attaque a échoué et qu'on s'y replie, l'on ne retrouve plus qu'un quart de la compagnie, les lignes ennemies conquises où gît un amoncellement de cadavres mêlés aux blessés et aux agonisants. J'entends les cris et les gémissements des jeunes soldats, encore des gamins dont beaucoup réclament leur mère. Comment les hommes peuvent-ils s'infliger et supporter cela ? Et pourtant, même si là il n'y a pas de vigne et qu'il n'y pousse pas de raisin, la campagne est riante, la forêt est belle lorsque le regard s'y arrête à nouveau, mais la question demeure de savoir si avec ses produits et ses plaisirs on ne boit pas aussi un peu « le sang » et « les larmes des copains », pour reprendre les termes du chant antimilitariste.

La pluie, les abris et les gens

J'arrive à Grandpré, terme de mon étape, passablement éprouvé. L'émotion ressentie dans les hautes futaies de la forêt d'Argonne, entre les troncs desquelles je crois discerner les spectres pantelants des innombrables jeunes hommes dont la vie fut fauchée là, l'explique plus que la distance parcourue et la marche dans la boue. Peu avant mon arrivée, le conducteur d'un lourd convoi de troncs coupés arrête son engin dans le bois, il a lu les journaux et m'a reconnu, il me salue chaleureusement. C'est ensuite à un couple de jeunes enseignants du collège voisin, qui met à profit une brève accalmie pour une promenade vespérale et sylvestre, de m'interpeller. Ils m'avisent de prêter attention aux grilles de leur établissement en passant devant. Les élèves y ont accroché un panneau de bienvenue et d'encouragement sur lequel ils ont collé la photo publiée à mon départ de Givet par le quotidien *L'Union*. Je parviens de la sorte un peu rasséréné à la ferme-chambre et table d'hôtes où je suis accueilli pour le soir. Elle est tenue par une femme dynamique, psychologue de formation, agricultrice, conseillère générale, active dans la promotion du tourisme ardennais. Malgré ma lassitude, pas question de me reposer. Mon hôtesse a convié pour la soirée plusieurs personnes qui souhaitent s'entretenir avec moi. J'ai aussi le temps, pendant le dîner, de discuter avec la famille. On me parle de l'exploitation de cinquante hectares consacrés à l'élevage de bovidés de race limousine destinés à la viande. Ici l'avenir est enfin appréhendé avec optimisme. La ferme est reprise par deux des trois enfants, le fils et l'une des filles. Le garçon s'est aussi lancé pour le plaisir dans la reproduction de chevaux de concours, de race selle français. Trois petits poulains sont nés ces derniers jours, je vais en saluer un avant de prendre la route. J'imagine ses prochaines cabrioles joyeuses et insouciantes, elles symbolisent de possibles lendemains lumineux qui me réconfortent un peu de la succession des situations sans avenir observées jusque-là.

En principe, c'est aujourd'hui la saint Servais, le troisième des saints de glace. Selon la tradition, ce 13 mai, où je quitte le département des Ardennes pour celui de la Marne, devrait par conséquent marquer la fin de la période de temps tourmenté que je connais depuis le début de mon périple. Si tourmentée, la journée l'a été, les prévisions pour les jours qui viennent sont… pires. J'avais avant mon départ répondu à une journaliste que la programmation de toutes les étapes de mon itinéraire impliquait qu'en cas de pluie perdurant quarante jours, je l'affronterais sans mollir jour après jour. C'était pour moi manière de dire ! Comment le marcheur solitaire Axel Kahn affronte-t-il l'épreuve ? En fait pas si mal que ça. Je me rappelle le plus célèbre des chants de marche entonné lorsque j'étais boy-scout : « La meilleure façon d'marcher c'est encore la nôtre, c'est mettre un pied devant l'autre et recommencer. Gauche, gauche… » Il y a du vrai dans ce refrain… C'est bien ainsi que l'on progresse, des heures et des heures, quelles que soient les conditions météorologiques. Parfois le spectacle alentour est une féerie et il transporte le chemineau. D'autres fois, on avance sur le plateau, les lignes d'horizon s'estompent, tout se répète comme les pas eux-mêmes, les champs succèdent aux champs, la pluie succède à la pluie. Quelle monotonie penseront certains, comment tenir ?

Et pourtant, pour qui est attentif à tout, ce que les sens perçoivent et, à défaut, ce que l'esprit fait émerger à la conscience, la monotonie n'existe guère. L'étirement des nuages emprunte des formes toujours changeantes, les colzas éclairent soudain le ciel afin de lui faire honte de masquer le soleil, ils exhalent une odeur douce et entêtante, d'imposants escargots de Bourgogne égarés dans ces terres du nord-est croisent le chemin, le chant de l'alouette se fait soudain entendre, celui du coucou lui donne la réplique, les idées longtemps refoulées par l'intensité des tâches quotidiennes à accomplir surgissent impétueusement, elles assaillent soudain le voyageur par leur évidence… Certaines de ces pensées sont des plus prosaïques ; par exemple, à la mi-journée : « Où diable vais-je pouvoir me poser à l'abri de la pluie et du vent pour consommer mon frugal repas ? » Après mon expérience malheureuse du premier jour, la question était devenue obsédante jusqu'à ce que j'identifie une solution. Il y a dans tous les villages et hameaux un abribus, ou au moins un lieu abrité, ne serait-ce que pour les enfants en attente du car de ramassage scolaire. C'est là que je m'étais résolu, en absence d'auberge proche, à déjeuner au sec sinon au chaud. Chaque fois que j'ai adopté cette solution en désespoir de cause, des villageois m'ont observé, soit en garant ou reprenant leur voiture, soit de chez eux à travers leurs rideaux. Aucun ne m'a jamais invité à venir me restaurer au chaud dans de meilleures conditions. Je comprends, à la réflexion, qu'un sexagénaire drapé dans une cape rouge, assez fou pour marcher sous la pluie alors qu'il serait bien mieux chez lui, leur apparaisse être au mieux un original qui n'a pas tout son bon sens, au pire un personnage un peu inquiétant qu'on est d'autant moins enclin à faire entrer chez soi qu'il dégouline. Avant de mourir, mon père m'a enjoint d'être « raisonnable et humain ». Ne me soupçonnant pas d'être inhumain, il a sans doute désiré signifier au jeune homme militant, volontiers manichéen que j'étais à vingt-six ans, qu'être humain revient à aimer les gens tels qu'ils sont et non pas tels qu'on aimerait qu'ils fussent, c'est-à-dire avec leur générosité et leur fulgurance possibles mais aussi leur médiocrité et leur égoïsme. C'est le sentiment que j'ai envers le monde rural, que je connais bien et apprécie mais dont je sais aussi certaines des manières, méfiantes et individualistes. Je n'en garde par conséquent pas rancune à tous ces habitants indifférents à mes petits malheurs, même après que leur absence de compassion est montée d'un cran un peu plus tard.

C'est un jour ordinaire, je marche sous une pluie ininterrompue sans faire aucune halte : quel intérêt ? Il pleut alors toujours et le froid vous gagne. Vers 13 heures, fatigué et affamé, j'avise dans un hameau à la limite de la Marne et de la Meuse un homme qui s'affaire entre son automobile et son domicile. Des amis lisant mes aventures sur mon site m'ont conseillé de solliciter l'hospitalité des gens plutôt que de me rabattre sur des abris de fortune pour déjeuner par temps de pluie. Je décide de les écouter, d'autant que je n'ai pas ici à sonner à la porte de cet homme, à le déranger chez lui et ainsi à risquer de l'indisposer. Je l'aborde avec un large sourire pour lui poser la question cruciale, tâchant de me présenter sous mon air

le plus aimable et engageant : « Bonjour, monsieur,
je suis un marcheur, vous le voyez, et j'ai grand-faim.
Bien sûr, j'ai de quoi manger dans mon sac mais il
pleut beaucoup. Pouvez-vous m'indiquer, s'il vous
plaît, un endroit abrité où je puisse me restaurer ? »
La réponse fuse, je manque de m'en étrangler de rire :
« Montez un peu dans le hameau, il y a là-bas un
abribus ! » Du coup, suffoquant d'une hilarité qui a
au moins la vertu de me réchauffer, je ne vois pas
l'édicule et arrive à jeun à l'étape distante encore de
plus de cinq kilomètres.

La gaize et la guerre

J'ai passé la nuit à l'hôtel de Vienne-le-Château et
me propose de rejoindre Braux-Saint-Rémy, dans la
Marne. Ces deux bourgs ne sont guère qu'à vingt-cinq
kilomètres de distance mais mon but n'est pas de
choisir le chemin le plus court, il est d'emprunter le
plus beau. Aussi décidé-je de faire un large détour
d'une douzaine de kilomètres par la vallée de la
Biesme avant de rejoindre Braux par le coteau boisé.
La vallée coupe en son centre le massif forestier de
l'Argonne, elle a été jadis défrichée et mise en valeur
par les moines cisterciens de l'abbaye de Lachalade
devant les beaux restes de laquelle ma route passe.
Comme dans les Ardennes et le massif environnant
d'Argonne, le sol, peu propice à la grande culture,
est constitué d'un sédiment argilo-siliceux perméable,
la gaize, qui recouvre une épaisse couche d'argile totalement imperméable. La vallée se présente comme

une trouée verte argonnaise d'une trentaine de kilomètres dans le milieu de laquelle coule une petite rivière vive entre de beaux arbres ; de luxuriantes prairies vallonnées et parsemées de boqueteaux l'entourent. Différents types de bovidés, de caprins, d'ovins et d'équidés y paissent tout leur soûl, manifestant aux passants un intérêt curieux. Les bords de la vallée s'élèvent de plus de cent mètres et supportent une forêt aux troncs imposants. Ajoutons à cela que la pluie se calme quelques heures, on comprendra combien j'ai trouvé ce paysage délicieux. De plus, la providence ou la chance est avec moi car à midi passé, alors que je résiste à la faim plutôt que d'ingurgiter les sandwichs infâmes de pain de mie achetés au supermarché d'une ville voisine, que l'hôtelier m'a remis en guise de casse-croûte, le prodige se reproduit : la découverte d'une auberge, restaurant gastronomique, *À l'orée du bois*. On m'y sert un repas de randonneur trois étoiles. La vallée de la Biesme en Argonne, le restaurant *À l'orée du bois*, des noms que je conseille au lecteur de retenir car il y a là, pourvu que le temps soit clément, de quoi passer une excellente journée.

La gaize de l'Argonne et la géographie du massif expliquent le destin militaire de cette région, son caractère stratégique essentiel. En hiver ou au prétendu printemps 2013, quand il pleut, les escarpements pourtant peu importants se transforment en pièges infranchissables pour les véhicules emprisonnés par une terre détrempée au sous-sol imperméable, une terre collante, une véritable glu. Aussi, les invasions de la France passèrent-elles presque toutes par la « trouée de Grandpré » : les Prussiens jusqu'à Valmy en 1792, puis encore jusqu'à Metz, Sedan et Paris en 1870 ; les Allemands en septembre 1914. Lorsque les armées allemandes butèrent du 6 au 11 septembre sur les défenses françaises de la Marne, commandées par Joffre, elles refluèrent jusqu'à l'Argonne et s'y établirent, je devrais dire s'y enterrèrent… jusqu'en 1918 et l'offensive américaine. La vallée sépare la crête française, à l'ouest, dans le département de la Marne, de la crête germanique, à l'est, dans la Meuse. Les combats de la fin de 1914 à l'été 1915 y furent sanglants mais tous les efforts français pour repousser l'ennemi au-delà échouèrent, à la Haute-Chevauchée, dans le bois d'Apremont, sur la butte de Vauquois, etc. Là se trouve le Kaiser Tunnel, vaste ouvrage par lequel les troupes impériales alimentèrent le front en hommes et matériels en passant sous le coteau, jusqu'à ce qu'un bombardement américain n'en effondre l'entrée en 1918.

Après une vingtaine de kilomètres, je quitte la vallée en passant par le massif forestier en direction de Braux, à l'ouest. Je peux admirer l'impressionnante forêt de l'Argonne, soumise comme celle du massif ardennais à une intense exploitation dont les Chinois sont aujourd'hui les clients principaux. Mon hôtesse de la ferme de Grandpré m'avait déjà informé de ce que les acheteurs de bois de l'« empire du Milieu » constituaient une part importante de ses clients. Les beaux fûts exportés nous reviennent en partie sous forme d'excellents meubles vendus bien moins cher que ceux de nos entreprises et de nos artisans sur lesquels ils exercent une concurrence impitoyable. Le combat n'est pas égal, notre filière bois tend de plus en plus à se limiter à la sylviculture et à l'exploitation de la matière première, les industries de transformation sont chez nous dévastées. Que voulez-vous, ce sont les affaires au temps d'une mondialisation que ceux qui n'en souffrent pas prétendent heureuse.

Rancunes routières et amours marinières

De Braux, je dois retourner dans la Meuse à Revigny-sur-Ornain avant de revenir le lendemain dans la Marne à proximité de la rive nord du lac du Der-Chantecoq. Ce sont là les aléas de la distribution des lieux d'hébergement, rares dans cette partie peu touristique du territoire en dehors des grandes agglomérations que je fuis comme la peste. L'état lamentable des chemins de terre défoncés par les engins agricoles, alors que la pluie tombe continuellement déjà depuis plus de deux semaines, me conduit à n'emprunter que des petites routes goudronnées, au moins empierrées. De toute façon, pour des raisons de poids et d'encombrement, je ne dispose depuis que j'ai quitté le massif ardennais que de cartes trop peu détaillées pour qu'y figurent les sentiers, à moins qu'ils ne coïncident avec une portion de GR balisé, comme avant d'arriver à Grandpré. De plus, je suis obligé, pour me rendre à Revigny, de passer par des axes assez fréquentés pour franchir une ligne TGV et une autoroute. Or une autre épreuve de la marche par mauvais temps réside dans le comportement de beaucoup d'automobilistes. La surface des voies de circulation est couverte de ce mélange de boue et de résidus de gasoil ou de graisse dont les conducteurs expérimentent les effets sur leur pare-brise, et moi sur mon corps. Parmi les conducteurs, différentes catégories de comportements peuvent être distinguées. Quelques-uns, rares, m'envoient un signe de connivence et d'encouragement en me croisant ou me doublant, voire s'arrêtent pour me congratuler. Beaucoup adoptent une position correcte d'une parfaite neutralité, ralentissent parfois et s'écartent autant qu'il est possible. D'autres, hélas assez nombreux, ont tendance à accélérer en m'apercevant et à me serrer au plus juste de sorte que rien de la gerbe crasseuse qu'ils soulèvent ne me soit épargné. Risquant d'arriver à l'étape dans le même état qu'un jockey sur la ligne du Grand Prix d'Amérique à Vincennes par temps de pluie, je prends alors le parti de leur présenter mes fesses au passage, non pas comme une mauvaise manière en réponse à leur goujaterie, mais par simple protection. Lassé cependant de cette attitude contrainte, j'en adopte bientôt une autre plus active. Fixant de loin les véhicules qui foncent vers moi comme d'un air de défi, j'esquisse un petit pas vers la droite, c'est-à-dire vers la route. Les automobilistes sont sans doute conscients des désagréments qui s'ensuivraient pour eux s'ils écrasaient le marcheur, ils s'écartent donc, et moi aussi vers la gauche à leur passage, éloignant de ce fait de moi les projections. Il n'empêche, j'ai ce matin-là l'occasion de vérifier combien la conduite automobile expose à un authentique recul de civilisation.

À Revigny-sur-Ornain j'ai heureusement l'occasion de me réconcilier avec les primates de notre espèce, sans doute les mêmes que sur la route dès qu'ils ont quitté leur véhicule. La dame qui tient la maison d'hôtes où je dîne et passe la nuit m'a préparé une rencontre avec des responsables associatifs de la petite ville ; ils me parlent longuement des difficultés de leur bassin d'emploi, du désengagement d'Arce-lorMittal, mais aussi de leurs efforts pour réagir, pour éviter que la population ne se laisse aller au fatalisme et au pessimisme. Ils accueillent en résidence des artistes du spectacle de rue ; nous allons les voir, assis-tons à des présentations, discutons avec eux d'un pos-sible réenchantement de la société qui ne nie pas la dure réalité de la crise. Cela me convient bien, c'est aussi l'un des objectifs du projet que j'atteins.

En principe, l'étape suivante vers Hauteville, au nord du lac du Der, est longue (en définitive trente-huit kilomètres) et compliquée. Je désire en effet contourner largement la ville de Saint-Dizier ; les routes possibles sont soit à grande circulation, soit des plus tortueuses. Mon hôtesse de Revigny me tire d'affaire : « Pourquoi ne longeriez-vous pas le canal de la Marne au Rhin ? Son chemin de halage est praticable aux piétons. » L'idée est excellente. Les avantages des canaux sont considérables. 1. Ils adop-tent le plus souvent possible la solution de la ligne droite, fort prisée aujourd'hui compte tenu de la dis-tance à parcourir. 2. Les maudits véhicules automo-biles qui m'ont causé tant de soucis la veille y sont interdits. 3. Les seuls dénivelés à avaler sont ceux des écluses qui représentent un obstacle plus conséquent pour les péniches que pour les marcheurs. 4. Ces placides navires, d'ailleurs peu nombreux, sont inoffensifs pour les randonneurs. 5. Le paysage y est habituellement plaisant. 6. Il est possible de tomber sur des bistrots de mariniers accueillants aussi pour le voyageur frigorifié. 7. On y fait parfois de belles rencontres, susceptibles elles aussi de réchauffer le corps et le cœur, ce qui n'est pas négligeable en cette journée où à la pluie, ma compagne depuis les premières heures de mon voyage, est venu s'ajouter un nouveau et net fléchissement de la température. J'ai failli connaître la félicité d'une telle rencontre durant les seize kilomètres de ma progression au bord du canal. *La Morzine*, une élégante péniche à la robe rouge et blanc, pimpante et comme enjouée, se porte à mon niveau et me fait un brin de conduite. Son allure est souple et régulière, presque lascive, je la crois sage et honnête ; j'ai tout le temps de la détailler car son allure semble calquée sur la mienne. En ce pays où les bergères sont manifestement devenues rares, elle ne m'est pas indifférente. Cette histoire apparaît prometteuse mais, hélas, la belle a un défaut, elle prend tout son temps à chaque écluse, elle lambine. Je suis pressé, la route est longue ; j'hésite puis, la mort dans l'âme, je la laisse derrière moi.

À la mi-journée, mon casse-tête récurrent d'une restauration abritée en absence d'auberge se résout plus agréablement qu'à l'accoutumée ; un vénérable agriculteur qui tient un gîte me fait entrer dans une grange, dispose du foin sur le sol pour le cas où je désirerais me reposer (en l'absence de *La Morzine*, je

n'en profiterai pourtant pas), va me chercher des cou-
vertures à chevaux pour que je m'y enveloppe, ce que
je fais peu rebuté par la forte odeur de bourrin qui
s'en dégage, et m'apporte un café. Il s'assoit alors à
quelques mètres de moi et, pendant que je reprends
quelques forces, me conte longuement tous les épisodes de sa guerre d'Algérie à la frontière tunisienne
sans m'épargner aucun détail. Tout a une fin, cependant, le service militaire comme le repos méridien, je
dois repartir après avoir enfilé à nouveau ma cape
rouge à peine sèche.

Je suis sûr que certains de mes lecteurs se demandent ce qui peut pousser un être sain d'esprit à marcher dans le froid et sous la pluie jour après jour. En
fait, vivre cela est connaître l'expérience de la relati-
vité des situations et des impressions. D'abord, dès
qu'il pleut moins dru, on peut se libérer de l'empri-
sonnement de la capuche, sentir le vent frais sur ses
joues, entendre certains bruits de nature auparavant
masqués. La liberté ! Et puis, mieux même, il peut
arriver qu'il cesse de pleuvoir, pour un instant, vous
incitant alors à ôter votre cape. C'est presque comme
enfiler son maillot de bain pour aller se baigner dans
l'eau tiède ! Je crois même, sans exagérer, n'avoir pas
été la victime de mes illusions en observant parfois
un certain éclaircissement du ciel qui passait du noirâtre au gris foncé. Une merveille ! Oui, vraiment,
marchons sous la pluie, dansons sous la pluie, Gene
Kelly a montré le chemin.

Je parviens en définitive au terme de ma longue
étape d'excellente humeur, pas plus trempé que
d'habitude et animé d'un moral d'acier que conforte

l'accueil des responsables de l'établissement où je descends ce soir. Cet ancien corps de ferme dans le plus pur style champenois, avec ses murs à pans de bois, reçoit maintenant des voyageurs qui y sont merveilleusement traités. Il est mené de main de maître par une femme étonnante qui transforme tout ce qu'elle touche en saveurs, bien-être, beauté, convivialité. Elle fait elle-même son pain, ses terrines, de multiples boissons locales, ses yaourts, confitures, pâtes à tarte et quiches. Les chambres qu'elle a aménagées avec son mari et son fils sont gaies, fonctionnelles, originales. Le repas familial partagé est un moment de paix et de détente joyeuse où l'on me parle de l'activité de chacun, les parents et les deux enfants qui travaillent en ville, des espoirs et des obstacles, des attitudes face à la crise.

Pensées et fierté champenoises

Il me faut le lendemain, pour atteindre le petit village de Louzes en Haute-Marne, contourner le plus grand lac artificiel d'Europe, celui du Der-Chantecoq, qui règle le débit de la Marne. Mis en eau dans les années soixante-dix, c'est en partie à lui que les Parisiens doivent de ne plus se réveiller aussi souvent que par le passé les pieds dans l'eau. Soucieux d'admirer au mieux les paysages de cette quasi-mer intérieure, je suis les contours fort découpés de sa digue dont j'emprunte le chemin ; ils forment une succession de presqu'îles et de golfes, si bien que la distance à parcourir excède de beaucoup mes prévisions. De plus, au sud du lac, les petites routes de campagne sont si sinueuses qu'elles font plus que doubler le trajet de l'oiseau. L'étape se révèle au total bien plus longue que prévu, elle dépasse les quarante kilomètres, ce qui me laisse un temps généreux pour observer et réfléchir.

Partant dans le brouillard et la bruine, j'aborde le lac dans une atmosphère étrange qui tient de celle des lochs écossais. Toutes les silhouettes sont indistinctes, celles des gens et des choses, des arbres et des bateaux. La limite entre l'eau et la rive est estompée, le regard se perd vite dans la brume, si bien qu'il revient à l'imagination de reconstruire le réel selon les aspirations de l'esprit. Puis, peu à peu au fil des heures, les formes se précisent, les îlots et les roselières, les oiseaux innombrables, les chevaux paissant contraints dans les minces bandes de terrain émergeant d'un lac plein à ras bord. Tous les cours d'eau sont en crue, les champs sont inondés, Troyes est à ce moment-là sous les eaux. Le lac a atteint les limites de sa capacité, il est aujourd'hui incapable de retenir quoi que ce soit de plus. S'il devait continuer à pleuvoir autant encore plusieurs semaines, il serait dans l'incapacité d'éviter une crue majeure de la Marne et de la Seine à Paris. La journée est aussi marquée par la découverte des superbes églises champenoises à pans de bois, dont celle de Nuisement-aux-Bois ; le village est maintenant au fond de l'eau mais son sanctuaire du XVIe siècle a été démonté et réassemblé près des rives actuelles.

Il me faut plus de huit heures de marche effective pour atteindre Louzes, où je suis attendu par une dizaine de personnes du canton réunies par mon hôtesse, une ancienne agricultrice qui m'accueille avec une chaleur extrême, entourée de ses filles et de son fils. La presse locale est aussi de la fête. J'ai juste le temps de me doucher et de me changer, c'est ensuite pendant deux heures une avalanche de questions-réponses sur mes motivations, l'économie, le nucléaire, les plantes transgéniques... et l'état de la France et des Français que j'ai rencontrés depuis mon départ. J'évoque alors mon sentiment d'être jusqu'ici passé par un pays en crise profonde : les séquelles de désastres industriels et de crises itératives se succèdent depuis Givet ; je croise des populations assommées par les épreuves passées, accablées par la dureté du présent, désespérant de l'avenir ; un monde rural gagné lui aussi par la méfiance et le repli sur soi ; j'observe un désintérêt affiché pour tout ce qui ne concerne pas le local et le quotidien stricts, un rejet du discours raisonnable des puissants, perçu comme mensonger et mortifère. Plusieurs personnes avec qui j'ai pu échanger quelques mots, dans les auberges et estaminets où je me suis arrêté un instant, m'ont fait comprendre ou m'ont affirmé de manière explicite qu'ils ne lisaient aucun journal, ou alors, dans la presse locale, les seules nouvelles de leur commune, au mieux du canton. Ces gens sont en majorité convaincus que le pire est certain, qu'un monde auquel ils sont attachés ou croient l'avoir été s'est effondré ou s'effondrera. Mes interlocuteurs, les gens eux-mêmes ou, plus souvent, les citoyens engagés que je rencontre aux étapes et qui tentent de réagir me décrivent un sentiment de dépossession des habitants de petites cités ou de villages de toute responsabilité dans la conduite de leurs affaires et l'écriture de leur avenir par « les autres », Paris, l'État, Bruxelles, les étrangers, le monde. Il s'ensuit dans l'Est et en Champagne-Ardenne une déferlante des votes en faveur du Front national, prompt à vilipender les brigands qui dépouillent les Français de leurs valeurs, de leurs richesses et de la maîtrise de leur destin. Cette adhésion à un parti qui affiche son nationalisme reflète bien plus un mal-être et un pessimisme profonds qu'une réelle fierté d'être français.

Et pourtant, plaidé-je devant les personnes assemblées, malgré les réelles difficultés, détresses et incertitudes de l'avenir, la beauté du pays, la qualité de ses habitants de jadis et d'aujourd'hui, leur énergie quand ils « osent vouloir », entreprendre et bâtir, sont d'autres réalités dont il y a tout lieu d'être fier. Un tel sentiment exclut le repli autistique et apeuré sur soi et sa communauté que l'on observe si souvent, il conduit à l'inverse au désir de se montrer, d'accueillir, il pousse à l'ouverture. Là réside aussi un objectif de mon chemin. Convaincre qu'il n'est pas de mot d'ordre plus essentiel que celui de LA FRANCE BELLE, par ses valeurs ancestrales et ce qu'elle continue d'être, par ceux qui l'habitent et la façonnent, par leur travail et leurs réalisations, parfois leur générosité. De cette France belle, il faut savoir être fier.

Des bulles qui valent de l'or

Après Louzes, je laisse à l'est la direction de Colombey-les-Deux-Églises pour me diriger vers Bar-sur-Aube, la principale agglomération de la Côte des Bars. C'est là mon pays et dès la commune d'Arrentières je retrouve des paysages qui me sont familiers, des coteaux dominant la vallée – ici de l'Aube – et plantés du vignoble de Champagne, en énorme majorité du pinot noir et du chardonnay, un peu de pinot meunier. Dans ce même village, de vastes photographies murales commémorent les grandes manifestations des vignerons de l'Aube il y a cent deux ans, à partir de mars 1911. L'occasion de se rappeler l'histoire récente de ce vignoble dont le produit – le champagne – est le plus universellement connu. Comme tout le vignoble français, il faillit disparaître lorsque le puceron parasite des racines *Phylloxera vastatrix* s'y attaqua à partir de 1863 dans le Gard. Ce ravageur redoutable est endémique des plants de vigne américaine qui y sont résistants. C'est par l'intermédiaire de tels plants qu'il débarque en France via la Grande-Bretagne. L'insecte, un hémiptère aphidien, est à peine visible à l'œil nu ; il pique les tiges racinaires pour absorber la sève, provoquant un développement de nodosités et le dépérissement du cep en quelques années.

L'Attila des vignes est à Bordeaux en 1866 et, remontant inexorablement vers le nord, envahit progressivement le territoire… sauf la Champagne qui reste indemne jusqu'au milieu des années quatre-vingt. Les Champenois considèrent avec commisération le fléau qui s'abat sur les vignerons incapables de s'occuper de leurs vignes avec autant de soin qu'eux. Ils ne sont nullement inquiets jusqu'à ce que le parasite se manifeste le 8 juillet 1888 dans l'Aube puis le 5 août 1888 dans l'Aisne. Le mal fond sur la Marne en août 1892, s'étend très lentement, frappe soixante-quatre hectares en 1898, puis peu à peu plus de la moitié du vignoble champenois. Les recettes utilisées pour tenter de lutter contre le ravageur sont diverses et pour l'essentiel inefficaces. Les vignerons champenois résistent longtemps à l'utilisation d'une méthode que d'autres régions viticoles mettent en œuvre depuis les années quatre-vingt, la greffe des plants nobles sur un porte-greffe américain dont les racines résistent au parasite. D'un autre côté, ils repoussent avec bonheur l'emploi d'une autre technique funeste, celle de l'hybridation entre vignes française et américaine largement diffusée ailleurs, dans le Midi viticole et le Sud-Ouest en particulier, et qui produira un breuvage infâme.

Cependant, la reconstitution du vignoble champenois à partir de plants greffés débute en 1897 et progresse ensuite jusqu'à se généraliser après la Première Guerre mondiale. On profite de ces bouleversements pour rénover les pratiques culturales et toiletter une réglementation passablement laxiste, jusqu'à l'excès et l'arbitraire qui aboutira à la révolte des vignerons aubois en 1911. Cette année-là, un arrêté limite à la Marne l'appellation contrôlée « champagne ». Après les épreuves subies, la situation des cultivateurs, en général très petits propriétaires, est précaire. L'exclusion de l'Aube du périmètre de l'appellation contrôlée est un coup terrible. La contestation s'organise autour de Gaston Cheq, un petit viticulteur socialiste baralbin. En ces temps difficiles, les vignerons sont en majorité roses ou rouges. Ils ont bien changé depuis ! Malgré la forte mobilisation, les contestataires obtiennent seulement de dénommer leur breuvage « vin jaune pétillant », beaucoup ajoutent « … de Champagne ». Il faudra attendre 1927 pour que l'appellation contrôlée actuelle d'environ trente-deux mille hectares soit adoptée, avec environ vingt mille hectares dans la Marne, huit mille dans l'Aube, le reste dans l'Aine, la Haute-Marne et la Seine-et-Marne. Cette aire d'AOC est en extension d'environ dix pour cent depuis 2009, déclenchant toutes les convoitises. En effet, le temps des vignerons champenois pauvres et révolutionnaires est bien révolu. Le prix de l'hectare de vigne en AOC est aujourd'hui d'un million et demi d'euros sur la montagne de Reims, de un million dans l'Aube ! Dans mes terres de Mussy-sur-Seine où je serai dans deux jours, un hectare de friches sur les coteaux est vendu au plus trois mille euros. Ce prix, s'il devient AOC, sera multiplié par… trois cent trente-trois ! De quoi déchaîner les passions. En effet, elles se déchaînent.

Souvenirs de la Champagne, centre du monde

J'ai droit à Bar-sur-Aube à un accueil par la municipalité dont plusieurs membres viennent à ma rencontre alors que je dévale du vignoble pour rejoindre la cité au fond de la vallée. Le maire me reçoit à l'hôtel de ville : discours, remise de la médaille de la ville, interview par la presse locale, échanges qui se poursuivront au dîner, une nouvelle occasion de m'informer de la situation socio-économique, des sentiments des habitants, des projets des responsables. Bar-sur-Aube est emblématique du département et, au-delà, de la Champagne. La viticulture et le négoce du vin sont source d'importantes richesses dont les bénéficiaires directs sont hélas peu nombreux. D'un autre côté, l'industrie auboise est elle aussi moribonde, qu'il s'agisse de la bonneterie troyenne, des métiers de la transformation du bois, de la mécanique, etc. L'ambiance est morose et les perspectives, difficiles.

La visite de Bar-sur-Aube rappelle qu'elle fut l'une des quatre villes où se tenaient au Moyen Âge les foires de champagne ; en témoigne en particulier le Halloy, galerie en bois qui jouxte la superbe église Saint-Pierre du XIIᵉ siècle ; il a sans doute remplacé au XVIᵉ siècle celui sous lequel s'abritaient les marchands durant les foires. À l'intérieur de l'église, on trouve plusieurs remarquables sculptures de l'école troyenne, également du XVIᵉ. Cette école, dont la *Mise au tombeau* de Chaource constitue selon moi le chef-d'œuvre absolu, m'apparaît représenter, avec les œuvres baroques du Bernin, l'un des sommets de la sculpture postérieure à la Renaissance. Rebondissant sur mes réflexions à propos de la fierté d'être citoyen de cette France belle que je désire célébrer, je me demande en quittant la ville pour rejoindre Essoyes, la patrie de la famille du peintre Pierre-Auguste Renoir, ce que peut apporter aux habitants d'aujourd'hui de savoir que la Champagne fut pendant près de deux siècles le centre du monde et le creuset de l'économie moderne. Entre le XIIᵉ et la fin du XIIIᵉ siècle, la Champagne a en effet été grâce à ses foires la principale place commerciale, financière et cambiste de la planète.

Les foires se tenaient toute l'année, elles passaient de l'une à l'autre de quatre villes, Troyes (deux fois), Provins (deux fois), Lagny-sur-Marne et Bar-sur-Aube. Leur succès colossal s'est bâti sur leur position idéale entre les deux principaux centres de production et de l'économie de l'Europe médiévale, les Flandres et l'Italie. Les villes flamandes ont formé une gilde en relation avec la ligue hanséatique et, par son intermédiaire, avec les villes russes et l'Extrême-Orient asiatique du Nord. Elles importent aussi la laine britannique qu'elles foulent et tissent. Les draps de laine sont ensuite distribués dans toute l'Europe, en particulier en Italie. Cette dernière, grâce à la route de la soie et aux navigateurs-commerçants de Venise, Gênes et des accords de ces villes avec Constantinople, a le quasi-monopole de la distribution en Europe des étoffes de soie et autres produits d'Orient, en particulier les épices. La puissance financière de Florence s'affirme, elle diversifie les opérations de type bancaire.

Au XIIᵉ siècle, le transport maritime reste incertain alors que la sécurité est devenue bonne sur les routes terrestres, si bien que la Champagne constitue le point de rencontre logique entre les flux commerciaux issus des Flandres et d'Italie. L'importance de ces événements est telle que la Champagne occupe rapidement aussi une place centrale en matière financière : activités d'escompte, de prêt, ancêtres des opérations boursières. L'habitude est prise de préciser que prêts et escomptes sont remboursables et compensables « en foires de Champagne ». Les comtes Thibaud de Champagne font tout pour sécuriser ces événements et en faciliter le déroulement. Le déclin surviendra lorsque, à la fin du XIIIe siècle, les désordres en Europe perturberont les transports terrestres alors que se perfectionnent les techniques de navigation. Cependant, l'importance de la place financière champenoise perdurera plus longtemps que son rôle proprement commercial. L'intégration de la Champagne dans le domaine royal à la suite du mariage en 1284 de Jeanne de Navarre, héritière du comté, avec Philippe IV le Bel modifie finalement les logiques qui ont présidé au formidable développement des foires de Champagne.

Tous les historiens et la plupart des économistes connaissent bien ce que je viens d'évoquer. Tel n'est pas le cas de la masse des Champenois, qu'ils soient de prospères vignerons ou des personnes cruellement frappées par les crises. La réduction de l'enseignement de l'histoire à l'école, voire sa disparition des programmes de terminale scientifique ne sont pas de nature à améliorer les choses. Bien entendu, savoir qu'on a été grand n'a jamais évité la crise. Pourtant, je suis convaincu que la fierté qui en découle peut contribuer à donner du ressort pour en sortir.

Les baguettes de la renommée

Je parcours les quelque trente kilomètres séparant Bar-sur-Aube d'Essoyes en jouant à saute-mouton d'un coteau vinicole à l'autre. En ce printemps glacial, la vigne est en retard, elle vient juste de sortir de sa dormance hivernale et il faut s'en approcher pour voir éclore les premiers bourgeons. J'ai de ce fait l'impression de cheminer au sein du gigantesque ossuaire d'une espèce singulière faite d'êtres cul-de-jatte dont le tronc charnu planté dans le sol porte un bras horizontal, unique rescapé de la taille champenoise sur lequel apparaîtront de multiples mains pleines du fruit succulent. En attendant, la succession régulière de ces squelettes décharnés prend, dans la bise aigre et sous le voile sale du ciel entre les déchirures duquel une lueur solaire hésitante est aperçue parfois, un aspect plutôt sinistre. La descente sur Essoyes est plus joyeuse, je crois mettre mes pas dans ceux du peintre, d'Aline, sa femme, de Gabrielle Renard, sa gironde modèle à la carnation évoquant le raisin mûr avant la vendange. Ma gaieté retrouvée monte d'un cran à ma visite au cimetière, non pas que j'aie des tendances nécrophiles, mais les deux tombes de la famille Renoir me mettent chaque fois en joie. Dans l'une, Aline Charigot, épouse Renoir, sa mère, un fils et un petit-fils. Dans l'autre, Pierre-Auguste, seul. Le peintre, qui avait vécu longtemps avec sa belle-mère, avant et même encore deux ans après le décès de son épouse, en aurait donné les consignes en précisant : « Vingt ans avec belle-maman, c'est bien ; l'éternité, ce serait trop. »

Essoyes est un très joli village sur les bords de l'Ource, un affluent de la Seine. Ses berges sont bordées de belles demeures champenoises à pans de bois, certaines occupées aujourd'hui par des ateliers d'artiste. Je passe la soirée et la nuit à *La Roseraie*, paradisiaque propriété fleurie sur le bord de la rivière. Elle appartient à un couple esthète et cultivé qui évoque avec moi la riche histoire de la famille Renoir et le destin d'Essoyes. Le lendemain, il ne me reste plus que douze kilomètres à parcourir pour atteindre Mussy-sur-Seine, berceau principal de ma famille. Depuis le milieu de la nuit, la pluie tambourine sur les vitres et les toits et elle n'a aucune raison de me laisser en répit, et elle ne le fait pas. Les expressions populaires pour rendre compte de ses œuvres sont légion : il pleut à verse, des seaux, comme vache qui pisse, des hallebardes, des cordes, des grenouilles, des chiens et des chats disent les Anglais, etc. Cette liste n'est pas exhaustive mais je décide, en forme de catharsis du mauvais sort, de l'allonger encore d'une invention de mon cru, « il pleut des baguettes de tambour ». Il m'est de la sorte possible de donner à ma marche matinale vers le havre familial une interprétation, certes encore des plus humides, mais à mille lieues des images déplaisantes véhiculées par certaines locutions : mon approche de Mussy est en réalité triomphale, les tambours de la renommée résonnent sous les battements saccadés de baguettes déchaînées. Le départ se fait à un rythme soutenu, celui commandant à la troupe de se mettre en marche. Chemin faisant, c'est une alternance de morceaux plus lents (jamais trop, cependant) et plus rapides.

Lorsque le clocher de la quasi-cathédrale de Saint-Pierre-ès-Liens (elle était l'église de la résidence d'été des évêques de Langres) est en vue, le batteur céleste marque l'importance de l'événement en battant la charge avec un bel entrain, presque furieusement. Quel dommage qu'aucun des habitants de Mussy, calfeutrés au sec qu'ils sont sans doute, n'assiste à cette arrivée en fanfare qui achève de démontrer que la substance humaine est décidément insoluble dans l'eau et ne sombre pas si aisément.

Entré dans ma maison, je me réchauffe bien vite et commence à suspendre à tout ce qui dans le logis en offre la possibilité les différentes couches de vêtements qui, en d'autres circonstances, sont censés protéger de la pluie. J'hésite à m'y accrocher moi-même, tête en bas à la manière des chauves-souris, puis y renonce. Mon bon cœur me rappelle en effet qu'Hélène et Dame, mes deux filles équines à qui j'ai annoncé ma venue et mon intention de les mener à l'herbe, m'attendent sans doute, pas question de retarder la félicité promise. À Mussy, ma vieille expérience de cavalier m'a amené à posséder un équipement réellement imperméable complet, y compris le large chapeau façon cow-boy en tissu graissé, ce qui m'a permis par le passé d'affronter les pires pluies d'orage. Je n'ai par conséquent aucun alibi pour faire languir mes belles et monte sans tarder les saluer et leur confirmer la bonne nouvelle de leur transfert imminent de leur colline d'hiver, à l'abri des inondations, vers leurs belles prairies d'été en bordure de Seine. Les demoiselles, en des circonstances normales, ne craignent pas l'eau ; les circonstances sont aujourd'hui exceptionnelles, elles sont sagement là à me guetter, chacune à l'abri dans son box. C'est alors qu'un doute affreux me saisit : certes les prés au bord de la rivière sont herbus à souhait au printemps quand ils sont émergés, mais le sont-ils ? En réalité, pas vraiment. Cependant j'ai observé durant mes treize premiers jours de marche dans les campagnes inondées, en particulier lors du contournement du lac du Der-Chantecoq, que la gent équine ne semble jamais en difficulté, elle sait se rassembler dans les parties hautes des prés partiellement envahis par les eaux. Mes douces protégées le sauront bien aussi. En effet, elles le savent, et toutes guillerettes dans leur villégiature d'été (difficile d'imaginer alors l'avènement prochain de cette saison), elles commencent à se goinfrer d'herbe nouvelle juste en bordure de l'inondation dont il ne faudrait pourtant pas qu'elle s'aggravât encore.

Les confins, l'idéal et l'argent

Après deux semaines de marche à un rythme soutenu depuis la frontière belge, j'ai décidé de rester quatre jours dans mes terres musséennes, afin de m'occuper de mes juments, compléter leurs réserves de granulés, vérifier tous les parcs et réparer ce qui le requiert. La conférence annuelle que je donne depuis douze ans à Mussy a aussi été programmée en profitant de mon passage. J'y traite devant environ deux cents personnes de mon expérience toute neuve de témoin de proximité des territoires du Nord-Est confrontés à une impressionnante désindustrialisation, à la lumière des analyses de l'ouvrage que j'ai consacré avant mon départ à la place du bien commun dans la pensée économique. Il me reste du temps pour entretenir ma condition, par quelques promenades douces, sous la pluie, bien sûr. Enfin, je retourne dans des sites touristiques importants de ces confins entre la Champagne et la Bourgogne, entre l'Aube, la Haute-Marne, la Côte-d'Or et l'Yonne, région d'une exceptionnelle richesse historique. C'est là pour moi le moyen de consolider mes réflexions sur l'essence, la signification et les leçons à tirer d'épisodes importants du destin national, et même européen.

Mussy-sur-Seine, Mussy-l'Évêque jusqu'à la Révolution, était en effet un fief et la résidence d'été des évêques de Langres. Située dans l'Aube, en Champagne, cette petite cité n'est qu'à cinq cents mètres de la Côte-d'Or, c'est-à-dire de la Bourgogne. Cette position frontière est ancienne et la ville fut pendant des siècles disputée entre les ducs de Bourgogne et la Champagne rattachée depuis Philippe le Bel au domaine royal de France. Elle fut par exemple assiégée et prise par le duc Philippe le Bon en personne, en 1433, événement immortalisé par un tableau de facture flamande. C'est en ces confins de la Champagne et de la Bourgogne que se noue un beau moment de l'enrichissement culturel et spirituel de notre pays, entre Molesme (à treize kilomètres de Mussy), Clairvaux (à une quinzaine de kilomètres de Bar-sur-Aube) et Fontenay (à six kilomètres de Montbard), un épisode qui illustre aussi l'opposition au sein de l'Église romaine entre l'aspiration à la pauvreté et la puissance de l'argent. Le conflit entre la soif de l'or et l'idéal remonte en réalité aux périodes historiques les plus reculées. Mythologies et histoires grecques et latines sont riches d'épisodes l'illustrant, la Bible aussi. Aristote aborde en détail la question dans ses *Éthiques*. Tite-Live raconte comment la fille de Spurius Tarpeius, commandant de la garnison de Rome, fit entrer les Sabins dans la cité contre promesse de recevoir pour prix de sa trahison l'or que les soldats portaient à la main gauche. Elle fut ensevelie sous leurs boucliers et périt ainsi. L'expression plus moderne selon laquelle des politiques de progrès social se sont heurtées ou se heurtent au « mur de l'argent » ou aux deux cents familles appartient au même registre.

La réforme cistercienne contre l'opulence insolente de l'ordre bénédictin de Cluny illustre elle aussi le conflit ; elle est lancée de Molesme. L'idéal de pauvreté est affirmé à plusieurs reprises dans les Évangiles : « Folie est l'attitude du riche qui amasse des richesses pour lui et non pour la parole de Dieu » (Luc XII, 21). « Comme il sera difficile à ceux qui possèdent des richesses de pénétrer dans le royaume de Dieu » (Luc XVIII, 24), avertit Jésus. En effet, « il est plus facile à un chameau de passer par un trou d'aiguille qu'à un riche d'entrer au royaume de Dieu » (Luc XVIII, 25). La règle de saint Benoît de Nursie au VIᵉ siècle, complétée et précisée par Benoît d'Aniane au IXᵉ siècle, intègre l'idéal de pauvreté des Évangiles. C'est sur ces bases qu'est créée l'abbaye de Cluny en l'an 910 ; elle devient bien vite une puissance économique majeure et la vie des moines n'est plus guère ascétique. En réaction à la violation dénoncée de l'esprit de saint Benoît, l'ordre de Cîteaux est créé en 1098 par Robert de Molesme. Au XIIᵉ siècle, Bernard de Clairvaux, dont la famille est originaire de Montbard et qui a étudié à Châtillon-sur-Seine, rejoint l'abbaye de Cîteaux puis, de là, fonde celle de Clairvaux, près de Bar-sur-Aube. Il donne à la réforme cistercienne un éclat et une influence sans pareils, ce qui contribue à vite accroître les richesses de l'ordre. La création presque contemporaine de la Grande Chartreuse en 1084 représente un autre type de réaction spirituelle à l'opulence et à l'agitation clunisienne.

Un siècle plus tard, dans le contexte du renouveau des villes et du commerce perceptible partout en Europe et surtout en Italie, c'est encore l'idéal évangélique de pauvreté qui motive l'itinéraire spirituel de François d'Assise. De façon paradoxale, sa pensée et son action, l'action des frères mineurs franciscains qui poursuivront son œuvre, contribueront à une évolution radicale de la pensée économique de l'Église, et donc de l'Europe puis du reste monde. En réalité, la pensée franciscaine jette les bases de plusieurs des principes du capitalisme. En effet, les moines mendiants ne possèdent rien mais ne peuvent se désintéresser du sort des miséreux « involontaires ». Ils jettent pour cette raison les bases de la circulation de l'argent en tant que moyen d'entretenir la communauté des croyants ; ils inventent en quelque sorte le concept de fructification désirable du capital et dénoncent la thésaurisation qui le rend improductif. Derniers à intervenir avant l'apparition de la pensée libérale au XVIIᵉ siècle, les jésuites de l'école de Salamanque tâchent de tirer les leçons de l'inflation européenne provoquée après 1492 par l'afflux des métaux précieux des Amériques et conçoivent une théorie quantitative de la monnaie aux reflets franchement modernes.

On le voit, au Moyen Âge et au début de la Renaissance, les catholiques romains sont partis bien sûr de la condamnation évangélique de la richesse et des riches pour évoluer vers la recherche d'une utilisation optimale de l'argent au profit, en principe, de la communauté, c'est-à-dire du bien commun. En d'autres termes, on a assisté au passage d'un idéal de pauvreté, systématiquement pris en défaut, à quelques individualités près, tout au long des siècles, à un idéal de poursuite du bien commun par le moyen d'une utilisation sage et maîtrisée de l'argent qui acquiert alors un statut positif. La pensée libérale du XVIIe siècle tire les conséquences, pourrait-on dire, de l'échec systématique de l'idéal christique de pauvreté. Selon elle, la cause en est le droit naturel des hommes à exprimer leur nature, qui consiste à poursuivre leur intérêt et la satisfaction de leurs plaisirs, c'est-à-dire une nature essentiellement égoïste et cupide dont l'idéal premier est l'argent lui-même en tant que moyen de réaliser leurs aspirations. Puisque tels sont les citoyens, c'est pour eux et avec eux qu'il convient de bâtir une société. Dans ce contexte, la poursuite du bien commun, indispensable ou inutile car recouvrant la somme des intérêts individuels, est une question lancinante de cette pensée qui domine aujourd'hui le monde. En bref, la réforme cistercienne qui naît ici m'amène à souligner l'étonnante transition d'un idéal d'absence d'argent à celui d'une utilisation de l'argent au profit du bien commun et, enfin, de réduction du bien suprême à l'argent lui-même.

Le mystère de la Dame de Vix

Le territoire entre Champagne et Bourgogne a commencé à marquer l'histoire européenne bien avant le Moyen Âge : il est aussi en France le haut lieu de l'épanouissement d'une étonnante et brève civilisation celte précédant de plusieurs siècles celle des Gaulois, civilisation qui me fascine et dont je profite de mon séjour à Mussy pour visiter à nouveau les vestiges. À dix kilomètres au sud de Mussy, dans le Châtillonnais en Bourgogne nord, s'élèvent plusieurs buttes sentinelles détachées des plateaux qui bordent la vallée de la Seine. Le mont Lassois, à l'ouest de la rivière, est l'une d'entre elles, près de la petite commune de Vix. Dominant la Seine d'un peu plus de cent mètres, le mont Lassois se compose de deux entités juxtaposées : le mont Saint-Marcel, où est bâtie une ravissante petite église romane, et le mont Roussillon plus élevé et dont le plateau sommital couvre cinq hectares. C'est en ce lieu offrant d'efficaces protections naturelles que l'on trouve trace d'un habitat humain dès le néolithique, puis à l'âge du bronze moyen et tardif (– 900 et avant) et, surtout, au premier âge du fer, autour du VIe siècle avant J.-C. À cette période s'est établie sur le mont Lassois une cité celte dont les caractéristiques sont typiques de la civilisation hallstattienne, désignation en référence à la ville de Hallstatt en Allemagne près de laquelle cette civilisation a été découverte. Les sites hallstattiens se trouvent tous à l'est, le complexe de Vix pourrait en être l'un des plus remarquables.

Une cité de plusieurs centaines d'habitants, très structurée autour d'axes de circulation rectilignes, a prospéré pendant un peu moins d'un siècle, du tournant du VIe au Ve siècle jusqu'à la fin du Ve siècle avant notre ère. Les Gaulois ne réoccuperont le site que trois siècles plus tard. La découverte la plus remarquable des équipes universitaires française (université de Bourgogne), allemande, autrichienne et suisse, collaborant aux fouilles qui se poursuivent, concerne deux grands bâtiments à absides et un colossal système de fortifications. Les bâtiments rappellent les plans de temples grecs mais, bien sûr, sont en bois, si bien qu'ils ont été repérés, au début à partir de photos aériennes, par l'abrasement du sol et les emplacements bien reconnaissables des piliers qui maintenaient l'édifice. Le plus typique des deux ensembles identifiés mesure trente mètres de long sur vingt de large ; il devait être haut de quinze mètres. L'allure résolument grecque du bâtiment n'est pas étonnante car nos Celtes « commerçaient » avec les Massaliètes (habitants de la colonie grecque de Massalia, Marseille aujourd'hui) et les Étrusques, c'est-à-dire, par leur intermédiaire, tout le bassin méditerranéen. Les fortifications qui entourent le mont Roussillon et descendent vers la Seine sont des ouvrages imposants qui mesurent jusqu'à vingt à trente mètres de large et quatre mètres de haut ; ils sont précédés d'un fossé profond qui peut atteindre quarante mètres de large.

Tous ces éléments sont la marque d'une société hié-
rarchisée dont témoignent aussi des *tumulus* (tombeaux) de personnages importants situés en contrebas
de la colline, lieu habituel pour une nécropole. Le plus
fabuleux des deux tombeaux qui ont été bien étudiés
et datent de la période hallstattienne est sans conteste
celui de la dame de Vix, découvert entre Noël et le
jour de l'an 1952-1953. Les restes de cette femme
d'environ trente-quatre ans, aux dents déchaussées
et affectée d'un prognathisme prononcé qui devait,
même à l'époque, l'éloigner des canons de la beauté
féminine, étaient déposés sur un char mortuaire aux
roues retirées des essieux. La défunte portait au cou
un superbe torque en or de fabrication locale (les
Celtes étaient d'habiles orfèvres) et on trouva dans la
tombe différents objets rituels. Mais surtout était
déposé là un formidable vase en bronze d'une conte-
nance de mille cent litres et d'une hauteur d'un mètre
soixante, finement sculpté. L'objet avait été fabriqué
vers l'an – 530 en Italie du Sud, dans la fédération de
la Grande Grèce. Le « trésor de Vix », auquel un
musée est consacré à Châtillon-sur-Seine, est tout sim-
plement le plus grand vase grec du monde !

Ces découvertes archéologiques essentielles illustrent l'importance et l'ancienneté de l'influence médi-
terranéenne dans des pays celtes où n'existèrent
jamais de comptoirs ou de colonies grecs. Elles témoignent aussi du rôle joué par les objets de prestige, ce
que nous appelons aujourd'hui des œuvres d'art, dans
l'enracinement du pouvoir, qu'il soit profane ou religieux. Au-delà de ces déductions de bon sens, les
questions non résolues dominent. Tout d'abord, quels

étaient le rang et la fonction de la dame de Vix ?
Était-elle une princesse par son lignage ? Ou bien une
grande prêtresse ? Les deux à la fois ? Les bâtiments
à absides étaient-ils des palais ou un autre lieu de
pouvoir temporel, ou plutôt des temples où la dame
aurait pu officier ? Quelle est la nature de la contrepartie apportée par les Celtes pour acquérir et faire
venir de si loin le vase ? On peut supposer qu'il
voyagea par mer jusqu'à Massalia, par terre ensuite,
cela a dû constituer un transport coûteux. La position
de Vix sur la route empruntée par l'étain britannique
pour atteindre l'Étrurie et la Grèce, grands consom-
mateurs de bronze (alliage d'étain, rare, et de cuivre
très abondant), a dû procurer à ses dirigeants des
biens, peut-être des métaux précieux qui sont un
matériel d'échange idéal. Cependant, on est maintenant à l'âge du fer, si bien que le bronze n'est plus
aussi vital qu'auparavant. De plus, de nouveaux gisements d'étain ont été trouvés. Les Celtes, des guerriers redoutés, pourraient aussi avoir fourni comme
contrepartie des mercenaires. Enfin, comment expliquer l'effondrement rapide de la « principauté » de
Vix à la fin du Vᵉ siècle ? Troubles sociaux engendrés
par une société trop inégalitaire ? Modification rapide
des flux commerciaux privant les Celtes des moyens
qui avaient assuré leur prospérité ? La constitution,
les ressorts et les circonstances d'effondrement des
civilisations sont des énigmes toujours passionnantes
et toujours d'actualité. Toutes les civilisations disparaissent, plus ou moins vite, la nôtre ne fera pas exception. L'observation de ce phénomène en accéléré dans

la petite société hallstattienne de Vix n'en prend que
plus d'intérêt.

Des rizières en Bourgogne ?

Il était temps pour moi de repartir, de ne pas me
laisser amollir comme Hannibal à Capoue après ses
premiers succès. Je n'ai pour le moment parcouru
qu'environ trois cent quatre-vingts kilomètres, il m'en
reste au moins cinq fois plus. Je suis avide de ressentir
de nouveau, comme chaque matin, cette impression
d'intense jubilation que j'ai rapportée déjà lorsque,
quel que soit le temps, je perçois cette fraîcheur, sens
ces odeurs et vois ces espaces qui engendrent en moi
une profonde sensation de liberté. Ce plaisir peut se
dire mais ne peut guère se partager. Il en va de même
des multiples images composites que mes perceptions
chemin faisant font naître en mon esprit, tableaux
fragiles que la plus légère sollicitation peut dissiper.
C'est pourquoi, expérience faite, je me réjouis encore
de mon choix de la solitude.

Mon étape du jour est courte, à peine une vingtaine
de kilomètres à travers la vaste forêt presque continue
de Bar-sur-Seine au nord jusqu'au plateau de Langres
au sud-est et aux environs de Tonnerre à l'ouest.
Cette brièveté est la bienvenue car les éléments sont
aujourd'hui déchaînés au-delà du raisonnable, de quoi
étonner même un marcheur pourtant blasé par les
conditions rencontrées depuis son départ de Givet.
Sans doute en relation avec une température de trois
degrés le matin, les précipitations fortes et incessantes

se font essentiellement sous forme de robustes averses de grêle. Le spectacle et l'impression qui s'en dégage sont étranges, ce sont ceux d'une authentique forêt au printemps... mais comme en hiver. Du printemps les signes sont tangibles et indiscutables : le muguet est encore partout présent, je vois des coucous et des boutons-d'or, des sortes de myosotis, de grandes et élégantes campanules aux clochettes bleues et violettes, des digitales, des primevères, des pensées sauvages, quelques lis d'un jaune éclatant sur le bord de ruisseaux qui se prennent pour des torrents et, dans les clairières, la diversité printanière des fleurs des champs. Et puis la symphonie des verts, les jeunes pousses des résineux, pins, sapins et épicéas, en contraste étonnant avec les épines plus anciennes foncées, presque brunes, est conforme à la saison, de même que la variété de nuances des feuilles nouvelles des charmes, hêtres, frênes, chênes, peupliers, bouleaux, acacias et faux acacias, arbustes divers, ronces en croissance accélérée. La subtile odeur d'herbe coupée humide lorsque le bois fait place à une prairie, les herbes hautes masquant par endroits l'humus des sols et leur tapis de feuilles en décomposition, achèvent de ne laisser place à aucun doute : on est bien en mai.

Pourtant, tout est différent de ces décennies de printemps que je garde en mémoire. Le chemin habituellement sec et rocailleux, vite craquelé, s'est transformé en une rivière au bon débit. Les rivières ont pris goût, à ce qu'il semble, aux infidélités saisonnières à leur lit conjugal et se vautrent avec indécence dans la couche des autres, celle des animaux d'élevage (dont, hélas, la prairie de mes ravissantes amies Dame et Hélène) et des cultures céréalières. À ce propos, je suis très étonné, arrivant dans la vallée de la Laignes en Côte-d'Or, de déboucher sur de vastes rizières que j'ai appris à bien connaître au cours de mes voyages et, récemment encore, en Camargue. Le réchauffement climatique, notion d'ailleurs surréaliste en cette journée glacée, aurait-il permis d'implanter cette culture en ces latitudes septentrionales ? Il me fallait y voir de plus près au prix d'un bon bain de pieds. Hélas, l'hypothèse est erronée, j'ai sous les yeux des champs de blé et d'orge inondés. Pas sûr que l'adaptation rapide supposée des plantes à de nouveaux climats, proposée par Mitchourine et Lyssenko avec le succès que l'on sait dans la Russie stalinienne, garantisse une belle récolte d'une céréale nouvelle ! Oui, cette année est vraiment singulière, elle reste belle, pourtant.

Je fais étape dans un très petit hameau, Villiers-les-Moines, où mon cousin Gilles a acquis une belle propriété campagnarde en bordure du bief d'un moulin proche. Il a fait le déplacement de Paris avec l'un de ses fils pour m'y accueillir. Le feu crépite vite dans la cheminée, nous nous installons tout autour, j'y fais sécher mes effets et mes pauvres souliers auxquels j'impose un usage aquatique contre leur nature, nous parlons de tout, de notre famille, du monde que connaîtront nos enfants et petits-enfants, je raconte mon voyage et rends compte de ce qu'il m'en apprend. En fait, cette journée au programme allégé est la bienvenue car mon arrêt de quatre jours m'a fatigué, mes jambes sont lourdes et mes articulations, raides. Le repos ne vaut décidément rien au marcheur.

Châteaux tonnerrois

Tout réconforté des moments chaleureux passés en famille, j'ai, en me mettant en route pour aborder le département de l'Yonne que je traverserai jusqu'à Vézelay et au Morvan, une surprise de taille. Il se passe aujourd'hui quelque chose de stupéfiant, d'incroyable, d'inimaginable, de magique, de quasi miraculeux, l'un de ces événements qui laissent leur empreinte dans les mémoires, que l'on conte le soir à la veillée, que l'on répète en radotant aux petits-enfants, l'un de ces récits qui rencontrent l'incrédulité, que l'on prétend embellis, voire inventés, l'un de ces prodiges que les plus croyants jugeaient improbables : le dimanche 26 mai, il ne pleut pas ! Non pas que le soleil brille, que la température soit devenue plus clémente, mais, que le lecteur me croie, du matin jusqu'au soir je ne recevrai pas une seule goutte, la belle cape rouge sera au chômage, les chaussures seront ôtées sèches. J'en avais oublié la sensation. Ma félicité est même à son comble, le lendemain s'annonce du même acabit, voire mieux encore. C'est que la sécheresse pourrait menacer, justifiant qu'on nous imposât deux contributions obligatoires, la première pour les inondations et les dégâts occasionnés aux cultures, la seconde pour le terrible manque d'eau qui s'ensuivra peut-être. Selon les prévisionnistes, le manque d'eau pourrait être prolongé, deux jours pleins. Après nous retrouverions ce bel arrosage qui explique en partie que notre pays apparaisse lessivé.

Les indulgences soudaines du dieu des pluies ont rendu plus aisée l'observation attentive de ces belles

vallées aux pentes boisées qui se succèdent, de celle
de la Laignes dans le Châtillonnais, jusqu'au Tonnerrois et à la vallée de l'Armançon. Ce sont de vastes
plateaux agricoles où dominent les cultures de céréales
et d'oléoprotéagineux, colza plus que tournesol, entrecoupés de vaux fleuris, grasses prairies dans lesquelles
devrait paître un cheptel bovin où les bêtes charolaises
sont prépondérantes. Je dis « devrait » car, les prés
étant inondés, c'est une autre gent animale qui y prend
pour l'instant ses aises. J'ai ainsi été accueilli en arrivant à Ancy-le-Libre par une impressionnante chorale
de grenouilles croassant du beau milieu d'une prairie
immergée dans laquelle elles menaient un sabbat
endiablé. J'ai un faible pour les batraciens champêtres
quoique leur tintamarre soit parvenu à couper le sifflet
aux coucous énamourés qui m'avaient accompagné
depuis le matin.

Mon chemin vers l'Armançon m'amène à passer à
proximité immédiate de trois très beaux châteaux de
la Renaissance, datant sensiblement de la même
période du XVIe siècle. Le premier, le château de
Tanlay, fut habité par l'amiral de Coligny pendant les
guerres de religion et est devenu ensuite la propriété
de la famille de Tanlay qui y demeure toujours. Les
deux autres châteaux ont été construits et possédés
par deux branches proches des Clermont-Tonnerre.
Ancy-le-Franc possède une exceptionnelle collection
de peintures murales de la Renaissance qui lui permet
de rivaliser sous cet aspect avec le château de Fontainebleau. Quant au château de Maulnes, il a été
construit pour leur servir de relais de chasse par
Louise de Clermont, comtesse de Tonnerre, et son

second époux Antoine de Crussol, de plusieurs décennies son cadet, vicomte d'Uzès puis, grâce aux relations de son épouse avec Catherine de Médicis, comte puis duc d'Uzès, pair de France. Les époux voulaient marquer les esprits par une œuvre qui pût retenir l'attention selon d'autres critères que le château d'Ancy-le-Franc. Le bâtiment, maintenant propriété du conseil général de l'Yonne qui en assure la restauration progressive (il était très délabré), est exceptionnel, presque unique en son genre. Il s'agit d'un édifice pentagonal construit autour d'un magnifique et majestueux escalier central au bas duquel coule une fontaine d'eau claire alimentée par trois sources. Les pièces sont conçues à chaque niveau en utilisant avec une folle ingéniosité les angles du pentagone. Il se dégage de ce château inouï une grâce singulière qui ne peut laisser indifférent. La seule excuse que je trouve à ceux qui, en ayant la possibilité, préféreraient ne pas visiter ce joyau improbable est de n'être pas attiré par ce qui est authentiquement beau.

La relativité du temps

J'apprends à l'auberge de Pacy-sur-Armançon où je passe la nuit que le Tonnerrois, malgré son statut enviable d'excellente terre céréalière, n'est pas lui non plus épargné par la crise. L'entreprise Thomson, spécialisée dans l'électronique, a mis la clé sous la porte au début des années deux mille. S'est ensuivi le départ progressif d'environ trois mille personnes de la région.

Le lendemain, les prévisions de la météorologie se révèlent exactes, c'est une belle et douce journée ensoleillée de printemps. Je me rends le soir dans le moulin de mon frère Jean-François, près de l'Isle-sur-Serein. Le trajet est assez long, plutôt agréable mais sans difficulté notable. Je connais déjà très bien la petite ville de Noyers-sur-Serein et le site de Montréal, des endroits remarquables à proximité de mon chemin. Je les néglige par conséquent cette fois et rien ne vient de ce fait me distraire dans ma rêverie. M'éloignant de Tonnerre, je songe à un paradoxe que m'a révélé il y a quelques années la visite des hospices de cette ville.

L'hospice Notre-Dame-des-Fontenilles, devenu ensuite l'hôtel-Dieu de Tonnerre, a été construit sur instruction de Marguerite de Bourgogne en 1293. Ce somptueux bâtiment comporte une charpente en chêne qui date de ses origines. Un document rend compte des états d'âme des maîtres d'œuvre et charpentiers de l'époque. Ils devaient choisir entre l'utilisation de fûts de chêne immergés dans la saumure depuis cent cinquante ans et d'autres qui s'y trouvaient depuis plus de quatre siècles ; les arbres avaient par conséquent été abattus à peu près du temps de Charlemagne. Le coût n'était, on peut l'imaginer, pas le même. Pourtant, les artisans n'hésitèrent pas longtemps ; leur choix s'arrêta sur les fûts les plus vieux. Ces hommes, dont l'espérance de vie moyenne ne dépassait guère à cette époque quarante ans, considéraient en effet que l'on doit bâtir comme si c'était pour l'éternité, que les bâtisseurs doivent considérer toute la suite des hommes durant le cours de tant de siècles comme si c'était un même homme qui vit toujours, pour paraphraser Blaise Pascal au prix d'un scandaleux anachronisme. À ce titre, il n'y avait pas à hésiter, il convenait de retenir le matériel donnant le plus de garanties de longévité au profit du plus grand nombre de générations futures. Quel contraste avec les habitudes de nos concitoyens modernes qui mettent tout en œuvre pour vivre le plus vieux possible et ont un sentiment si fragile de leurs devoirs envers ceux qui vivront après-demain que tout bâtiment commence à se dégrader quelques décennies seulement après sa construction et que nous ne sommes pas vraiment mobilisés pour léguer aux générations futures une terre compatible avec l'épanouissement d'une vie authentiquement humaine, paraphrasant cette fois Hans Jonas.

Le hasard de mon parcours dans l'Yonne m'amène à traverser aujourd'hui la ligne sud-est du train à grande vitesse. Avant même la mi-journée, ses voyageurs atteindront Marseille et en seront revenus alors que mon étape ne sera pas même achevée. J'ai moi-même emprunté cette ligne plusieurs fois par semaine durant une période, me félicitant de la rapidité du moyen de transport et du peu de temps ainsi perdu. Il n'est pas dans mon intention de me lancer dans une dénonciation esthétisante et assurément facile de la vitesse, de déplorer le temps de la malle-poste. En revanche, comment ne pas établir une certaine relation, qui ne devrait pas être systématique, entre vitesse et superficialité, rapidité et fragilité, quasi-immédiateté

et inconsistance. Pour penser, élaborer, parfois finaliser, il faut du temps, qui peut être partiellement rat-
trapé grâce aux techniques nouvelles de réalisation,
de communication et d'échange, mais qui ne devrait
jamais être contesté. Ma grande angoisse ne touche pas
tant à la vitesse qu'à l'utilisation qui en est faite pour
soumettre les esprits à un flux continu de sollicitations,
d'informations, d'alertes auxquelles il est important de
réagir dans l'instant, de sorte qu'il n'y a plus le temps
nécessaire au déploiement de la pensée. Je suis tout
prêt à communiquer mes idées à la vitesse de la
lumière, à aller en entretenir les Marseillais et les Aus-
traliens en utilisant les moyens de communication les
plus véloces, à la condition que, parfois, à la vitesse de
mon pas, je puisse voir passer dix trains alors que je
ne parcours qu'un seul kilomètre, en parcourir un
grand nombre à cette vitesse et pouvoir penser tout
du long.

Penser en chemin est une nécessité qui possède de
nombreuses vertus. Non seulement, je l'ai dit, la
marche constitue une activité très propice à la
réflexion, peut-être unique en son genre, mais c'est
là aussi un moyen efficace pour comprimer le temps
qui semble s'écouler à une vitesse plus ou moins pro-
portionnelle à l'intensité et à l'intérêt de la pensée.
Aussi, je suis presque surpris d'arriver si vite à destination alors que je marche depuis plus de six heures.
Jean-François ne m'a pas fait faux bond, il est bien
là qui vient à ma rencontre sur la route du moulin de
Marzy, sa résidence, à l'Isle-sur-Serein. Les effusions
fraternelles sont sincères mais brèves : mon frère

repart le soir même à Paris car il doit participer à une émission de télévision. J'ai le moulin pour moi et en profite pour tirer un premier bilan des quelque cinq cents premiers kilomètres de mon périple.

La France du Nord-Est, un premier bilan

Le hasard a voulu que je débute mon voyage par le pire printemps que la France ait connu depuis des décennies, handicapé de surcroît par ma fracture du poignet. Pourtant, la machine humaine donne toute satisfaction, elle avale les distances avec régularité, aucune intempérie ou difficulté imprévue n'a perturbé un programme pour l'instant suivi à la lettre et sans souci. J'ai un moral d'acier et les conditions difficiles rencontrées ne m'ont jamais fait regretter d'être là où j'étais. Chaque matin, lors de mes premiers pas, même dans la bise glaciale et le visage fouetté par des rafales de pluie, j'ai ressenti cette singulière exaltation que provoque le sentiment d'une liberté rarement exercée auparavant avec une pareille intensité. Je suis même surpris de la vigueur de ce sentiment que je n'avais pas anticipé. J'ai occupé jeune des fonctions à telle responsabilité que d'autres personnes, de plus en plus au cours de l'évolution de ma carrière, dépendaient de mes décisions et de mes actions. Cela est resté le cas durant ma brève expérience politique. Et aujourd'hui, sur le chemin, rien de ce que je fais n'implique qui que ce soit, je vais et m'arrête comme je veux, où je veux, mes idées fleurissent selon leur dynamique propre. C'est là une sensation toute nouvelle, elle me transporte.

Un autre bilan d'étape de ce voyage à travers la France est moins gai : il s'agit de la réalité économique et sociale d'un pays qui apparaît durement éprouvé au marcheur lorsqu'il ne se contente pas en le traversant de jeter un regard aux enivrantes fleurs multicolores, parfois les seules à mettre de la lumière, de la chaleur et des couleurs dans un paysage que les cieux persévèrent à bouder. Rien n'échappe à ce diagnostic, hormis les territoires qui n'ont jamais été industrialisés et qui n'ont de ce fait perdu qu'une partie importante de leur population rurale. Sinon, plus rien, ou si peu, ne persiste des fonderies, clouteries, entreprises de mécanique, domaine textile, carrières, etc., dans les Ardennes. Les unités métallurgiques dans la Meuse et dans la Marne, dans la foulée du désastre de la sidérurgie de Moselle et de Meurthe-et-Moselle, disparaissent ou se rabougrissent, les fantomatiques usines ArcelorMittal croisées tout au long du chemin en sont un exemple. La bonneterie troyenne n'a qu'un passé, il en persiste seulement de grandes surfaces de vente. Même les activités fondées sur l'utilisation du bois ont perdu l'essentiel de leur substance. Les Ardennes, la Marne, les Vosges, la Meuse et l'Aube vendent du bois à la Chine qui exporte des produits dérivés à des prix cassant toute concurrence. Mon village de Mussy-sur-Seine a connu jusqu'à mille deux cents emplois industriels, il en reste moins de cent. La disparition de l'usine Thomson a enlevé au Tonnerrois son seul employeur important.

Seules l'agriculture, qui emploie hélas peu de bras, et la viticulture apparaissent actives, voire prospères. La surproduction mondiale de lait et les cours élevés de la viande ont entraîné partout un mouvement de reconversion de l'élevage vers l'embouche, les bœufs blancs du Charolais se rencontrent jusque dans le sud des Ardennes. De même, le cours des céréales est élevé et, compte tenu de la demande mondiale, est tendanciellement appelé à le rester. Les aides européennes, les habitudes alimentaires et le remplacement partiel du soja dans l'alimentation animale stimulent la culture des protéo-oléagineux, de beaux champs verts et jaunes en cette saison couvrent nos campagnes fertiles, la « Champagne pouilleuse » – qui ne l'est plus du tout du fait de l'utilisation d'engrais –, le Tonnerrois, etc.

La situation terrible que je décris, je crois avec réalisme, ne trouve pas même des motifs de réconfort dans de claires solutions d'avenir. Le « dynamisme » économique industriel repose aujourd'hui sur la rapidité des moyens de communication, terrestres et électroniques, et le niveau de formation moyen d'un bassin de population. Or les régions traversées ne sont favorisées d'aucun de ces points de vue. Il n'est pourtant pas possible de se résigner à ce que des populations entières n'aient d'autre avenir qu'une solidarité nationale qui s'étiole, la frustration et le désespoir. Que faire ? Une première évidence est bien entendu de tout mettre en œuvre pour consolider ce qui se maintient, les activités liées à la production agricole et à la transformation de ses produits. La culture elle-même est si mécanisée qu'elle n'embauchera pas.

Sans doute en revanche persiste-t-il des possibilités liées à l'innovation dans le domaine de l'agroalimentaire, de la « chimie verte », de la création de biomatériaux, etc. On peut rêver par exemple de procédés nouveaux de conditionnement de produits locaux de qualité dans des emballages de bioplastique. Les biocarburants sont très justement critiqués pour distraire de la production de denrées alimentaires de larges surfaces agricoles. En revanche, s'ils s'avéraient possibles et, dans l'avenir, rentables, des procédés de *cracking* ou de biotransformation des déchets végétaux pour en extraire du méthane, voire de l'hydrogène, ne tomberaient pas sous le coup d'une semblable critique.

À côté d'une telle diversification adossée à ce que continueront de produire ces territoires, des créneaux d'opportunités sont à saisir. À Avallon persiste une assez grosse entreprise de remédiation de pneus qu'elle rénove et vend moins cher que des pneus neufs. On comprend qu'une telle activité profite plutôt de la crise qui diminue les budgets des particuliers et des entreprises. Beaucoup des habitants des régions considérées aiment profondément leur territoire qu'ils ne quittent souvent que la mort dans l'âme. Des filières de formation adaptées aux jeunes, leur offrant la possibilité de se lancer dans le domaine, très compétitif il est vrai, de services dématérialisés en ligne pour des particuliers et des industriels, doivent certainement être organisées. À condition de faire l'objet d'une étude préalable attentive de l'écosystème, des atouts locaux et des créneaux possibles qui en découlent, l'installation de centres de télétravail mérite d'être considérée. En bref, par bien d'autres moyens que ceux qui me viennent spontanément à l'esprit, ne pas se résigner, oser vouloir, essayer, réussir parfois.

Vézelay

Comme prévu, la journée clémente d'hier n'annonçait pas le retour stable du beau temps, ma compagne la pluie est de retour, avec ses complices habituels, le vent et la fraîcheur. Dommage parce que le trajet qui me mène à Vézelay est de toute beauté. Passé Avallon, au demeurant une pittoresque ville fortifiée accrochée aux escarpements du Cousin (un sous-affluent de l'Yonne), j'emprunte un mauvais sentier en bordure de rivière, raviné et boueux, dégradé par les crues. Le chemin est glissant, périlleux, encombré d'arbres couchés ; s'y maintenir debout est un défi, surtout lorsque, pour éviter les eaux tumultueuses gonflées par des semaines d'intempéries, il faut grimper sur la pente de cette vallée encaissée. De fait, je m'étale et ne peux éviter cette fois de me recevoir sur mon poignet qui est encore loin d'être consolidé. La douleur est vive mais il y a plus de peur que de mal. En fait, c'est à partir des berges du Cousin que je délaisse enfin les routes goudronnées pour suivre chaque fois que possible des GR qui me conduiront jusqu'au terme de mon voyage. L'état du sentier ici me prévient de ce qui m'attend. J'aborde la colline inspirée et sa basilique par des petits chemins qui serpentent sous une pluie battante entre les pentes et les vallons d'un paysage accidenté. La boue est par endroits si profonde que je manque d'y laisser mes chaussures. Ma première vision de l'ancienne abbatiale Sainte-Marie-Madeleine, depuis un point haut distant d'une demi-douzaine de kilomètres, dans la brume et à travers la bruine qui a succédé aux trombes d'eau, est saisissante, irréelle. Je m'arrête comme pétrifié. D'un coup, je ne sens plus ni le froid, ni la pluie, ni le vent ; j'oublie mes pieds qui glissent maintenant dans mes souliers dans lesquels la boue s'est infiltrée, la douleur qui persiste de ma chute, la lassitude qui se fait sentir. Je suis étreint par une émotion qui ne me quittera plus durant les deux jours que je passerai ici et qui se renouvelle chaque fois que j'y reviens.

Il existe bien sûr une dimension purement esthétique à cette émotion : Vézelay est sans conteste l'un des plus beaux endroits du monde, par son village, le site et la basilique. Le Christ en majesté du tympan du narthex, les chapiteaux, la nef et les bas-côtés d'une luminosité incroyable malgré le temps de chien qu'il fait, les arcs-doubleaux romans en plein cintre de la voûte, alternant les claveaux de pierre blanche et brune, n'ont pas d'équivalent. Il y a plus cependant. Il émane de Vézelay un faisceau de signes, de symboles dont les sens, celui qu'ont voulu lui donner les bâtisseurs de la basilique et ceux qui naissent continuellement de la rencontre entre l'œuvre et l'esprit des visiteurs, ne peuvent qu'être perçus, non connus. On sait que la disposition du bâtiment et de ses ouvertures a été pensée pour qu'opère la féerie du solstice d'été lorsque des flaques éclatantes de lumière se projettent avec une parfaite régularité sur le sol de la nef, témoignant de la perfection de l'univers divin et de la richesse de l'homme, la créature à son image. Il y a plus, cependant, qui fait que l'incroyant dont je suis un exemple est saisi par ces lieux aussi bien que le fidèle.

Je m'interroge depuis longtemps sur la nature de ce phénomène. À l'âge de quinze ans, j'ai radicalement perdu la foi, le constatant comme un fait dont je prenais conscience sans m'en réjouir ni m'en désoler. Depuis, j'affiche un total agnosticisme respectueux, parfois vaguement envieux de la foi d'autrui. Je ne suis cependant pas comme d'autres un « combattant de l'athéisme », car la croyance appartient selon moi entièrement au registre privé, mais n'ai en ce qui me concerne aucune interrogation d'ordre métaphysique. Pourtant, l'émotion évoquée ne procède pas seulement, je l'ai dit, de la beauté incroyable des œuvres mais aussi de l'atmosphère globale qui se dégage d'elles et des lieux où elles se trouvent. Or cette atmosphère ne peut être séparée de leur signification pour les croyants, en particulier les artistes de l'époque. La foi de ces derniers est un des paramètres essentiels de l'inspiration des sculpteurs, tailleurs de pierre et maîtres architectes qui ont bâti la basilique de Vézelay comme l'est celle des bâtisseurs de la mosquée de Kairouan. Un tel fondement de l'acte créatif ne se limite pas au champ de la religion, la ferveur patriotique et l'indignation jouent sans doute un rôle similaire dans la force du *Tres de Mayo* de Francisco Goya. En bref, ma réaction à Vézelay procède à la fois de l'intense émotion esthétique, du respect pour l'effet de ce lieu sur les croyants et de l'émerveillement pour la passion qui habitait ceux à l'origine de telles merveilles. Peutêtre y a-t-il plus encore que je n'ai pas encore identifié.

III

De Vézelay au Puy-en-Velay, hauteurs solitaires

Fantasmagories morvandelles

Je quitte le *Hameau de l'étang* où je viens de passer deux nuits, à trois kilomètres de Vézelay. Me dirigeant plein est, je décris jusqu'à la vallée de la Cure un arc de cercle autour de la colline, si bien que, plus d'une heure durant, je garde le contact visuel avec la basilique dont je longe de loin le flanc sud. Je veux oublier que de cet endroit Bernard de Clairvaux prêcha la seconde croisade, en 1146, et que, en 1190, les rois Philippe Auguste et Richard Cœur de Lion en partirent pour la troisième croisade. Je désire conserver seulement à l'esprit l'image d'une magnificence qui flamboie et qui rassemble.

M'éloignant maintenant de ce site magique, je pénètre dans le Morvan. J'ai alors l'impression de faire d'un seul coup irruption dans un univers tout différent de ceux traversés jusqu'alors, étrange, une question d'atmosphère là encore. Dans le merveilleux film *Délivrance*, le passage des deux canoës sous le pont où un adolescent joue du banjo marque la bascule dans un monde étrange et terrifiant. Au-delà de ce pont, n'espérez plus de salut ! J'ai un peu ressenti, sur un mode bien sûr moins inquiétant, ce sentiment en passant le pont sur la Cure à Pierre-Perthuis, la ville de Vauban. À partir de là, fini les grandes cultures, les vignes et les gros bourgs. Le paysage devient plus découpé, les vallées sont des entailles, les grandes prairies sont remplacées par de petits champs à la pente forte séparés les uns des autres par des haies entre lesquelles passent des chemins creux typiques d'un pays de bocage. Les grandes étendues céréalières ou de colza ont fait place à cette marqueterie des prés entrecoupés de mares, de lacs naturels ou de retenues artificielles. De petits bosquets d'arbres parsèment aussi les flancs des collines dont la crête est occupée par des bois que la fréquence des pins assombrit. Les genêts ont fait leur apparition, ils remplacent désormais le colza, la glycine sauvage et les lis pour donner une touche d'or à la campagne.

Des hameaux sont disséminés un peu partout, limités à quelques foyers dont la plupart sont définitivement éteints. De nombreuses demeures et dépendances agricoles menacent de tomber en ruine, d'autres sont rénovées et coquettes, avec parfois, à proximité, des véhicules immatriculés NLD : les Hollandais trouvent dans ce paysage accidenté somptueux et désert l'antidote parfait à leur pays surpeuplé et plat. Les bourgs sont à peine plus gros que certains hameaux dont ils se différencient seulement par la présence proche de la mairie et de l'église. C'est que ce territoire a été de tout temps voué à une agriculture pauvre. De ce fait, les habitations n'avaient pas de raison de s'éloigner des exploitations. Aujourd'hui, la majorité des prés est vide, les clôtures de certains ne sont pas entretenues. Sinon, paissent selon les endroits des moutons, peu exigeants, ou, comme presque partout depuis mon départ, les grands bœufs blancs du Charolais. Le chemin emprunté me rappelle celui de mes deux premières journées sur le plateau ardennais, en pire. Le passage sur les bords du Cousin m'avait averti de ce qui m'attendait, ces prévisions se confirment en longeant la Cure au fond de sa vallée. Les sentiers jouent à « saute-ruisseau ». Cependant, compte tenu du temps, les chemins eux-mêmes sont des ruisseaux, ces derniers sont des petits torrents tumultueux assez difficiles à franchir, des troncs déracinés sont couchés de part en part en travers du chemin. Ce sera dans ces conditions que je parcourrai le Morvan jusqu'à Anost.

Je passe la soirée à Chalaux, bourg de trente électeurs d'une commune qui n'en compte guère plus de soixante-quinze, par conséquent typique du Morvan. Je discute longuement des coutumes et de l'histoire de la région pendant le dîner avec le couple attentif et charmant qui tient le gîte installé dans une maison morvandelle traditionnelle. Comme c'est ici la règle, son huis donne accès à une pièce qui ne dépasse pas six ou sept mètres de long. C'est que les Morvandiaux du peuple ont toujours été pauvres, très pauvres même. Le bois de leurs forêts a été et reste l'une de leurs richesses, si bien que les plus beaux fûts servaient en priorité à construire les bateaux, on y découpait les poutres maîtresses des charpentes et des plafonds des châteaux et belles demeures des gens des villes. On n'utilisait donc pour l'habitat populaire local que ce qui ne trouvait pas preneur dans ce cadre. Par ailleurs, le huis permet d'entrer chez soi, d'en sortir aussi, il délimite intérieur et extérieur, il est le symbole d'une maison ou d'un groupe de maisons alliées, habitations des membres d'une famille concourant aux travaux de l'exploitation forestière ou agricole. Aussi le « huis morvandiau » désigne-t-il ces hameaux dont la multitude est si caractéristique de la région. Il existe là plus d'une centaine de « huis » suivis en général d'un nom patronymique : huis Bargeot, Barats, Prunelle, Hardy, Taupin, etc.

Dès ma sortie de Chalaux, je m'élève dans la brume qui crée une impression de haute montagne, surpris par ce que je n'ai encore jamais observé depuis mon départ : un silence total. Après le petit chant de bonne route d'un merle à la sortie du village, plus rien. Les coucous sont sans doute transis, ce qui calme leurs ardeurs nuptiales. Les tourterelles semblent être devenues vertueuses, peut-être sont-elles entrées dans les ordres, Vézelay n'est pas loin. La sidération est générale, elle touche les fauvettes, les pies pourtant si bavardes, les piverts qui ont décidé de jeûner, et même corbeaux et corneilles que j'imagine s'être donné le mot pour ouvrir le bec sans bruit, à la manière des carpes. J'ai même l'impression, en prêtant l'oreille, d'entendre glisser les limaces innombrables. En fait, peut-être est-ce là un coup monté de la gent animale pour accroître la solennité du spectacle qui se prépare. Alors que je grimpe dans le brouillard à flanc de coteau, le rideau de brume se déchire soudain pour dévoiler à mes yeux que l'émotion embue une lande de genêts fleuris qui dévalent gaiement la pente vers la rivière, dont le murmure entêtant apparaît exercer sur eux la même attraction que le chant des sirènes sur les malheureux marins qui s'y laissaient prendre. Quelle noce se préparait là, l'or éclatant des fleurs et les remous d'argent de l'eau vive ! Est-ce de cette union qu'est né le Morvan ? J'aime le croire.

Plus haut, hélas, mon chemin est avalé par une épaisse forêt de résineux, vorace et noire, de maudits pins de Douglas que je vais poursuivre d'une haine croissante tout au long du chemin. Dans les entrailles de la bête végétale, la lumière ne pénètre qu'avec parcimonie, ce qui, associé au silence, à l'humidité, au froid plus vif sur ces hauteurs d'environ cinq cents mètres, me fait l'effet d'un sortilège. Bien sûr, le méchant magicien, furieux des amours d'or et d'argent qui s'annonçaient tout à l'heure, a envoyé une fausse Odette, un cygne noir par lequel, peut-être, un autre marcheur moins averti que moi s'est laissé séduire – pourtant, de la journée je n'ai vu personne –, ce qui est cause de ce lugubre engloutissement. D'ailleurs, je crois bien avoir reconnu le génie malfaisant dans un grand pin ricanant qui me nargue au passage d'une agitation frénétique de ses branches inférieures aussi décharnées qu'un squelette de la danse macabre. Mais quoi, me laisserais-je ensorceler de la sorte sans réagir ? De toutes mes forces, j'invoque les bons esprits, ceux que l'on m'a enseignés en Afrique quand j'y exerçais en tant que médecin-chef de la préfecture de Haute-Kotto en Centrafrique. La recette a conservé son efficacité, la lourde ombre noire s'estompe et le cygne blanc réapparaît sous l'une de ses charmantes métamorphoses, celle d'une indolente rivière apaisée par l'amour avec les fiers genêts, maintenant lovée contre le corps de son amant transformé lui en riante prairie éclairée par le seul rayon de soleil de la journée. Je vous le dis, le Morvan, c'est magique et ce n'est pas le déluge qui s'abat ensuite pour durer toute la nuit qui peut me faire changer d'avis. Je connais les formules, le présent est magnifique, le futur sera beau.

Quand les enfants du Morvan ne savaient pas à quel sein se vouer

Juin qui débute a-t-il entrepris de témoigner de meilleures dispositions climatiques ? En tout cas la pluie a cessé au petit matin et mes premiers pas hors du *Chalet du Montal*, auberge tenue par des Néerlandais dans la vallée en contrebas de Dun-les-Places, dans la Nièvre, se déroulent dans une atmosphère fraîche mais lumineuse. Le GR que j'ai retrouvé à dix kilomètres de Chalaux s'engage dans la très belle forêt domaniale de Breuil-Chenue plantée surtout de hêtres sur ses flancs plus fertiles et, depuis quelques décennies, hélas, de pins de Douglas sur les sommets ou les zones moins favorables. Le tracé semble avoir été conçu pour les pèlerins qui n'ont pas à s'attarder sur la route de Saint-Jacques-de-Compostelle et auxquels la ligne droite selon la plus grande pente convient parfaitement. Certes, la route est droite mais la pente est rude, selon l'inoubliable déclaration d'un de nos anciens Premiers ministres, adepte lui aussi, à dose modérée, des chemins de Saint-Jacques. De ce fait s'ajoute à la plus grande brièveté de la distance un aspect de mortification qui ne saurait être déplacé pour un pèlerinage. À dire vrai, je n'ai pas encore été témoin d'une telle mortification car depuis mon départ de Givet, je n'ai rencontré aucun autre marcheur, même après Vézelay. Sur la colline éternelle, les pèlerins étaient pourtant nombreux à déambuler en sandales. Cependant, l'immense majorité d'entre eux emprunte la voie occidentale, par Angoulême et Périgueux, beaucoup plus courte et moins difficile avant les Pyrénées. J'imagine que certains des candidats au trajet par Le Puy ont été dissuadés de s'y engager, mis au courant de son état lamentable (inondations, fondrières, boue, arbres abattus). Enfin, il se peut que les plus héroïques soient retenus le matin par quelque cérémonial religieux m'amenant à être systématiquement plus matinal qu'eux. Quoi qu'il en soit, ma totale solitude durant la marche n'a jusqu'à présent pas été troublée. Les choses changeront après Le Puy et jusqu'à Saint-Jean-Pied-de-Port.

La forêt de Breuil-Chenue, comme la majorité des bois du Morvan, fait partie d'un système de sylviculture qui a progressivement remplacé, surtout après le XVIIIe siècle, l'exploitation de la forêt naturelle. C'est que le bois représente depuis des siècles l'une des maigres et rares richesses du territoire, nous l'avons vu. C'est au milieu du XVIe siècle qu'a, en particulier, débuté le flottage du bois de chauffage vers Paris ; il n'a cessé de s'intensifier jusqu'au XVIIIe siècle et seul l'usage domestique de la houille qui se généralise vers le milieu du XIXᵉ siècle y a mis fin. Le bougnat auvergnat entre alors dans la danse. Les bois étaient entreposés et mis à l'eau en des endroits déterminés deux fois par an, soit dans la Cure, soit dans l'un de ses affluents comme le Caillot au saut de Gouloux. Les bûches passaient de la Cure dans l'Yonne, puis dans la Seine ; elles étaient finalement récupérées sur les quais de Bercy, à Paris. Les grands lacs de retenue de la Cure et de ses affluents, tel le lac des Settons où je dors ce soir, ont été créés après 1850, dans le double but de protéger Paris des inondations alimentées par le réseau hydrographique du Morvan et de régulariser le flottage du bois au moment où il déclinait.

À dire vrai, le bois n'a pas représenté au XIXᵉ siècle la source principale de revenus du Morvan, il a été détrôné par le lait de ses femmes. Ma mère connaissait toutes les paroles de l'inoubliable chanson patriotique qui date de l'annexion de l'Alsace et de la Moselle par les Allemands et je suis sûr que mon frère Jean-François les connaît encore, chanson dont le refrain est : « Va, passe ton chemin, ma mamelle est française, je ne vends pas mon lait au fils d'un Allemand. » Le chant régionaliste *La Morvandelle* reprend la même idée. Son avant-dernier couplet proclame : « Pourtant nous subissons un reste d'esclavage / Pourquoi ces nourrissons privés du cher breuvage / Gardons ô mes amis, nos femmes près de nous / Nos filles et nos fils ont droit à leurs nounous. » C'est que la réputation nourricière des Morvandelles allait au XIXᵉ siècle en faire les nourrices de tout Paris, selon deux dispositions, les nourrices « sur place », qui restaient chez elles dans leur village du Morvan, et les nourrices « sur lieu », qui allaient allaiter à Paris les bébés de la bourgeoisie. Aux premières, l'Assistance publique confia au moins cinquante mille enfants abandonnés ou orphelins, par exemple Jean Genet qui y passa les treize premières années de sa vie. Le succès de cette pratique est d'ailleurs relatif. La mortalité chez ces nourrissons est proche de trente pour cent dans les mois qui suivent leur arrivée dans le Morvan. L'absence de médecin, une hygiène défaillante et le sevrage précoce par des femmes désirant enfanter à nouveau pour leur propre compte expliquent sans doute ces chiffres. Les nourrices morvandelles « sur lieu » représenteront plus de la moitié des nourrices parisiennes ; c'est l'une d'entre elles que l'empereur Napoléon charge d'allaiter le petit roi de Rome. La situation de ces femmes est plutôt enviable, elles accompagnent les mères et ne sont en général pas assimilées au reste de la domesticité. De retour au pays, elles se font souvent construire une maison, « la maison du lait », dit-on. Elles jouent aussi un rôle important dans la diffusion du mode de vie et des idées nouvelles de Paris dans cette campagne isolée et longtemps en marge du progrès. Au total, si labourage et pâturage ont été les mamelles de la France, les mamelles et les bûches ont été celles du Morvan.

J'eusse préféré que ce fussent des pèlerins

J'arrive tôt au lac des Settons, ce qui me permet dans l'après-midi d'en longer toute la rive nord et est, sachant que je le quitte le lendemain par l'autre côté.

Ce 2 juin au matin, tout s'annonce pour le mieux. Pas de pluie en vue, de beaux épisodes ensoleillés, un temps frais propice à la marche. Mais s'il est des journées bénies, il en est aussi de maudites, dédiées aux démons que les sculpteurs du Moyen Âge ont représentés avec tant d'épouvante sur les chapiteaux de la basilique de Vézelay. Tout débute pourtant bien : les bords du lac dans une légère brume matinale, les chemins longeant de jolies prairies fleuries, une petite route… et brutalement un vrombissement assourdissant et une compagnie de MTGV (motos à très grande vitesse) sur une voie qui elle n'est pas une RGV (route à grande vitesse). Cheminant sagement sur le bord gauche de la route, je m'imagine subir seulement le désagrément du vacarme de ces engins qui circulent dans le même sens que moi, c'est-à-dire en principe à droite. Cependant, celui que je présume être le chef de la compagnie, tout vêtu de noir avec un blouson et des bottes de moto, si semblable au motard de Piaf, se déporte soudainement vers moi m'indiquant d'un geste impérieux que je ferais bien de quitter la route si je tiens à mes abattis. Il dit vrai et c'est alors mon premier contact sauve-qui-peut avec les hautes herbes trempées du bas-côté.

La piste quitte ensuite la route et commence à s'élever dans la forêt, fidèle à ce qu'elle est depuis Vézelay : en partie inondée, presque toujours boueuse, coupée par des rus grossis délicats à franchir, interrompue de part en part par de véritables mares plus ou moins aisées à contourner, labourée de fondrières profondes. Brutalement, alors que je négocie comme je le peux ce terrain difficile, en une zone d'ornières pleines de boue, un bruit apocalyptique pire que celui des motos m'alerte à nouveau. Ce sont maintenant une demi-douzaine de quads, engins qui avec les trials ont une large part de responsabilité dans l'état du chemin, qui me dépassent dans un geyser d'eau croupie et nauséabonde. Cette fois, je plonge carrément dans les orties pour éviter d'être aspergé dans une forme sauvage de baptême assez peu catholique. Il paraît que l'effet urticant dudit végétal est astringent et excellent pour la circulation. Ce doit être vrai, j'en ai les sangs tout retournés, en quasi-ébullition.

Belzébuth, Lucifer ou d'autres anges déchus sont sans doute convenus de lancer en ce dimanche jour du Seigneur une contre-offensive coordonnée contre cette branche des pèlerinages vers Compostelle et Assise et les pèlerins qui auraient dû s'y trouver. De pèlerins, point, je n'en ai pas encore rencontré sur cette voie, si bien que c'est votre mécréant de serviteur qui se trouve à son corps défendant en première ligne. Il faut dire que la dégradation incroyable du chemin en doit sans doute réserver l'usage aux plus grands pécheurs, ceux qui auraient commis une infamie d'une horreur singulière, disons pour fixer le niveau d'abjection justifiant une telle pénitence, un acte d'inceste avec son petit-fils consommé ensuite rôti, ce qui reste un péché tout de même assez rare. Les démons ne s'arrêtent pourtant pas à cela, ils me préparent pire.

La plus grande partie de mon étape se déroule entre six cent cinquante et sept cent cinquante mètres d'altitude, là où les feuillus sont rares et où dominent les lugubres grands pins de Douglas plantés il y a

quarante ans. Or c'est l'âge où ils sont bons à couper.
Dans ces bois noirs et quelque peu sinistres de résineux, la piste devient alors voie d'accès pour les
énormes engins d'exploitation forestière, les fondrières prennent les dimensions de tranchées, la boue
acquiert une consistance particulière de vase noirâtre
zébrée de veinules jaunâtres ou brunâtres créées par
la chimie luciférienne des matières organiques en
décomposition. D'ailleurs, à la surface de l'eau sta-
gnante dans les chenaux créés par les roues des mons-
trueux engins, des bulles nombreuses confirment que
la tambouille dans cette marmite du diable se prépare
activement. Avancer devient un sacerdoce, mais je
n'ai encore rien vu.

Soudain, c'est un paysage dantesque de destruction
et de désolation qui me cloue un moment sur place.
Devant moi, il n'y a plus de chemin ni de balisage,
rien qu'une hideuse surface où s'amoncellent troncs
et branches coupés enchâssés dans une épaisse
gangue de cette vase que j'ai décrite, émergeant gro-
tesques en tous sens des profondes blessures infligées
au sol par ces cauchemars mécanisés que sont les
véhicules de débardage. Je me trouve devant une terrible barricade qu'aurait élevée un être maléfique se
jurant que les pèlerins ne passeraient pas. Ni moi non
plus, seul à me présenter. Que faire ? Reculer ? Peu
dans mon tempérament ! Alors je me mets à ramper
sous des troncs surélevés, à escalader des pyramides
de bois, de pierres et de boue, à tenter de deviner
d'après la position des arbres abattus avec leurs marques où se faufilait jadis la piste. En fin de compte,
j'arrive à Anost, indigné et crotté. C'est que ça se

mérite ! Je ne peux comprendre qu'exploitation forestière et randonnée soient rendues incompatibles. Ne pourrait-on pas réserver des pistes aux sports mécaniques et interdire d'utiliser à cet effet parmi les plus importants chemins de grande randonnée d'Europe pour ne pas dire du monde ? Hélas, ces questions naïves indiquent surtout combien mon cheminement m'a déjà fait perdre le sens des réalités.

Fierté morvandelle

Mon arrivée à Anost, dans la partie sud-est du Morvan qui appartient à la Saône-et-Loire, marque la fin d'une période de mon périple, celle du très mauvais temps systématique qui m'a accompagné pendant près d'un mois complet. J'essuie encore quelques gouttes lors de mon approche du bourg dans une brume glaciale, mais c'est la dernière fois jusqu'au terme de mon parcours. Le temps sera ensuite de saison, dans l'ensemble ensoleillé, parfois caniculaire, avec des passages orageux et de brefs épisodes pluvieux durant quelques heures ou, au plus, la journée. J'ai bravé la tourmente et la France sous les eaux d'un pas allègre et le cœur léger, la suite se présente sous les meilleurs auspices. Cela débute d'ailleurs bien : la réception que m'offrent Anost, son maire et ses adjoints, l'hôtelier René Fortin et sa famille me récompense au centuple des épreuves dantesques endurées depuis le lac des Settons. Nous passons ensemble l'après-midi et la soirée à évoquer le Morvan, ses démons et ses espoirs, son dépeuplement et, ici et là, son renouveau. Je leur fais part de ma désolation à voir ce pays superbe menacé, par endroits dénaturé, par la culture intensive du funeste douglas et par une sylviculture insouciante des paysages et des amoureux de la nature. Ils m'expliquent les enjeux. Les forêts domaniales sont ici rares, quatre-vingt-dix pour cent des bois appartiennent à des particuliers qui les exploitent, sachant l'importance ancestrale de cette activité dans l'économie du territoire. De nombreux Morvandiaux réagissent cependant, les protestations sont vives à l'encontre de pratiques dont l'enjeu financier ne justifie pas la sauvagerie.

Les élus me vantent à juste titre leur action pour préserver la vitalité du village. C'est qu'elle est de fait étonnante, cette commune dont je découvre incidemment que c'est le village natal de l'ancien maire de Mussy-sur-Seine, mon « pays ». *A priori*, Anost est conforme aux caractéristiques que j'ai rappelées de l'habitat morvandiau : sept cent cinquante habitants dont à peine plus d'une centaine dans le bourg, de multiples hameaux répartis sur un important périmètre communal. Pourtant subsistent dans ce bourg tous les commerces essentiels et une maison médicale, ce qui devient rarissime en France pour une commune de cette taille, je puis en témoigner : Mussy, où vivent encore près de douze cents personnes, est loin de disposer de telles facilités. De plus, une maison communale perpétue les traditions orales du Morvan et un musée rappelle l'épopée de la galvache. Anost est au sud de la source de la Cure qui se situe sur son territoire. Elle est par conséquent au-delà de la ligne de partage des eaux entre la Seine et la Loire et n'a de ce fait jamais pu bénéficier de la manne du flottage du bois de chauffe vers Paris. C'est pourquoi cette commune a fourni au XIXe siècle le plus grand nombre de galvachers de tout le Morvan. Les galvachers étaient des paysans qui partaient avec leur attelage de deux à douze bœufs dans différents territoires de France, surtout la Champagne, pour réaliser des travaux agricoles, du débardage, du halage, etc. Certains revenaient au pays durant la morte-saison, d'autres s'établissaient dans les régions où ils avaient trouvé à être employés. Vers 1860, la commune comptait trois mille sept cents habitants dont sept cents charrettes de galvache. Beaucoup venaient en particulier de l'important hameau de Busy où me mène mon chemin. Et puis il y a René Fortin, le jovial commerçant-entrepreneur-hôtelier d'Anost dont la personnalité confère une saveur particulière à ma halte dans ce village. Ancien ami proche de François Mitterrand qui fut longtemps l'élu de Château-Chinon tout proche, il est à la fois une personnalité éminente et une mémoire vivante du Morvan et de sa vie politique. Ses souvenirs sont savoureux, l'homme est drôle et chaleureux. À ma grande confusion, il refuse que je lui règle ma nuit, mon dîner et le pantagruélique casse-croûte qu'il me prépare pour la longue étape qui m'attend.

La soirée passée avec des édiles aimant profondément leur région et s'engageant avec talent et imagination pour la maintenir en vie m'a mis d'excellente humeur. C'est là une illustration de la force de bâtir, d'entreprendre, de penser l'avenir et de le construire, tirée de la fierté d'appartenir à un territoire et à une communauté de destin, ici être morvandiau. Je suis dans des dispositions idéales pour affronter l'étape d'aujourd'hui. Ce sera la plus longue de tout mon périple, sans doute la plus dure : neuf heures de marche effective, une distance de l'ordre de quarante-quatre kilomètres sans les quelques erreurs de parcours, passage par les deux points culminants du Morvan, le Haut Folin et le mont Beuvray. Cependant, le temps est magnifique toute la journée, les paysages sont variés et superbes. Il me faut faire une mention spéciale du mont Beuvray, l'un des endroits marquants de l'ensemble de mon parcours. Je l'atteins par un bon chemin montant à travers une noble et paisible forêt où, heureusement, dominent les feuillus. Après être passé par les ruines de Bibracte, l'ancienne capitale des Éduens, je débouche sur le sommet qui culmine à 821 mètres et domine en toute majesté la plaine de Saône-et-Loire aujourd'hui lumineuse et que je traverserai dès le lendemain. La roche de Solutré n'est pas loin, qu'affectionnait tant l'ancien président Mitterrand. Je comprends l'idée qui a pu germer en son esprit d'acquérir là quelques mètres carrés de terrain pour s'y faire ensevelir. C'est sans conteste un bel endroit pour y passer l'éternité. Le mont Beuvray est une pièce importante de la fierté morvandelle depuis des millénaires ; j'imagine que les Gaulois éduens l'ont éprouvée, et même les populations néolithiques qui les ont précédés.

La richesse des contacts établis avec les Morvandiaux et les images splendides de l'étape du jour habitent mes pensées, elles m'aident à atteindre la petite cité de Larochemillay perchée sur son rocher, heureux, je dois l'avouer, d'arriver enfin à 19 heures passées. Je n'ai trouvé pour m'héberger que le gîte communal dépourvu de chambres individuelles. Cependant, j'y suis bien entendu seul. Pour la première fois depuis mon départ, j'ai peine à trouver le sommeil, les muscles de mes cuisses et de mes jambes sont sensibles. Il n'empêche, au matin je suis presque tout neuf, comme toujours.

Campagne française

Après Larochemillay, je quitte définitivement le Morvan pour progresser plein sud sur un chemin de crêtes à travers la campagne agricole de Saône-et-Loire, au rythme raisonnable d'une trentaine de kilomètres chacun des deux jours qu'il me reste avant d'atteindre Bourbon-Lancy. Le temps agréable se maintient, il est de plus en plus chaud. Les paysages ondulés de la Bourgogne du Sud sont ici ceux d'une terre d'élevage de bœufs charolais et de polyculture. Les forêts se sont raréfiées et la palette colorée s'est éclaircie. Les petits villages coquets, au fond d'un vallon ou sur une éminence, semblent des copies conformes de celui de l'affiche de campagne « La force tranquille » de François Mitterrand en 1981. Rien d'étonnant à cela, il s'agit de Sermages, bourg tout proche d'un peu plus de deux cents habitants, juste à la frontière entre la Nièvre et la Saône-et-Loire. Au fil des heures, les visions de cette tranquille France rurale se confondent et les pensées s'en éloignent, elles ne sont plus que le cadre passif de leurs divagations. La distraction du chemin qui en résulte est parfois périlleuse. Tout se passe comme si le regard ne portait plus alors qu'à l'intérieur de soi dans la négligence du dehors, en particulier des marques rouges et blanches qui servent de fil d'Ariane aux usagers des GR.

Tôt ou tard, cependant, le marcheur sort de sa rêverie interrompue par une question angoissante qui s'impose soudain : « Mais au fait, depuis combien de temps n'ai-je pas vu de balisage sur un arbre, un piquet ou une pierre ? » Depuis fort longtemps, dans certains cas. Là, deux solutions. La première consiste à persévérer dans l'erreur lorsque cartes et boussoles suggèrent que, même hors du droit chemin, vous êtes globalement dans la bonne direction. Cet entêtement peut s'avérer justifié… ou pas. Cela s'est produit hier dans le massif du Haut Folin ; j'en ai été quitte pour me déchausser, franchir une rivière à gué avec de l'eau jusqu'aux cuisses avant de retrouver avec soulagement les rassurants signes du chemin orthodoxe. Seconde possibilité, à privilégier lorsqu'une vérification rapide vous démontre que vous allez à l'opposé de votre route, au nord-est alors que votre destination est située au sud-ouest comme ce matin : rebrousser chemin jusqu'à la dernière marque. Elle peut s'avérer très éloignée, l'intensité de vos cogitations vous ayant conduit à marcher tel un zombie pendant fort longtemps, plus d'une demi-heure aujourd'hui. Pas de problème, alors, cela ne fait guère que rallonger l'étape d'autant. Le chemineau se doit d'être placide, rien de plus épuisant que la désolation et l'excitation.

Parmi les coupables identifiés de ma funeste distraction et de l'égarement qui s'ensuivit, l'odeur du foin porte une lourde responsabilité. En effet, je marche sur des chemins de campagne entre des prairies dont, profitant du beau temps revenu, la première herbe vient d'être fauchée, celle réservée à l'ensilage ou à l'enrobement. La fenaison traditionnelle, celle qui permettra de rentrer du foin sec, sera réalisée plus tard. Toute la journée, l'odeur sucrée, florale, subtile et persistante qu'exhale le foin fraîchement coupé sous l'ardeur du soleil retrouvé m'obsède. Il a les effets de la madeleine chez Proust qui, à son odeur, revoit avec netteté des images du temps perdu. C'est exactement ce qui m'occupe une partie de la journée, je me replonge dans les fenaisons de mon enfance et de mon adolescence. L'herbe coupée, il fallait la faner, c'est-à-dire en faciliter le séchage en passant dans les champs avec, selon les régions, des fourches ou de grands râteaux portant des dents des deux côtés, instruments aratoires en principe en bois. Un geste auguste et répété chaque mètre soulevait le foin encore vert, l'aérait, l'agitait puis le reposait après l'avoir retourné. La procédure embaumait l'atmosphère de cette odeur que j'ai décrite, au centuple de ce que l'on sent avec les procédés mécanisés modernes. Lorsque le fanage était achevé venait le temps de la mise en tas si bien peints par Claude Monet, puis le ramassage, manuel jadis. Les agriculteurs marchaient à côté de la charrette, que j'ai vu tirer par des ânes dans ma Touraine natale, des vaches de travail chez les paysans pauvres de Guyenne, des paires de bœufs et, avant le tracteur, des chevaux de trait. Les fourchées de foin atterrissaient dans la charrette munie de hauts bords tandis qu'un aide distribuait et tassait le foin. C'était alors le retour à la ferme, un jeune paysan le plus souvent juché sur le tas brinquebalant qui s'élevait de plusieurs mètres au-dessus de la charrette. Le foin était enfin déchargé, jeté à grands coups de fourche par une ouverture en hauteur dans le local d'entrepôt, situé le plus souvent à l'étage au-dessus de l'étable ou de l'écurie. L'un dans la charrette passait le foin à un autre dans ce local qui le réceptionnait et l'arrangeait. Je me rappelle en particulier un jeune paysan de ce village du Médoc où se déroulaient mes vacances. Très bien fait de sa personne et aux succès amoureux de notoriété publique, il me demanda plusieurs fois sur le chemin du retour de bien vouloir conduire seul la charrette, juste le temps qu'il honore comme il se devait une Parisienne en vacances. Nous passions en effet sous sa fenêtre par laquelle, je me rappelle mon excitation de préadolescent, il passa lui-même. On l'attendait. Et l'on voudrait que je sois toujours attentif aux marques rouges et blanches ?

Je fais étape à Issy-l'Évêque où je suis hébergé dans un centre équestre. Je dors dans un local situé autour du manège central, entre la sellerie et les box pour les équidés en tous points similaires, au lit près, à ma « chambre à coucher » dont l'accueil de notre plus belle conquête a dû représenter la première vocation. Je ne m'en offusque certes pas, je me sens au contraire fort bien. J'avoue préférer mille fois la bonne odeur des écuries et du crottin aux exhalaisons pédestres des dortoirs fréquentés jadis. Je suis un homme de cheval et ai même un temps, dans l'une de mes vies (j'espère bien en vivre d'autres, encore), dirigé moi-même un centre équestre. Je partage la réflexion d'un jeune lad qui y était en apprentissage et qui m'a rétorqué, offusqué, un jour où je lui annonçai vouloir prendre une douche pour ne pas « puer le bourrin » avant d'aller rejoindre mon épouse : « Vous direz à madame… que les chevaux, ça ne pue pas, ça sent ! » Bref, j'ai été à mon affaire d'autant que mes frères canassons sont comme moi, matinaux. C'est parfois la croix et la bannière de pouvoir se faire servir un petit déjeuner à 7 heures le matin, à l'hôtel ou dans les chambres d'hôtes. Or j'aime être en route au plus tard à 8 heures. Ce matin, pas de problème, la charmante directrice du centre a, dans le même mouvement, paillé les box, servi du granulé aux chevaux et son picotin à son unique pensionnaire de la nuit. Magnifique !

J'arrive à Bourbon-Lancy par des petits chemins, puis des routes secondaires qui dévalent d'environ deux cent cinquante mètres de Mont, la plus haute colline du coin. L'adjoint au maire de la ville chargé de la culture vient à ma rencontre à bicyclette ; c'est lui qui a organisé la conférence que je dois donner le lendemain soir dans le cinéma de Bourbon, conférence que j'ai décidé d'intituler « L'homme, la beauté et le chemin ». Il fait maintenant de plus en plus chaud. Parti le 8 mai sous la pluie et dans un froid vif, je suis cet après-midi du 5 juin ralenti par le bitume fondu qui colle à mes semelles, qui infiltre même mes chaussettes car après plus de sept cents kilomètres, mes belles chaussures de départ ont renoncé à tout service supplémentaire. Prématurément vieillies par les intempéries, rongées par les moisissures, elles sont trouées de toute part, les semelles sont au bord de l'usure terminale. Cela tombe bien, je fais un intermède et ne repartirai de Bourbon-Lancy que cinq jours plus tard. Après une journée en famille chez ma fille, son époux et leurs trois enfants qui habitent à quinze kilomètres de là en direction de Moulins (Allier), la conférence programmée dans la soirée, je loue une voiture à Moulins et me rends au Petit-Pressigny via Tours où je retrouve mon épouse. Je la charge de m'apporter la seconde paire de chaussures que j'ai prévue pour la marche. Tout semble « sous contrôle ».

Intermède, un marcheur à moteur

Une journée durant, le marcheur redevient un père satisfait de pouvoir passer quelques heures avec sa fille qui habite la province et un grand-père attendri par ses trois petits-fils, deux jumeaux vifs et enjoués de huit ans et un délicieux nourrisson de six mois. La conférence du soir à Bourbon-Lancy se déroule « à guichets fermés », les trois ou quatre cents places du cinéma ont été réservées depuis une bonne semaine et la salle est en effet comble. La présentation de mes réflexions sur la place de la beauté dans une vie humaine et sa quête au fil du chemin est suivie d'une riche discussion. Elle porte en particulier sur les relations entre la beauté et les projets politiques, sa signification pour qui manque du nécessaire, les moyens de faire renaître la fierté chez des gens assommés par la crise. À l'occasion du rappel de l'accueil parfois méfiant que j'ai rencontré tandis que je marchais sous la pluie, une véritable prise de conscience collective se fait chez des personnes qui témoignent spontanément de réactions de rejet de leur part vis-à-vis de tiers sortant de l'ordinaire : sinon un sexagénaire bien tassé qui chemine dégoulinant dans le vent enveloppé dans une bizarre grande cape rouge, au moins des jeunes d'allure un peu hippie, des gens du voyage, etc.

Je dîne ensuite avec des élus qui me donnent une excellente nouvelle : leur petite cité thermale a retrouvé un certain dynamisme industriel. Il existe à Bourbon-Lancy une importante usine Fiat qui fabrique les moteurs de camion de la marque pour toute l'Europe. Sa productivité avait atteint des sommets avant la crise des *subprimes* en 2008 (73 000 moteurs cette année-là), avant de s'effondrer à environ 23 000 moteurs en 2009. Or ce chiffre est maintenant remonté à 58 000 et l'usine embauche… des intérimaires. Ce frémissement rappelle celui que j'ai déjà signalé à Avallon, où une usine de remédiation de pneus pour camions se porte elle aussi plutôt bien. Bien sûr, ces activités ne sont pas vraiment « vertes » et certains de leurs paramètres témoignent de leur fragilité. À Bourbon-Lancy, par exemple, l'activité est uniquement dévolue à l'exécution, il n'y a aucun bureau d'études alors que la motorisation moderne fait appel à des concepts et technologies avancés. Tous les ingénieurs sont italiens ou allemands, les Français pressent les boutons d'une entreprise très moderne comme on leur dit de les presser. Il n'empêche, après les désastres constatés auparavant, il se passe au moins là quelque chose, des femmes et des hommes travaillent et en vivent, ils font des projets.

J'emprunte pour me rendre en voiture de Moulins à Tours, puis dans mon village natal, des chemins de traverse. Je parcours cependant en une petite journée, en m'arrêtant plusieurs fois en route, ce qui me prendrait « à l'ordinaire » une bonne douzaine de jours. Le terme ordinaire m'est venu spontanément alors qu'il est singulier puisque marcher tous les jours une trentaine de kilomètres pendant trois mois ne l'est pas du tout, contrairement à une banale liaison de quelques centaines de kilomètres en véhicule automobile. Pourtant c'est là l'impression ressentie ce matin : les champs défilent, je n'y peux percevoir aucune fleur, les bêtes n'ont pas le temps de s'approcher, curieuses. C'est à peine si je puis distinguer les caractéristiques de beaux édifices entrevus de manière fugace. Pas question d'en faire le tour pour en repérer l'angle le plus intéressant, les photographier et partager via Internet le plaisir ressenti à leur découverte. Certes, en d'autres circonstances je conviendrais de ce qu'il est possible de faire du tourisme sans se transformer en stakhanoviste de la marche à pied mais je n'en ai pas aujourd'hui le goût. Faisant halte à Selles-sur-Cher, une charmante petite ville dont les seuls atouts ne sont pas les fromages de chèvre, je me promets de faire quelques images. Échec total, le cœur n'y est pas, la réceptivité à toutes les émotions esthétiques que procure la marche fait place à une sorte d'anosmie-agueusie qui me laisse sans ressort. J'imagine que le fait de me retrouver au

Petit-Pressigny dès ce soir et les cérémonies de demain 8 juin me redonneront plus d'allant.

Une enfance en Touraine, Le Petit-Pressigny

De fait, sitôt arrivé dans mon village natal, je renoue sans peine le fil de l'enfance heureuse que j'y ai connue et des multiples visites que j'y ai faites tout au long de ma vie depuis mon départ pour Paris à presque cinq ans. Pour achever de dissiper les brumes qui s'élèvent, je l'ai constaté, dès que je cesse de marcher, rien de tel qu'une visite à Jacky Dallais, un ami d'enfance dont le restaurant, dirigé aujourd'hui par son fils, est devenu sans conteste le meilleur du département et l'un des très bons du pays. Il y a dans sa cuisine une telle inventivité, une telle audace néanmoins dans la fidélité au terroir, que quiconque resterait mélancolique après l'avoir goûtée relèverait d'une affection psychiatrique sans espoir. Tel ne doit pas être mon cas car je suis euphorique après dîner, les images affluent en mon esprit, même celles de ce que je n'ai pas pu connaître, ma naissance par exemple. Pourtant, ma mère et des personnes du Petit-Pressigny me l'ont tant contée qu'il me semble parfois en avoir été spectateur.

Vers 14 heures ce jour-là, le 5 septembre 1944, Camille, la Parisienne qui termine sa grossesse au Petit-Pressigny où ses deux enfants Jean-François et Olivier sont déjà au vert, est prise des douleurs de l'enfantement dans la maison d'une fille du pays mariée à un républicain espagnol. Ce couple a deux filles, dont l'une de dix-sept ans, Carmen, deviendra ma marraine. Les femmes commencent à s'inquiéter car elles ne se sentent pas l'âme de matrones habiles à aider les parturientes à accoucher, il n'y a pas de sage-femme au village et les temps sont troublés. Quoique aucune garnison ne soit stationnée ici, l'armée allemande en déroute n'est pas loin, accompagnée de rumeurs, hélas trop souvent vérifiées par la suite, d'exactions, voire d'atrocités. Le bruit court que des femmes ont été tuées à Preuilly-sur-Claise, tout proche. L'inquiétude est d'autant plus grande que la Parisienne souffre d'une grave infection pulmonaire et que sa santé est fragile. Mais qui oserait affronter les incertitudes de la route en ces journées critiques pour aller quérir la sage-femme la plus proche au Grand-Pressigny, à une dizaine de kilomètres de là ? C'est le facteur qui se dévoue, il enfourche la bicyclette qui sert à ses tournées et file vers le pays voisin où réside la femme de l'art. Celle-ci, peu rassurée de s'aventurer sur les routes incertaines, se fait beaucoup prier, mais le facteur courageux sait trouver les mots pour la décider. Il appuie de toutes ses forces sur les pédales pour la ramener aussi vite qu'il le peut, assise sur le cadre du vélo, auprès de la femme en travail. Il est temps qu'ils arrivent !

En effet, le bébé vient de naître pendu (un peu jeune pour une telle destinée), il a le cordon enroulé autour du cou, son visage est tout bleu, sa langue gonflée dépasse de sa bouche tuméfiée entrouverte. Il semble appelé à un prompt trépas car les personnes présentes, sidérées, n'ont pas le réflexe de le délivrer, retenu qu'il est par le col entre les cuisses de sa maman.

L'habile sage-femme saute du vélo et d'un coup de ciseaux salvateur délivre le petit à qui sa mère rappellera maintes fois plus tard combien il était vilain à sa naissance. L'enfant échappe à un autre péril. Ses parents ont déjà deux garçons, le père n'a eu que des frères, si bien qu'ils désirent ardemment une petite fille. Son nom a été décidé par la maman, ce sera Bérangère. L'annonce du sexe du nouveau-né est accueillie par Jean, le papa absent au moment de la naissance, par un « merde » sonore ; au moins son rejeton échappe-t-il à un prénom qu'il aurait pu avoir du mal à porter. Le père se reprend vite de son premier mouvement d'humeur et écrit à son épouse une lettre lyrique où il se réjouit : « Aujourd'hui, Axel est né et Paris est libéré. » En effet, parmi les lectures de la mère pendant qu'elle attendait l'enfant, l'une l'avait marquée, *Axelle* de Pierre Benoit. Va pour Axel, qui plaît à Camille à demi allemande du côté maternel. Ce prénom usuel outre-Rhin et dans les pays scandinaves n'a alors pratiquement jamais été donné en France. L'état civil accepte d'inscrire Axel, Maurice, René sur le registre mais le curé ne retient que Maurice comme nom de baptême, prénom que personne, même la marraine Carmen, n'utilisera jamais. Après son accouchement, la mère reste quelque temps au Petit-Pressigny avec ses trois garçons, puis rentre à Paris avec les deux aînés, laissant Axel à la garde d'une nourrice sèche, Léontine Moreau, qui a eu la malchance de perdre ses deux époux à la guerre, le premier en 14-18, le second en 1940.

C'est donc au Petit-Pressigny que je passe les cinq premières années de ma vie, élevé par une « maman nounou » que j'adore, alors que je ne vois ma mère que quelques jours dans l'année et qu'elle reste pour moi une quasi étrangère. Ce fut, je l'ai dit, une enfance campagnarde, au milieu des ânes et des mules, les animaux de trait utilisés dans des exploitations agricoles aux toutes petites parcelles pierreuses et souvent escarpées sur les pentes du coteau. Dès que j'ai quelque indépendance, vers mes quatre ans, je passe mes journées avec la fermière voisine, Charlotte, ses canards et ses chèvres, assiste aux activités traditionnelles de la campagne, parmi lesquelles le sacrifice annuel du cochon m'a laissé un vif souvenir. Tout obéit à un rituel immuable, hommes et femmes ont leur rôle spécifique. Les premiers saignent la bête et, pour moi, le cri du cochon qu'on égorge demeure un son impossible à oublier. Ils la découpent ensuite, tandis que les femmes qui ont préparé de grands feux et des chaudrons imposants pour un petit bout de chou comme moi mettent bien vite le sang à cuire, y incorporent des morceaux de graisse, puis s'occupent de la préparation des constituants des autres types de charcuterie. Les intestins retirés et lavés à grande eau, le péritoine préparé, tout le monde participe d'abord au remplissage des boudins, puis à la confection des saucisses et autres spécialités.

Pendant et après la guerre, on ne manque de rien au Petit-Pressigny. Jusqu'en 1945, c'est essentiellement un village de femmes et de vieux car les hommes sont en grand nombre prisonniers ou au STO. Cette petite commune n'a pas d'intérêt stratégique, si bien que la présence allemande y fut toujours brève et qu'il n'y eut guère de réquisitions. Pour toutes ces raisons, les volailles, les œufs de poule et de cane, le lait et les fromages de chèvre, les légumes du jardin ne vinrent jamais à manquer, voire abondent, car l'économie fonctionne alors en circuit fermé. Le petit Axel est bien sûr de tous les mariages campagnards qui se multiplient après le retour des hommes. Je garde le souvenir de festins pantagruéliques qui comportent en règle au moins dix plats : deux entrées, du poisson et sa garniture, un ou deux types de viande et leur garniture, de la salade, des fromages et jamais moins que deux types de dessert, dont souvent une sorte de quatre-quarts cuit dans des moules en forme d'agneau et des crèmes. Cela dure au moins jusqu'à 18 heures et tout le monde se remet à table à 20 heures. C'est donc un garçonnet de près de cinq ans aux bonnes joues et en pleine santé qui débarque à Paris, rue des Plantes dans le quatorzième, en 1949. Il est désespéré mais vite intrigué par un engin pour lui extraordinaire, l'ascenseur, qui mène la famille à son appartement au huitième étage de l'immeuble. De multiples montées et descentes de l'appareil seront nécessaires pour assécher les larmes de l'enfant.

Tous ces souvenirs, une autre manifestation du phénomène de la madeleine de Proust, sont ravivés par la cérémonie que la municipalité du village a décidé d'organiser à l'occasion de ma venue et à laquelle participent les habitants, dont les plus anciens qui m'ont vu naître et grandir : mon nom est donné à un square et à une variété de roses. Mon amour des fleurs et le lien resté très fort avec mon village natal m'ont incité, lorsque la proposition m'a été faite, d'accepter bien vite. De plus, cette cérémonie en l'honneur de la fidélité et de la beauté s'inscrit bien dans le dessein de mon périple. Mon enfance campagnarde en Touraine est sans doute à l'origine, je l'ai déjà évoqué, de mon goût prononcé pour la nature et la vie rurale.

Crise et typologie des organisations villageoises

Durant mon voyage de retour vers l'Allier, je fais une brève halte chez une amie maire d'une commune moyenne de la grande périphérie de Tours. On vient d'apprendre la fermeture d'une implantation voisine de la société Michelin et la perte qui s'ensuit de plusieurs centaines d'emplois. Nous évoquons ensemble les problèmes qu'elle rencontre dans l'exercice de son mandat, ses moyens d'action et son pronostic d'évolution pour les années à venir. Cette discussion ravive le souvenir des situations rencontrées depuis la frontière belge, jusqu'à l'exemple encore tout frais du Petit-Pressigny. Il me semble possible de ranger ces situations en quatre catégories types, évidemment trop schématiques mais qui en résument le spectre.

La première concerne des communes jadis industrialisées mais dont le cœur, parfois la totalité de l'activité ont été dévastés, ne laissant subsister que quelques entreprises artisanales et des services dont la nature et la diversité sont lourdement impactées par le pouvoir d'achat résiduel d'une population dont la moitié, parfois plus, ne dispose que des minima sociaux et des petits revenus de quelques travaux au noir. C'est là surtout que l'on observe comme une sidération des personnes, une tendance à un repli strict sur la sphère individuelle et familiale, un désengagement manifeste de la vie associative et publique. Les anciens bassins de la fonderie ardennaise, de la métallurgie lorraine et champenoise, de la bonneterie troyenne sont des exemples douloureux que j'ai signalés de cette catégorie. Ma petite ville de Mussy-sur-Seine en est un autre.

D'autres sites de tradition industrielle sont moins lourdement touchés quoique aucun ne soit totalement épargné. Je n'avais, au moment où j'élaborai cette classification, pas encore rencontré de manifestation prometteuse d'un dynamisme aboutissant à l'émergence de filières nouvelles génératrices d'un réel optimisme pour l'avenir, mais restais confiant quant à la possibilité d'en observer des exemples. Ce fut le cas dans le grand Sud-Ouest, j'y reviendrai. En revanche, j'avais pu noter déjà des situations intermédiaires avec persistance d'un tissu industriel actif, en particulier en Saône-et-Loire, où plusieurs sociétés de mécanique et de métallurgie conservent une activité notable, hélas souvent plus d'exécution que de conception. L'inquiétude est réelle mais on observe que persiste alors un ressort se manifestant en particulier par une vie associative dynamique, signe m'apparaît-il d'une plus grande capacité de lutte et de rebond.

Dans la ruralité qui n'a jamais connu de réel développement industriel, l'exode rural qui a commencé après la Première Guerre mondiale et qui se poursuit inexorablement, associé à la généralisation de la télévision et en parallèle au déclin des manifestations de la vie communautaire, engendre d'authentiques déserts campagnards dans lesquels ne subsistent que quelques foyers au bourg et dans les hameaux isolés (les écarts). Même si la conséquence de ce phénomène est une aggravation de la tendance nationale, et même européenne, à la disparition des services publics et des commerces de proximité, à la désertification médicale et à la fermeture des classes, voire à un taux de suicide élevé d'agriculteurs confrontés à la solitude, on ne peut pourtant comparer ce qui se joue à la brutalité du raz de marée de la désindustrialisation qui assomme des populations entières. Les exploitations qui subsistent sont en général mécanisées et informatisées, les surfaces cultivées se sont beaucoup accrues (une moyenne de cent hectares aujourd'hui en France). Je n'ai d'ailleurs, durant les plus de deux mille kilomètres de mon parcours, pas constaté, en dehors du Morvan, de réelle déprise agricole. Cela permet aux exploitants, dont nombre bénéficient aussi des aides européennes, d'accéder à une certaine aisance, voire à la prospérité en ce qui concerne en particulier les céréaliers et les viticulteurs. Les familles possèdent plusieurs automobiles et parcourir de longues distances pour se rendre dans les agglomérations proches de quelque importance est entré dans les mœurs. En bref, cette nouvelle donne affecte certes en profondeur la vie sociale mais sans que ce soit là une conséquence d'une authentique crise économique.

De plus, on assiste çà et là à un phénomène de revitalisation des campagnes et d'émergence d'une nouvelle ruralité, associé à la persistance d'une activité agricole peu productrice d'emplois mais génératrice d'un pouvoir d'achat qui s'ajoute à celui des nouveaux ruraux : jeunes couples lorsque existent à une distance raisonnable des possibilités d'embauche et que la collectivité territoriale a une politique de lotissements ou facilite la mise en vente des demeures abandonnées ; jeunes retraités attirés par le style de vie ; étrangers, Hollandais dans le Morvan, Anglais en Bourgogne et en Touraine, etc. Deux villages dont j'ai parlé illustrent ce phénomène, Anost et Le Petit-Pressigny. Dans les deux cas les bourgs ne dépassent guère la centaine d'habitants, quelques centaines avec les écarts. Cependant, de nouveaux venus jouissant d'une bonne aisance financière ont acheté et rénové des maisons et fermes abandonnées, les ressources locales en sont accrues d'autant, donnant quelque latitude aux communes et communautés de communes, et leur permettant d'investir dans l'embellissement de la cité, des activités collectives, des facilités sociales pour les familles. Les conseils municipaux et de communauté associent alors agriculteurs, commerçants et nouveaux venus, dont ceux d'origine étrangère, qui acceptent souvent des responsabilités de type comité des fêtes et culture. Des commerces persistent, la vie associative est dynamique et diversifiée (clubs sportifs, clubs de gymnastique, harmonie municipale, clubs de lecture, etc.). Je rencontrerai d'autres manifestations de ce renouveau rural dans le Sud-Ouest, en Gascogne, au Béarn et au Pays basque, et je sais que le phénomène est national. Je

tiens à insister sur le fait qu'il ne s'agit pas là d'une
« fausse ruralité » comme celle des cités-dortoirs
périurbaines ou celle de régions touristiques dans lesquelles la majorité des résidences secondaires restent
inhabitées la plus grande partie de l'année. Ici les
néoruraux vivent et s'investissent dans ces villages qui
sont devenus les leurs. Je récuse aussi la déploration
par certains d'une ruralité pervertie qui aurait perdu
son âme campagnarde. Aujourd'hui, la productivité
des travaux agricoles est telle que les bras qui l'assurent ne sont plus assez nombreux pour faire vivre à
eux seuls les villages. La néoruralité qui s'affirme est
de la sorte la seule chance de maintenir un actif tissu
humain dans les campagnes agricoles, c'est par conséquent sans nuance une bonne nouvelle.

Sur la Loire, quand le corps se rappelle au bon souvenir du marcheur

Sitôt de retour chez ma fille, il me faut songer à
reprendre ma marche le lendemain 11 juin aux
aurores, de là exactement où je me suis arrêté cinq
jours auparavant, c'est-à-dire depuis Bourbon-Lancy,
chaussé de neuf. Filant plein sud, je dois franchir la
Loire une première fois une douzaine de kilomètres
après mon départ, quittant de la sorte la Bourgogne
et la Saône-et-Loire pour l'Auvergne et l'Allier. Je
traverserai plus tard le fleuve deux autres fois, en
Haute-Loire. La journée s'annonce sous les meilleurs
auspices, il n'y a nul nuage dans le ciel et la température est clémente. J'ai le cœur guilleret, heureux de

me remettre en route, mais le reste du corps fait plus grise mine. L'interruption momentanée des efforts durant une entreprise sportive au long cours, le Tour de France comme une marche de plusieurs mois, est redoutable, j'en ai fait l'expérience déjà en repartant de Mussy. De plus, j'ai changé de souliers avec une innocence et une désinvolture que j'allais regretter bien vite.

Jusqu'à présent, j'ai longuement fait état du dialogue singulier entre le marcheur solitaire et ce « je » qui est un autre, des multiples perceptions de la nature et des sensations qu'elles entraînent, des souvenirs qu'elles évoquent, parfois des émotions qu'engendrent les images mentales qui s'imposent alors. Il existe cependant un autre protagoniste de l'action de marcher, omniprésent quoique avec plus ou moins de véhémence, le corps. Ce compagnon des bons et mauvais jours s'est trop vite accoutumé au doux confort des jours d'inaction qui s'achèvent, il proteste avec une certaine force, d'autant plus que les paysages de plaines agricoles traversées retiennent peu l'attention ; dépourvus de spectacles grandioses, ils sollicitent peu le randonneur et lui laissent toute latitude pour être à l'écoute de son corps qui, justement, est aujourd'hui bavard.

Tous les adeptes des très longues marches, même les plus endurcis, rapportent cette étonnante succession de douleurs multiples et erratiques, le plus souvent fugaces mais parfois plus gênantes, qu'ils ressentent chemin faisant. La marche en terrain peu accidenté n'est pas un sport violent, le souffle ne vient jamais à manquer, ce qui la différencie de façon radicale de la randonnée en montagne qui sollicite parfois des efforts extrêmes portant le sportif aux limites de ses capacités cardio-respiratoires et musculaires. Rien de tout cela dans la plaine bourguignonne, puis bourbonnaise, la place est libre pour les autres manifestations de la machine-bonhomme qui, pour fonctionner presque à la perfection, n'en est pas silencieuse pour autant. Après quelques centaines de mètres le matin, une douleur vive dans le genou droit n'a pas le temps d'inquiéter car elle cesse presque aussitôt pour laisser place à une impression de tiraillement dans la cuisse gauche, elle-même peu prolongée et cédant le pas à une lourdeur de la fesse homolatérale qui, bonne fille, redevient sans tarder légère, ce qui permet de ressentir des élancements dans la hanche droite, puis gauche. Tout se calme alors comme par magie à l'appel d'un claquement sec dans le genou gauche qui a le bon goût de ne se répéter qu'un petit nombre de fois avant de disparaître comme il était venu. Cependant la sarabande se poursuit, n'en vient à bout que la focalisation mentale sur une idée forte ou une intense émotion suscitée par la conjonction d'une perception et d'une évocation. Je n'évoquerai qu'en passant les endolorissements aux points de contact du sac à dos, bretelles et ceintures, les courbatures et les raideurs, compagnons ordinaires du randonneur qui s'élance. On se rend compte ainsi que, décidément, le chemin du marcheur solitaire est très encombré. Il y a lui, « je », ses perceptions et ses souvenirs, ses pensées par conséquent et, en plus de tout ça, son corps, un incorrigible bavard !

Au bout d'une quinzaine de kilomètres, peu après le franchissement de la Loire, ce sont les pieds qui se rappellent au bon souvenir de celui qu'ils supportent. Ces alertes préoccupent toujours le chemineau car il existe au moins un point commun entre les chevaux et les marcheurs : sans leurs pieds ils ne sont plus les uns et les autres rien que de misérables créatures. La chaussure est-elle trop serrée qu'une meurtrissure du cou-de-pied menace. Trop lâche, elle laisse le pied jouer à chaque pas et frotter contre la paroi, ce qui induit la menace d'ampoules. Tout n'est pas seulement dans le serrage des lacets, encore faut-il déterminer comment les serrer, plus vers le bas ou vers le haut du soulier ? Si la plante peut glisser sur la semelle en descente, les orteils rencontreront alors le bout de la chaussure, promesse d'hématomes sous-unguéaux menaçant l'ongle et d'ampoules à l'extrémité des orteils. On le voit, tout est question ici de réglage fin et adapté au terrain. Or, trop confiant, je n'ai accordé aucun soin particulier en m'équipant ce matin à la qualité du contact entre les pieds et ces chaussures avec lesquelles j'avais déjà parcouru quelques dizaines de kilomètres avant mon départ de Givet. Elles sont en fait un peu grandes, le talon se soulève à chaque pas. Je ressens d'abord une gêne légère : un échauffement sans conséquence, pensé-je. Hélas, la sensation s'accroît rapidement, chaque pas devient douloureux. Délaçant enfin les souliers, je constate le désastre : deux très grosses ampoules à chaque talon, étendues en profondeur sous l'épaisse couche cornée que la marche a développée. Horreur, l'étape de demain est l'une des trois plus longues de tout le chemin, plus de quarante kilomètres si je veux éviter la grande route, entièrement sur macadam. Suivre le GR ici m'amènerait en effet à flirter avec les cinquante kilomètres, ce que je n'envisage pas. Il va me falloir serrer les dents.

Le Bourbonnais, des rois, des rouges et un forçat

J'ai certifié sans aucune affectation m'être jusquelà toujours mis en route le matin empli par un sentiment d'allégresse. Tel est loin d'être le cas à mon départ de la chambre d'hôtes où je me suis arrêté deux kilomètres avant Saligny-sur-Roudon. Le sympathique couple de dames qui la tient, une Néerlandaise et une Suissesse-Allemande, élève aussi des chevaux lusitaniens, de quoi en principe me ravir. Cependant le souci de mes pieds est plutôt exclusif. Afin de les immobiliser dans les chaussures, j'enfile l'une sur l'autre deux épaisses paires de chaussettes qui sont bien incapables d'atténuer la douleur, vive aux premiers pas puis plus supportable. Mon humeur maussade suggère que l'influence des pieds peut l'emporter sur celle de l'esprit, cela est bien décevant ! Mon but de la journée, Droiturier au pied des monts du Bourbonnais, m'apparaît démesurément éloigné, d'autant qu'il me faut pour éviter les voies à grande circulation emprunter de petites routes vicinales où je m'égare plusieurs fois. En définitive, j'atteins mon gîte à près de 19 heures. On s'habitue à tout, même à la douleur, si bien qu'au fil des kilomètres et des heures je parviens malgré tout à renouer avec les paysages et leur histoire.

Après la plaine agricole hier, je chemine aujourd'hui au cœur de la Sologne bourbonnaise, jolie région très vallonnée et parsemée d'étangs, de plus en plus accidentée à mesure qu'on s'approche de la montagne bourbonnaise où je serai le lendemain. L'élevage et une polyculture qui y est liée sont ici les ressources principales. Je vois pour la première fois depuis mon départ des troupeaux de bovins de races diverses, limousine, charolaise et déjà celles du Massif central, Aubrac et Salers, disposant de leur taureau dédié. Ailleurs l'insémination artificielle semble régner sans partage alors que nombre d'éleveurs bourbonnais pratiquent la monte naturelle en prairie. Y pourvoient de superbes bêtes cornues à souhait pour chasser sans ménagement les rivaux et les intrus, membrées à la perfection et dotées de bourses si bien garnies qu'on ne s'étonne pas qu'elles « servent » à la satisfaction de toutes. Il suffit de peu de chose pour ranimer mon courage, ces fiers animaux me communiquent une partie de leur manifeste vaillance, même s'il n'est pour moi question que d'arriver à bon port.

Il est rare, lorsque vous vous promenez en Bourbonnais et où que vous soyez, qu'un château n'attire pas votre attention. Il y en a dans la plupart des localités, certains somptueux comme celui de La Palice. C'est que cette terre a une destinée particulière au regard de l'histoire aristocratique et dynastique du pays. En 1272, Béatrix de Bourbon épouse Robert de France, comte de Clermont, dernier fils de Saint Louis. Ce dernier opte pour la référence nobiliaire

« de Bourbon » en abandonnant « de France », si bien que les Bourbons descendront du grand roi, raison pour laquelle après Henri IV ils seront à l'origine de plusieurs des familles régnantes d'Europe. Le Bourbonnais sera intimement associé à la marche du royaume, sa noblesse nombreuse et choyée, bien avant son rattachement au domaine royal au XVIe siècle. Cela a sans doute un rapport avec la structure de la propriété foncière agricole qui, jusqu'aux temps modernes, est marquée par le fermage, voire le métayage. Mille hectares de terres agricoles réparties en huit fermes dépendent par exemple du magnifique château de Saligny-sur-Roudon, propriété depuis le XIXe siècle de la famille de Bartillat (éditeurs, banquiers, etc.). En retour, la longue persistance de ces formes d'exploitation des cultivateurs explique sans doute une autre caractéristique de la région, celle du communisme rural qui semble être né dans l'Allier et y persister encore puisque le président du conseil général en est issu alors que les villes sont en général passées à droite ou au Parti socialiste. En définitive, l'amusant contraste entre, d'une part, le Bourbonnais des nobles et des rois et, d'autre part, la campagne rouge n'est pas le fruit d'un hasard, la seconde découlant du premier.

Il est près de 19 heures lorsque je parviens enfin à destination après neuf heures d'une marche obstinée dont chaque mètre m'a coûté. Me remettre en chemin après chaque halte, avancer quand même a exigé une telle mobilisation de ma volonté que, si je suis satisfait d'entrevoir la fin de mon épreuve de forçat, je ne me sens pas vraiment épuisé. Cela vaut mieux car je suis attendu de pied ferme à Droiturier par une dizaine de personnes pour lesquelles la propriétaire des chambres d'hôtes où je loge, une Méridionale enjouée, dynamique et volubile, a préparé un apéritif-débat. Une journaliste parisienne soucieuse de m'accompagner quelques kilomètres le lendemain matin a même réservé une autre chambre de la maison. On est impatient de me voir arriver et deux personnes viennent à ma rencontre. Toute l'absurde vanité dont il est si difficile de se défaire se manifeste alors. Je me redresse, accroche un sourire un peu crispé à mes lèvres, lance quelques plaisanteries et ai à cœur de montrer à ces personnes combien ma démarche reste souple et alerte. Arrivé, quelques verres avalés pour étancher ma soif, j'ai juste le temps de prendre ma douche, laver brièvement mes effets, me changer, il me faut rejoindre sans tarder mes visiteurs surtout avides de comprendre mes motivations de randonneur. Comme toujours, cependant, on me parle aussi du « pays », de ses habitants et de leur trajectoire, de l'histoire, on me conte des anecdotes. La chaleureuse communion humaine qui se dégage de ces rencontres a la remarquable vertu de masquer les fatigues de la journée. Le dîner est lui aussi passionnant. L'homme de la maison est agriculteur et maire du village. Il nous rejoint à la nuit tombée car il lui faut à tout prix rentrer ses foins avant des orages qui menacent. Il me parle de son travail, de sa commune et de ses administrés avec précision et une passion que je partage aussitôt. Puis c'est au tour de la journaliste de débuter son interview. La nuit sera brève et il me sera impossible ce jour-là d'enrichir mon blog.

Ivresses bourbonnaises

Après avoir rejoint le GR, j'entreprends de m'élever sur les monts du Bourbonnais par une journée qui s'annonce très chaude, avec des orages. Cette montagne est moins connue que la chaîne des Puys, que j'ai pu admirer à l'ouest tout au long de ma route, ou que les monts du Cantal. Elle est pourtant très remarquable par son authenticité, sa sauvagerie peu entamée par le tourisme et la multiplicité des vestiges historiques au cœur de petites villes telles que Châtel-Montagne ou Châtelus. Sa crête se poursuit en s'élevant par celle des monts du Forez que j'atteindrai deux jours plus tard. C'en est maintenant bien fini des étapes de plaine ou de campagne plus ou moins vallonnée. Jusqu'à la vallée du Lot avant les Pyrénées, place à de la moyenne montagne, à ses successions de pentes, grimpant ou dégringolant chaque fois de plusieurs centaines de mètres de dénivelé qui s'accumulent, pour atteindre en fin de journée des totaux respectables. Cela est encore plus vrai me concernant du fait de mon obstination à refuser tout hébergement collectif. Or il existe des gîtes d'étape et refuges sur les crêtes empruntées par le chemin de grande randonnée dont je suis l'orientation générale, mais aucun n'offre ce que je demande. Je descends donc pour le trouver, allonge le trajet puis remonte le lendemain. C'est un choix, j'assume.

Comme cela était prévu, après une matinée superbe, le temps se couvre en début d'après-midi, le ciel se plombe, le vent se lève, l'orage éclate, accompagné de violentes bourrasques qui s'engouffrent sous mon poncho et le retournent jusqu'à mon visage comme elles le feraient d'une jupe longue. Mon short et mon maillot sont trempés, ce que je supporte avec stoïcisme : après tout, ce que j'ai connu durant quatre semaines ne se prolongera pas aujourd'hui plus de quelques heures. Je parviens dans ces conditions au terme de mon étape, un superbe logis isolé en pleine campagne près de Saint-Clément, dans la vallée de la Besbre. L'endroit est ravissant, entouré de fleurs et d'arbres fruitiers ; l'accueil est de plus à la hauteur du charme de l'endroit. Le lendemain, une fois dépassé le village de Saint-Clément au bord de la rivière, le chemin s'élève de cinq cents mètres par une sente assez raide et atteint une crête à près de mille mètres d'altitude. C'est plus ou moins celle que je parcourrai ces jours prochains vers le sud en m'élevant progressivement jusqu'à plus de mille six cents mètres.

L'orage de la veille a fait place à une belle matinée ensoleillée dont la chaleur croissante fait se lever des prés et des bois une brume odorante dans laquelle je distingue les senteurs d'aubépine, d'ortie, d'herbe coupée et, surtout, de genêt. Plus bas, la floraison de ces arbustes d'or arrive à son terme, mais tel n'est pas le cas en montagne où leur éclat dans la lumière matinale est éblouissant. Dès que l'ardeur solaire a dissipé la fraîcheur de la pluie de la veille et de la nuit, ils exhalent une odeur épicée qui évoque un soupçon de délicieuse amertume ; cette odeur l'emporte alors sur toute autre senteur et imprègne la peau et les vêtements. L'intensité de ces effluves provoque chez moi une légère ivresse ravie, que remarquent peut-être deux jeunes chevreuils si occupés à déguster les herbes délicieuses de l'aube qu'ils ne s'avisent de ma présence que lorsque je n'en suis qu'à une cinquantaine de mètres. Ils lèvent alors leur ravissante tête menue ornée de petites cornes droites, fines et élégantes, hésitent sur l'attitude à adopter et, peut-être rassurés par mon air extatique, ne s'éloignent que de quelques dizaines de mètres par quelques gambades bondissantes mettant en valeur leur adorable derrière tout blanc. Ils s'arrêtent alors dans la prairie que la rosée faisait miroiter sous les rayons obliques du soleil encore bien bas sur l'horizon et, après avoir vérifié une dernière fois mon caractère décidément inoffensif, reprennent la dégustation qui leur tenait lieu de petit déjeuner.

Après eux, ce sont de petits écureuils qui croisent sans se presser mon chemin montant, leur queue empanachée fièrement dressée. À proximité de la crête, je suis surpris par un halètement régulier et sourd qui m'évoque immédiatement la respiration de géants. Y en a-t-il en ces lieux ? En effet, il y en a, plusieurs et de bonne taille, d'un blanc immaculé. Huit éoliennes forment une ligne continue sur cette arête faîtière ventée entre les vallées de la Besbre et du Sichon. À contempler, un peu impressionné à leur pied, ces gigantesques machines brassant l'air de leurs pâles puissantes, je me demande si Don Quichotte, l'homme de la Mancha, aurait piqué des deux sur sa Rossinante pour courir sus aux monstres en dédiant par avance sa victoire à sa Dulcinée ? Considérant que le preux chevalier ne pouvait se laisser intimider par la réalité du monde quelle qu'elle soit, j'en arrive à la conclusion qu'il aurait chargé, avec d'ailleurs peu de conséquences pour lui, puisque le monde de ces géants est dans les cieux, pas sur terre. Ah, un Don Quichotte en ULM, peut-être… ?

Des journalistes de *La Montagne* ont insisté pour me rencontrer une dernière fois avant que je ne quitte l'Allier pour la Loire. Sur le moment, submergé par les sollicitations médiatiques et peu enclin à en rajouter, je leur donne rendez-vous en haut du rocher Saint-Vincent qui domine la vallée du Sichon à 925 mètres d'altitude, sachant qu'on ne peut s'y rendre que par une grimpette d'une demi-heure au-delà du terme de la route qu'ils devaient emprunter. Pour le cas où l'épreuve ne se révélerait pas assez dissuasive, j'ajoute une condition : « avec du pastis… » À l'heure dite, deux jeunes et fringants journalistes se présentent sur la plate-forme naturelle de quatre mètres carrés qui correspond au sommet dudit rocher, munis de leurs appareil photo, caméra et matériel d'enregistrement et, le plus important, d'une bouteille d'un apéritif anisé et d'eau. Je n'avais plus qu'à m'exécuter et leur donner, verre à la main, une interview en ce lieu improbable. Il était dit que la journée serait placée sous le signe de l'ivresse légère…

Inimitié, intimité et imprévu

Me voilà à nouveau à une confluence, celle de trois départements (Allier, Loire et Puy-de-Dôme) et de deux régions, Auvergne et Rhône-Alpes, qui se rejoignent dans les Bois-Noirs autour du Puy-de-Montoncel.

Selon moi, ces différentes entités territoriales ne sont pas de trop pour se partager l'écrasant fardeau de cette immense zone sombre, silencieuse et oppressante de sylviculture dédiée à mes ennemis intimes, ces funestes pins de Douglas que j'exècre. De tels bois marquent le passage des futaies joyeuses et claires de feuillus où chantent des oiseaux et sur les pelouses desquelles poussent les fleurs, nivéoles, jonquilles, narcisses, violettes, pervenches, muguet selon les saisons, à la quasi-stérilité obscure des couverts monotones des résineux de culture. Je ne conteste pas la logique économique qui sous-tend la plantation d'essences que l'on peut récolter au bout de quarante ans seulement (pins de Douglas) et non quatre-vingts comme dans le cas des hêtres, sans parler bien sûr des chênes, mais tends de plus en plus à privilégier d'autres itinéraires lorsque ceux balisés s'attardent dans de tels endroits que j'assimile de plus en plus à l'enfer de tous les amoureux de la nature. Aujourd'hui, je ne peux éviter un très long trajet dans cet environnement profondément déprimant puisqu'il me faut bien franchir la crête du Montoncel. Je profite par conséquent de ce pensum pour évoquer des questions logistiques et domestiques sur lesquelles des amis pleins de sollicitude m'interrogent sur mon site et sur les réseaux sociaux.

« Et pour votre linge, me demandent en particulier des dames attentionnées à mon bien-être, comment faites-vous ? Le donnez-vous à laver dans les chambres d'hôtes où vous descendez ? » Je n'ai nulle raison de ne pas répondre à la curiosité compassionnelle de tous ces gens qui me veulent du bien et préfère entrer dans les détails de mon intimité plutôt que ratiociner

ma détestation résineuse. Pour l'essentiel, je suis autonome. Cela signifie que chaque soir je fais, sitôt arrivé
au gîte qui me reçoit, une lessive plus ou moins conséquente. Les chaussettes posent un problème spécifique car elles ne sèchent désormais plus jamais seules
en une nuit. Jusqu'au début de juin, la froidure
ambiante a incité les gens à maintenir le chauffage
allumé, c'est maintenant terminé ; les radiateurs sur
lesquels je faisais sécher mes effets après les avoir lavés
sont éteints. Je me suis trouvé confronté ce matin à
ce délicat et redoutable problème, mes chaussettes
toutes propres étaient aussi trempées qu'après leur
rinçage. Que faire ? Disposant dans le gîte d'un four
à micro-ondes, l'idée singulière de m'en servir me
vient. J'enfourne le vêtement, règle l'appareil au
maximum pour une durée de trois minutes : échec
complet. La méthode serait excellente pour remplacer
un bain de pieds brûlant, elle est nulle s'il s'agit de
connaître la félicité, comme l'archiduchesse, d'enfiler
des chaussettes sèches. Le logis possède cependant
bien d'autres ressources et j'y dégotte un sèche-
cheveux. Ma garniture capillaire étant ce qu'elle est,
je n'accorde en général aucun intérêt à ces engins.
Cependant, il m'apparaît dans un éclair de lucidité
que leur dénomination est purement conventionnelle
et qu'ils sèchent de notoriété publique bien autre
chose que les crinières des femmes et des hommes
chevelus. J'enfile donc chacune des pièces vestimen-
taires en question sur le tuyau de soufflerie de l'appareil dont j'actionne l'interrupteur. Miracle, les
chaussettes se transforment immédiatement en manches à air qui se redressent fièrement (je n'aurais

jamais cru cela d'elles !) et émettent un nuage de vapeur par lequel elles se débarrassent bien vite de toute humidité. Autre avantage, l'odeur de la vapeur témoigne de la qualité du lavage. Je suis sûr que les magasins Au Vieux Campeur, un haut lieu du consumérisme des randonneurs, pourrait vendre des sèche-chaussettes trois fois le prix des sèche-cheveux !

Je n'en ai hélas pas encore terminé après Laprugne avec la région des maudits Bois-Noirs, mais je les avale avec cette vaillance que stimulent des pieds au sec et me dirige vers Noirétable via Chabreloche, une fort longue étape puisque je tiens bien sûr à éviter les axes de circulation importante. À Noirétable, j'ai une nouvelle démonstration des ravages provoqués par l'instabilité des couples dans le monde d'aujourd'hui. Entre le moment où j'ai réservé une chambre d'hôtes dans cette ville, la seule d'ailleurs, et le mois de juin, que croyez-vous qu'il arriva ? Enfer et damnation, le couple qui tenait les chambres d'hôtes se sépara, l'homme et la femme quittèrent la cité chacun de son côté, je ne sais qui garda les arrhes mais personne ne prévint les clients et, bien fatigué, c'est devant un bâtiment fantomatique aux portes et aux persiennes closes que je me casse le nez. Un samedi du mois de juin, proche du solstice d'été, il n'y a plus une chambre d'hôtel libre à cinq lieues à la ronde. Ce sont les parents qui fautent et les enfants de Dieu qui trinquent, on me l'avait assez répété !

Heureusement, la providence dans son infinie bienveillance n'abandonne pas le mécréant. J'apprends que, dans le sanctuaire de Notre-Dame-de-l'Hermitage, les sœurs de La Salette font hôtellerie pour les pécheurs repentants. Je ne suis pas trop sûr de ce dont je devrais me repentir mais suis certainement prêt à le faire. Je téléphone donc en me présentant et m'entends répondre : « Mais êtes-vous le vrai (non, elle n'ajouta pas l'unique…) Pr Axel Kahn ? » Je confirme, et l'affaire est entendue, on me recevra. Un bref trajet en taxi et je suis à l'Hermitage, à 1 110 mètres d'altitude et sur le tracé du GR. L'endroit est isolé, la sérénité qui y règne apparaît propice à l'élévation de l'âme, la vue est exceptionnelle. Je profite de la montée vers ce havre de paix pour réviser bien vite les bénédicités usuels ainsi que les actions de grâces les plus populaires que j'ai appris durant ma pieuse jeunesse.

Je me rends compte tout de suite que ma visite est un événement. Il faut dire que l'âge de la majorité des autres pensionnaires est deux fois canonique, jusqu'à cent ans, et je suis à l'évidence promesse de distraction. Une dame m'interpelle dès mon entrée dans l'Hermitage et épilogue sur mes mollets nus de marcheur ; elle me compare devant les sœurs et usagers à un coq sur ses ergots. J'hésite quant à l'interprétation à donner à cette image avant d'écarter, offusqué, toute ambiguïté : nous ne sommes pas dans un poulailler. L'aumônier de l'Hermitage, un père de La Salette ancien missionnaire durant trente ans à Madagascar et aujourd'hui à la retraite, homme jovial, intéressant et souriant, me réserve la place de choix à table, à sa droite, et le dîner est fort gai. Je sens comme un regret à l'annonce que je compte poursuivre ma route dès 8 heures le lendemain matin, l'on m'aurait volontiers accueilli plus longtemps. Quant à moi, je ressens une vive déception de ce que mes efforts mémoriels s'avèrent inutiles : bénédicité et action de grâces sont passés de mode en ce lieu. Cependant, je déborde de gratitude envers ces saintes femmes et le père dont l'alliance avec le bon Dieu est peu menacée par les querelles humaines, ce qui rend improbable qu'ils mettent eux aussi, comme le couple de Noirétable, la clé sous la porte dans l'indifférence du sort des gens qui s'attendent à être reçus. Dans leur immense bonté, ces femmes et l'aumônier ne manifestent même aucun dépit apparent lorsque je leur avoue – comment mentir en un tel lieu ? – que je n'ai nulle intention de suivre l'étoile au-delà des Pyrénées jusqu'à la basilique dédiée à saint Jacques de Compostelle. De saintes gens, cela ne fait aucun doute.

Les Hautes Chaumes des monts du Forez

Ma journée au départ de l'Hermitage s'annonce sous les meilleurs auspices. C'est aujourd'hui, dimanche 16 juin, la fête des Pères, ce que n'oubliera aucun de mes trois enfants. Ils parviennent tous à me joindre sur mes crêtes solitaires où règne un soleil somptueux. Tôt le matin une sœur me prépare un solide petit déjeuner et un copieux casse-croûte pendant que ses compagnes sont à l'oratoire ; le père aumônier tient à venir me saluer à mon départ. Je fais une première halte moins de un kilomètre après l'hôtellerie pour remplir ma gourde à la fontaine réputée miraculeuse située face au sanctuaire dédié à Notre-Dame-de-l'Hermitage. Cet endroit, jadis consacré à Notre-Dame-du-Désert, est lieu de pèlerinage depuis le XIe siècle. Je ne saurais conclure quant aux vertus supposées de cette eau mais elle est en tout cas merveilleusement fraîche et agréable à boire et je ne puis après tout exclure qu'elle ait joué son rôle dans le miracle de cette étape, une merveille jubilatoire du début à la fin.

La montée depuis l'Hermitage, puis le chemin de crête tant qu'il demeure à une altitude compatible avec la persistance des bois se font dans une forêt naturelle, situation dont j'ai peu eu l'occasion de profiter depuis le Morvan. Ici se mélangent, en proportion variable selon l'exposition, le terrain et l'altitude, des arbres à feuillage persistant (sapins, épicéas, mélèzes, différents types de pins, genévriers, etc.) et à feuillage caduc (hêtres, bouleaux, charmes, trembles à ce qu'il me semble, alisiers, sorbiers, etc.), ces derniers deviennent, plus haut, de petits arbustes ne laissant jamais toute la place aux conifères. Ici, une pelouse diversifiée et fleurie, des myrtilliers, des clairières d'herbes accueillantes pour le promeneur à l'heure de la pause. Là, où règne le pin de Douglas, un parterre acide et stérile envahi dès qu'il pleut par une boue que le sol devenu étanche n'assèche plus. C'est dans ces bois clairs d'où se dégage une printanière énergie que je m'arrête pour déguster l'« en-cas » des sœurs. Le pique-nique léger que j'ai demandé se révèle consister, en fait, en un pantagruélique casse-croûte que j'avale pourtant, affalé dans l'herbe, en bénissant l'hospitalité bienveillante de la communauté de l'Hermitage. J'entreprends ensuite d'en faciliter la digestion par une longue sieste postprandiale, la première autorisée par le temps et la nature du terrain depuis mon départ des Ardennes.

Plus haut, vers mille quatre cents mètres, les arbres se font rares, le terrain et la vue se dégagent au-dessus d'un parterre de myrtilliers et de bruyères fleuries parsemé de pensées sauvages, de pâquerettes, de boutons-d'or, de feuilles de gentiane et même de brins de muguet très tardif encore en grains. Ici et là des arbustes persistent, isolés ou en boqueteaux ; ils donnent aux Hautes Chaumes des cimes foréziennes, ainsi qu'on désigne ces lieux dans la région, un charme irrésistible. Ajoutons la multiplicité des plans lointains nettement découpés dans une atmosphère limpide depuis cette arête dégagée, les monts du Lyonnais et le Pilat à l'est, au-delà de la vallée de la Loire ; le massif du Sancy à l'ouest, la ronde de petits nuages proprets plus décoratifs que menaçants, et, compte tenu de ma sensibilité aux spectacles de nature, on comprendra mon ravissement. Quand je parle de sensibilité, d'autres corrigeront peut-être en avançant le terme de sensiblerie. En effet, j'ai la larme rare dans l'adversité et facile quand l'émotion que crée la beauté m'étreint. À dire vrai se mélange toujours à ces pleurs de joie un peu de tristesse : j'éprouve en effet alors un chagrin infini de ne pas pouvoir partager le bonheur que je ressens avec qui j'ai aimé et aime et qui n'est plus ; ce fut là, il y a bien longtemps, l'origine de mon désespoir subit dans le massif corse de l'Incudine. Cette dilatation de l'âme que l'on éprouve seul se partage pourtant, elle est don et quête qui requièrent un autre, ici ou ailleurs, prêt à recevoir ou à donner. Son absence me laisse alors un peu orphelin.

Je quitte la crête au col de Béal, à un peu moins de mille quatre cents mètres, pour plonger dans la vallée et rejoindre Chalmazel où j'ai en principe retenu une chambre dans une auberge. La descente est longue et, soucieux d'éviter la route du col, j'atterris à plus de cinq kilomètres de l'auberge à laquelle je parviens assez tard dans l'après-midi. Catastrophe, elle est fermée le dimanche ! Les propriétaires sont heureusement occupés à différents travaux de nettoyage, ils admettent avoir totalement oublié ma réservation et me reçoivent ; je suis par conséquent seul et en définitive choyé comme un coq en pâte. Durant la nuit, un vent tempétueux se lève, assourdissant dans la vallée. « Qu'est-ce que ce doit être sur les cimes ! » pensé-je, réveillé par le bruit. De fait, sur les cimes, c'est impressionnant. Du col de Béal où je suis remonté à 8 heures jusqu'à Pierre-sur-Haute, le point culminant de toute ma randonnée, à 1 640 mètres, et en fait par la suite sur la ligne de crêtes entre Auvergne-Puy-de-Dôme et Rhône-Alpes-Loire, je rencontre là le vent le plus puissant que je me rappelle avoir jamais eu à affronter.

Garder l'équilibre est un souci constant, si bien que j'aurais renoncé à grimper si le terrain avait comporté des à-pics. Lorsque cet ouragan m'arrive de face, il rend ma progression difficile, d'autant qu'il parvient même à brouiller la vue. En effet, les lunettes sont menacées d'être arrachées, je dois les ôter. En leur absence, le mélange des pleurs provoqués par l'intensité du souffle et du dessèchement immédiat, qui s'ensuit sous l'effet du vent, me donne l'impression de voir à travers un verre dépoli. De profil, les bourrasques déforment mon visage de manière grotesque. Dans ces conditions, impossible de garder une casquette sur la tête alors que le soleil est vite ardent. Il faut ne rien poser de léger sur le sol qui ne soit arrimé, porte-cartes ou vêtement. Et puis, bien sûr, aucun rempart protecteur n'existe sur les Hautes Chaumes du Forez, presque pas d'arbres, juste des arbrisseaux solitaires et rabougris, pas de paroi rocheuse, juste des ondulations arrondies à une altitude variant entre mille quatre cents et mille six cents mètres. En face, à l'ouest, la chaîne des Puys d'Auvergne est moins élevée, le Cantal sensiblement à la même hauteur, et le massif du Sancy guère plus haut, rien par conséquent ne peut s'opposer à la fureur du vent.

Cela dit, l'orage et la pluie, mon lot assuré en ces lieux, s'ils n'avaient pas été chassés avec virulence, eussent été pires. Je parcours au total les quelque vingt-cinq kilomètres de cette crête en jouissant tout du long d'une luminosité magnifique. Je foule une herbe rase tapissée de fleurs innombrables et singulières en cette saison : tapis de jonquilles de mille quatre cents à mille six cents mètres, narcisses un peu plus bas, touffes de pensées sauvages bleuissant par endroits la prairie, campanules, scabieuses de montagne, quelques brins de muguet dont la floraison demandera encore une quinzaine de jours, pâquerettes et marguerites, boutons-d'or, gueules-de-loup naines, pissenlits, etc. J'ai une passion pour ce parterre fleuri, ainsi qu'un faible pour ces immenses étendues où rien n'arrête le regard. On perçoit alors mieux qu'ailleurs la notion d'infini, et le terme de solitude prend ici une nouvelle dimension, la solitude devient, oserais-je dire, doublement solitaire. Je suis en effet non seulement seul mais, mon regard portant à l'« infini », je n'y vois de plus personne de notre espèce. Mes compagnons sont de petits chevaux curieux, stoïques dans le blizzard, de belles vaches de la race aubrac, des petits arbres, bouleaux nains et pins rachitiques, trônant seuls sur des vallonnements. C'est d'ailleurs entre les branches d'un de ceux-là que je trouve ce qui ne constitue en rien un abri, juste un lieu pour déjeuner recroquevillé aussi près que possible du sol.

En contrebas de la crête je croise plusieurs de ces bâtiments d'estive où se préparent les fromages, des tomes et de la fourme, d'Ambert en Auvergne et de Montbrison dans la Loire. Les premières sont confectionnées dans les célèbres burons à toit aigu, souvent en briques rouges, dont les équivalents dans la Loire sont les jasseries, longues bâtisses au toit beaucoup plus plat, en général de pierres sèches. C'est que, je l'ai déjà noté, on est là juste à la frontière entre l'Auvergne et la région Rhône-Alpes, c'est-à-dire la frontière ancienne du domaine royal qui épouse ici le tracé de la crête depuis des siècles, ce qui explique la différence des traditions à parfois cent mètres de distance.

C'en est maintenant fini pour moi des plus hautes terres granitiques du Forez, entre les volcans d'Auvergne et les monts de l'Ardèche, que je n'ai pas perdus de vue depuis plusieurs jours, voie d'accès à la Haute-Loire et au Velay. Je ne connaissais pas ces lieux, ils sont peu touristiques. J'en ai été ébloui. François Mitterrand avait, je l'ai rappelé, envisagé d'acquérir quelques arpents de terrain sur le mont

Beuvray afin d'y faire installer sa sépulture. Pour ma part, ce serait bien là, dans les Hautes Chaumes du Forez, près d'un petit pin isolé sur une éminence, dans le seul voisinage des troupeaux de chevaux et de vaches de l'Aubrac, que j'aimerais voir blanchir mon squelette pour les siècles futurs. Je m'éloigne maintenant du GR qui continue à descendre doucement par les crêtes pour lui préférer un trajet en contrebas qui me permettra de passer par les villages du Haut-Forez, en débutant par le hameau de Conol à Verrières-en-Forez ce soir, suivant en fait une ancienne voie jacquaire. Les pèlerins demeureront cependant absents, sur ma route aussi bien qu'aux étapes.

L'actualité en chemin : sécession et patriotisme

Après Conol, j'emprunte de petites routes en balcon qui dominent d'entre 700 et 900 mètres la large plaine de la Loire avec la ville de Saint-Étienne en son centre. Au-delà, je retrouve le spectacle découvert sur la crête ces jours derniers, la succession du nord au sud des monts du Lyonnais, du massif du Pilat puis le début du plateau et des monts du Vivarais. Je chemine dans une campagne de piémont aux larges perspectives et découvre des hauts lieux du chemin emprunté jadis par les pèlerins de Compostelle venant de Cluny, d'Allemagne, du Luxembourg, des provinces est de la Belgique et des Pays-Bas : Marols aujourd'hui, Montarcher et Merle-Leignec le lendemain. Ce sont là des villages dont toutes les pierres, les sanctuaires et les calvaires de granit rappellent l'épopée des jacquets. Tous ces endroits sont constitués d'un petit bourg jadis fortifié et dont il demeure des remparts percés d'orifices en forme de serrures pour les tirs des archers, arbalétriers ou arquebusiers. Les maisons carrées ou rectangulaires de deux étages en moyenne sont en granit gris, la pierre du pays, et surmontées de tuiles. Elles sont serrées autour de l'église qui est en général le point le plus élevé du village, de sorte que les pèlerins puissent d'un sanctuaire voir déjà le clocher du prochain village sur leur route. Montarcher est particulièrement remarquable, nid d'aigle perché à 1 150 mètres d'altitude, fréquenté par les Celtes bien avant que les jacquets n'y passent ; en témoigne la découverte en ce lieu d'une étrange statue de déesse mère. Cette voie riche de son histoire et de ses beautés ne comporte pas de difficulté significative, ce qui m'incite à réfléchir au rapport à l'actualité d'un homme qui la suit habituellement de près mais est engagé aujourd'hui dans une aventure dont la recherche de beauté et le partage sont les motivations principales.

Il ne m'a fallu que quelques heures début mai pour que se dissipe ma relative dépendance aux nouvelles et potins du monde et de France, sous l'effet d'une inappétence manifeste et d'une impression générale d'absurdité de la grande majorité des événements à propos desquels le personnel politique se déchire. Les informations qui échappent au dérisoire sont plus rares, elles existent néanmoins, par exemple la guerre en Syrie, les élections en Iran et le renversement du président égyptien Morsi par les militaires. Sur un plan national, je suis attentif aux élections partielles qui témoignent toutes d'un effondrement du Parti socialiste, d'une très faible progression de la droite traditionnelle et d'une impressionnante percée de l'extrême droite nationaliste. Ce sont en effet là des tendances en phase avec ce que, jour après jour, j'observe dans la France rurale et que je propose de désigner par le terme de « sécession ». J'appelle ainsi la rupture d'une partie de la population avec la vie politique ordinaire, l'apparente rationalité de son discours et de ceux qui le tiennent. Au fil du chemin, touche après touche, je me suis efforcé d'identifier les racines de cette attitude.

La principale est sans doute le sentiment de dépossession ressenti par des gens qui pensent avoir perdu la maîtrise de leur avenir, l'assimilation qu'ils font du changement à l'aggravation d'un présent analysé lui-même comme la manifestation d'une incroyable dégradation d'un passé plus ou moins fantasmé. L'exaspération qui en résulte est souvent commune au riche paysan, par exemple le viticulteur champenois, et aux victimes des désastres économiques dont j'ai témoigné. Ce sont là des ressorts d'une perception conservatrice, puisque le monde moderne est associé à la destruction de tout ce à quoi ces gens étaient attachés, que la réforme dont on veut leur chanter les vertus est synonyme le plus souvent de régression et d'un repli sur soi. L'étranger, l'Europe et Bruxelles, l'autre en général, tous se liguent pour détruire leur monde qu'ils idéalisent volontiers comme un pays de cocagne aujourd'hui perdu. Tous témoignent d'une intolérance exacerbée aux incivilités, mot plus juste que celui d'insécurité peu visible à la campagne et dans les petites cités. L'immigration reste là le plus souvent minime mais son évocation à la télévision, souvent lorsque les banlieues et les automobiles flambent, terrorise les possesseurs de biens, même minuscules, craignant d'être les prochaines victimes d'une vague irrésistible qui achèvera de les balayer. Les attaques contre la chasse, les critiques contre ses pratiques agricoles confirment pour cette population que la société moderne a le dessein de détruire les valeurs auxquelles elle est attachée.

Pour cette masse de gens en sécession de la politique « raisonnable », le Parti socialiste au pouvoir est victime d'un discrédit majeur puisqu'il cumule un progressisme sociétal, un européanisme d'origine et une conversion à la nécessité d'une gestion libérale orthodoxe. L'UMP ne peut masquer qu'elle est elle aussi pro-européenne et d'un strict conformisme économique. Le Front de gauche et les mouvements d'extrême gauche sont bien des adversaires résolus de « l'Europe de la finance et des patrons », des défenseurs des laissés-pour-compte, mais leur position vis-à-vis de la sécurité, des étrangers et des immigrés, leur réputation de « partageux » constituent des tares rédhibitoires aux yeux des « sécessionnistes », comme je l'ai expliqué. Un parti qui propose comme avenir à ces citoyens le retour au passé, qui se paye le luxe de dire que l'on peut quitter l'euro et l'Union européenne, ne pas allonger la durée du travail malgré le déficit des régimes de retraite, fermer nos frontières, renvoyer les étrangers chez eux ou, au moins, ne pas les faire bénéficier de la même protection

sociale que les « Français de souche », surfe avec ces
sentiments que je vois partout exprimés. Pour peu
qu'il fasse croire que sa politique musclée de sécurité
assurerait de plus la fin radicale de la délinquance et
des incivilités, ce parti a le potentiel de conquérir des
pans entiers de l'opinion et, demain, du pouvoir. Je
suis souvent atterré du schématisme, voire du mani-
chéisme avec lequel ce phénomène est appréhendé
depuis Paris. Il n'existe certes pas de solution miracle
pour renouer le dialogue avec les sécessionnistes, leur
redonner de l'espoir et de la fierté, au moins ne
peut-on se contenter des anathèmes ; un effort réel
pour comprendre les ressorts de leur mal-être sans
les accompagner dans leurs fantasmes et faire de la
surenchère constitue un point de départ incontour-
nable. En réalité, l'élément déterminant du succès du
Front national chez ces électeurs est la totale incapacité dans laquelle se trouvent conjointement la droite
républicaine et la gauche modérée à leur proposer
avec talent un avenir désirable, accueillant pour leurs
enfants, dans la construction duquel ils pourraient
avoir envie de s'engager en consentant pour cela les
efforts nécessaires.

Confronté à cette réalité difficile d'une partie du
tissu humain de notre pays, des épreuves qu'il a subies
et de leurs séquelles, on peut se demander si l'esprit
dans lequel j'ai entrepris mon périple à travers la
France, ma quête de ses beautés et mon aspiration à
partager les émotions qu'elles suscitent en moi, ne
sont pas en décalage complet avec le monde réel. Je
ne le pense pas et suis à l'inverse persuadé que mon
patriotisme, si je parvenais à le faire partager lui aussi,

pourrait être l'une des clés du problème. Quel vilain mot pour certains que celui de patriotisme dans la France d'aujourd'hui, il évoquerait un nationalisme suranné et étroit. Notez bien que ce trait nous est propre, les Américains sont patriotes, les Chinois aussi et la plupart de nos partenaires européens le sont plus que nous. Ils ont d'ailleurs de quoi car tous s'enracinent dans des nations superbes qui ont apporté à l'humanité des contributions majeures. Je serais américain, anglais, allemand, indien, italien, égyptien ou de tout autre pays, je serais patriote dans le sens où, édifié au sein d'une culture inscrite dans une histoire, j'aurais, comme j'ai concernant la France, conscience du tribut que je lui dois. De plus, du fait de mon profond humanisme, il m'apparaît essentiel que chacun puisse offrir aux autres le témoignage des richesses multiples de la société qui l'a accueilli et au sein de laquelle il s'est construit. Cela vaut aussi pour la construction européenne qui procède bien sûr de tout ce que les nations unies ont apporté individuellement et dont il y a lieu d'être fier. Le mot est dit, je suis fier d'être français, aimerais être fier d'être européen et, si j'étais d'un autre pays, j'en serais fier aussi. Une nation que l'on aime et dont on est fier, on veut la comprendre mieux et en parler, en accroître les attraits et les vanter ; c'est ce que je tente de faire. On a le désir et le plaisir de la faire connaître et apprécier des autres, de les y accueillir. Rien n'est bien entendu plus étranger à l'amour de son pays que le nationalisme xénophobe qui aboutit à en diffuser une image hideuse. Si le patriotisme s'enracinait de la sorte dans la reconnaissance envers sa matrice nationale et culturelle et débouchait sur la volonté de la promouvoir, de la renforcer, et de l'embellir, il insufflerait sans doute à nos concitoyens un allant et un enthousiasme dont nous aurions bien besoin.

Échos lointains de ce que fut la Loire industrielle

Depuis Merle-Leignec, encore sur les hauteurs, une aberration de mon programme de marche me fait descendre droit dans la vallée de la Loire, à Bas-en-Basset. C'est là en effet un détour important pour rejoindre Retournac que j'aurais pu atteindre plus en amont sans difficulté et en une seule journée. De plus, cette erreur m'oblige à terminer mon parcours du jour par un long cheminement dans les lacets interminables d'une petite route goudronnée de montagne. Cependant, une fois enregistrée dans le programme de réservations, une étape se boit jusqu'à la lie, qu'il pleuve, vente, grêle, tonne, que la tempête souffle ou que cette étape soit absurde, comme celle d'aujourd'hui. Moyen confirmé pour combattre l'ennui, je m'évade par conséquent à nouveau dans les taillis de ma pensée et me remémore le témoignage du couple qui m'a reçu à Merle-Leignec. Lui a occupé durant des décennies des postes de cadre dans l'industrie stéphanoise et les entreprises environnantes et m'en rappelle l'épopée avec nostalgie. Je suis à ce point absorbé par le souvenir de ce récit que ma vigilance du chemin est, une fois de plus, prise en défaut. Il y a, à l'ouest de Valprivas, une vallée profonde formant des gorges de près deux cent cinquante

mètres de haut au fond desquelles coule la rivière, ici torrentielle, l'Andrable. Le premier pont qui permet de la franchir se situe à environ cinq kilomètres en dessous de Valprivas, sinon aucun chemin ne passe cette zone terriblement escarpée et, par endroits, dangereuse. Mis en confiance par le trajet en principe sans problèmes et perdu dans mes réflexions, je fais bien sûr la seule chose qu'il ne fallait à aucun prix que je fasse, je plonge dans le trou en forme d'oubliettes que constituent les gorges de l'Andrable. Je suis bien un peu surpris que la pente devienne de plus en plus raide, le chemin de plus en plus incertain, se résolvant vite en plusieurs sentes plus escarpées les unes que les autres. Enfin, persévérant dans l'inconscience, je parviens à la rivière cascadant entre des cuvettes rocheuses superposées. Plus de chemin, ni sur ma rive ni sur l'autre. De toute façon, le torrent est infranchissable. Le retour pur et simple sur mes pas eût été la meilleure solution, celle que j'ai toujours préconisée en de tels cas. Mais je suis tant descendu que je renâcle à remonter une telle hauteur sur un chemin si pénible ! La combinaison de la crainte d'un tel effort et de ma réticence constante à revenir en arrière m'amène à privilégier la pire des solutions : tenter de passer malgré tout. Hélas, toutes les pistes explorées aboutissent à des à-pics, à des barrières rocheuses, à des culs-de-sac. Finalement, je remonte, buvant là encore le calice jusqu'à la lie. Décidément, l'effondrement des industries stéphanoises et du reste du département de la Loire fait encore sentir ses conséquences même en des aspects inattendus.

C'est que l'effondrement a été spectaculaire, en effet. Rappelons-nous ! Après guerre, le département de la Loire concentre d'importantes mines de charbon dans la vallée de l'Ondaine et jusqu'aux portes de Saint-Étienne ; la manufacture d'armes, l'une des plus importantes du pays, Manufrance ; la sidérurgie-fonderie-chaudronnerie de Creusot-Loire ; les nombreuses entreprises d'outillage, clés et serrures, petit matériel métallique divers ; la Compagnie des ateliers et forges de la Loire à Firminy, avec ses laminoirs parmi les plus importants du pays ; le textile de Roanne ; l'industrie du bois, étayage des galeries de mines et mobiliers divers, etc. Mon hôte d'hier témoigne à sa façon de cette impressionnante déprise industrielle : « Vous savez, monsieur Kahn, jadis, dans la vallée et sur les hauteurs du Forez, ce ne sont pas les cloches des églises sonnant les différents offices de la journée qui nous renseignaient sur l'heure, c'étaient les sirènes des nombreuses usines de la région, aux tonalités toutes différentes, lorsqu'elles signifiaient la pause méridienne ou la fin de la journée de travail, chacune selon ses règles propres. Écoutez maintenant ! Rien, plus même les cloches, il faut regarder sa montre ! » En effet, les mines fermèrent les premières, la sidérurgie entama sa descente aux enfers, les aciéries débauchèrent, la manufacture d'armes stoppa sa fabrication, Manufrance connut la faillite, le textile fut balayé, la plupart des scieries et entreprises de transformation du bois disparurent, les plus petites sociétés de mécanique et d'outillage délocalisèrent ou furent rayées de la carte.

Aujourd'hui, on estime à au moins quatre-vingt-dix pour cent de l'effectif initial le total des pertes d'emplois industriels. Heureusement, certaines activités persistent, ce qui laisse la Loire dans une meilleure situation que, par exemple, les Ardennes. Casino, créé à Saint-Étienne par la famille Guichard, n'est plus une entreprise familiale mais reste un grand de la « grande distribution », de petites sociétés se sont spécialisées dans des créneaux particuliers de la fabrication d'objets métalliques, etc. La plus belle réussite est sans doute celle de la société Obut, leader incontesté de la boule de pétanque installé à Saint-Bonnet-le-Château. La ville de Saint-Étienne a beaucoup investi pour être reconnue comme la capitale mondiale du design. Cependant la même question lancinante ressurgit ici : quelles activités permettront de relancer demain l'emploi ? Les services ? Mais ils sont très dépendants du pouvoir d'achat de la population, en ce qui concerne les services privés, et des finances de l'État dans le cas des services publics. D'un point de vue plus global, la question qui se pose aux départements français de la Marne, de la Moselle, de la Loire et à tant d'autres : dans la répartition mondiale du travail, quelles richesses primaires, réelles, seront-ils capables de créer ? De la réponse à cette question simple dépend pour l'essentiel l'avenir.

Sud, musique et solstice

À mon départ de Bas-en-Basset, je cherche à transformer l'idée bizarre qui m'a pris de faire ce détour en une occasion de mieux connaître cette portion de la vallée de la Loire en aval de ses gorges, de découvrir ce qu'un itinéraire normal ne m'aurait pas permis de voir. J'y parviens en visitant, peu après mon départ, la très intéressante église romane Saint-Jean de Beauzac, à cinq kilomètres de là. Je remonte ensuite sur les bords du plateau avant de plonger à nouveau sur le fleuve et Retournac où je parviens en milieu de journée. J'ai de la sorte le temps d'explorer, l'après-midi, le versant nord-ouest des gorges de la Loire alors que demain mon étape débutera par le versant sud-est. Or le site mérite incontestablement qu'on s'y attarde car il est fort différent de tout ce que j'ai vu jusque-là. Les éminences et les monts d'origine volcanique, tout d'abord, prennent volontiers, en Haute-Loire et en Ardèche toute proche, une forme de sein juvénile, régulier et harmonieux, ou de pain de sucre, dénommé dans la région le « suc ». Le mont Gerbier-de-Jonc où la Loire prend sa source à quelques dizaines de kilomètres au sud-est du Puy, en Ardèche, en est une illustration magnifique. Ces mamelles sont posées sur un socle plan, un thorax basaltique en quelque sorte. La Loire, qui prendra plus en aval ses aises dans de larges vallées, est en revanche enserrée en amont de Beauzac dans des gorges où elle dessine quelques méandres. Si ceux-ci ne peuvent bien sûr rivaliser avec ceux de la Meuse par lesquels j'ai commencé mon périple, ils se déploient pourtant dans un paysage très pittoresque et de toute beauté.

Ici, pas d'entaille à l'emporte-pièce dans un bouclier comme celui des Ardennes, un cours dans un relief plus évasé dont l'élément caractéristique est fourni par ces demi-oranges volcaniques posées sur la tranche, pour prendre une autre comparaison. À une lieue environ de Retournac, sur la rive nord-est et au-dessus d'un méandre du fleuve, on trouve les ruines du château féodal d'Artias perchées sur un mamelon arrondi dans la manière des sucs. Les murailles délabrées dont on pressent qu'elles abritent des oiseaux de proie se dressent à côté d'une chapelle guère mieux conservée au sommet du relief, hiératiques dans la lumière claire de cette région déjà méridionale. Elles dominent de plus de cent cinquante mètres le fleuve qui miroite en cette fin d'après-midi où je les visite sous l'effet de la lumière rasante du soleil déclinant, elles en accrochent des reflets qui interfèrent avec l'illumination directe des vieilles pierres pour produire une sorte d'irisation accroissant l'aspect fantomatique de l'ensemble.

La journée n'a pas fini de me réserver de belles sensations. Le soir, je termine de rédiger mon billet du jour sur la terrasse de l'auberge où j'ai fait étape en bord de Loire à Retournac, pendant qu'un orchestre tonitrue en contrebas en ce jour de solstice d'été et de fête de la musique. Je sirote en même temps une bière et, me sentant délicieusement bien, je lève de temps en temps le nez à la recherche d'inspiration ou seulement pour aspirer une grande bouffée du bonheur ambiant. C'est alors que, de façon très fugace, j'observe un embrasement de gloire du ciel maintenant tourmenté sur la ligne des sucs dominant la Loire au sud-est. Vite, mon appareil photo, l'image est dans la boîte et, en deux minutes,

sur les réseaux sociaux. Je ne me lasse pas de la
regarder et laisse alors vagabonder mes rêves éveillés.
J'imagine une toute belle jeune femme allongée sur la
ligne de l'horizon, la silhouette de sa fière poitrine
encore adolescente se dessine dans un maelström de
lumière engagée dans un rude combat contre les ténè-
bres, avec des giclées de rouge orangé dans des volutes
sombres qui empruntent toute la gamme des bleus,
violets et mauves, quelques éclats plus clairs de jaune
et des franges vertes. Cet instantané vaut toutes les
descriptions littéraires de ce que j'entends par l'émotion engendrée par la beauté et la joie qui en découle.

Une autre donnée de la contrée où je marche depuis
quelques jours est qu'elle appartient sans conteste au
Sud, tout concourt à le démontrer : la lumière, la végétation lorsqu'on descend dans la vallée, l'accent des
habitants et leur convivialité naturelle. Bien sûr, cela
ne s'est pas fait d'un seul coup, sauf peut-être pour
l'accent dont les fortes caractéristiques stéphanoises
dominaient encore dans le sud du Haut-Forez. Passant
en un millier de kilomètres de l'extrême nord-est des
Ardennes à la Haute-Loire, j'ai franchi des frontières
symboliques, celles des régions, de la ligne de partage
des eaux entre la Seine et la Loire, de la langue d'oïl
à la langue d'oc, de la plaine à la montagne, etc. J'ai
vu aussi les comportements se modifier, tout en restant
prudent sur ce point car cela est allé de pair avec une
amélioration du temps dont l'influence sur l'accès aux
personnes et sur leur humeur n'est plus à démontrer.
Il n'empêche, pour être moi-même champenois, je sais
que les habitants des petites cités et des villages de ma
région ne vont pas naturellement vers l'étranger, que

l'on vit essentiellement chez soi et entre soi. J'ai raconté mes aventures lorsque, restant des heures à marcher sous la pluie et réduit à avaler mon sandwich dans les abribus, personne ne m'a jamais dans le Nord-Est proposé une solution plus confortable. Dans le Sud, le climat permet mieux la vie à l'extérieur, dans l'espace public, et ainsi de se développer, et la tradition a conforté cette pratique qui facilite les interactions avec les voisins et la plus grande proximité avec les étrangers (pas dans le sens ethnique, dans celui plus général de qui vient d'ailleurs, même du canton voisin). Ma relation avec des habitants croisés qui n'avaient jamais entendu parler de moi et du projet que je réalise a commencé à changer approximativement dans l'Allier, où plus de personnes ont commencé à m'interpeller spontanément, à s'enquérir de mon état, à m'indiquer où me procurer de l'eau fraîche, à se déplacer pour me montrer plus sûrement le bon chemin lorsque je m'en inquiétais.

Aujourd'hui, une étape a été franchie. Passant devant un monsieur sur une échelle occupé à ramasser ses cerises (mais oui, elles sont mûres !), j'engage la conversation avec lui en lui demandant si c'est par peur des nuées d'étourneaux ou des merles qu'il les cueille à peine à maturité, ce qu'il me confirme. Je sollicite alors son autorisation de prendre sur l'arbre un fruit à portée de ma main. Il me propose plutôt de m'en donner une poignée. Sa femme sort à ce moment-là avec un sac en me demandant d'attendre, qu'elle allait m'en chercher d'autres. L'homme descend de son échelle et met dans le sac tout ce qu'il vient de cueillir. Je dois protester pour ne pas emporter toute sa cueillette. Bien sûr, ce sont là une chaleur et une générosité individuelles qu'il n'est pas question de généraliser. Pourtant elles sont sans doute moins surprenantes ici, au sud, qu'ailleurs, ce qui ne me conduit pas, cela va sans dire, à proposer que les qualités morales d'altruisme seraient fonction de la latitude. En revanche, oui, la spontanéité de l'interaction avec l'étranger n'est en moyenne pas la même au nord et au sud. Et je suis désormais au sud.

Affronter les « bavantes », mériter les volcans

De Retournac au petit hameau de Ceneuil, où j'ai décidé de faire halte ce soir-là et d'où je rayonnerai le lendemain, le GR offre au marcheur des points de vue inoubliables sur les gorges de la Loire et sur les hauts plateaux qui les dominent, il exige pour cela du chemineau de n'être pas avare de ses efforts. C'est d'ailleurs là l'une des règles des GR, connue des randonneurs. En dehors de la *via podiensis* de Compostelle où je m'engagerai bientôt et qui est plutôt facile, l'objectif de ces chemins n'est pas de minimiser les difficultés, excepté en haute montagne où les passages exigeant des connaissances d'escalade sont en général évités. Sinon, les responsables des tracés ont surtout une hantise marquée du macadam. Ils n'hésitent par conséquent pas à imposer aux randonneurs de grimper de plusieurs centaines de mètres, de les redescendre, de parcourir vingt kilomètres pour éviter un tronçon de route de huit kilomètres ; ce sera le cas aujourd'hui. Lorsque la voie bitumée monte ou descend par des pentes de huit à dix pour cent, le GR coupe chaque fois que possible les lacets par des sentes atteignant trente à trente-cinq pour cent d'inclinaison. Alors que la ligne droite de macadam est honnie, celle dans la ligne de plus grande pente d'un chemin pierreux ou boueux, au milieu duquel dévale un torrent par temps de pluie, est à l'inverse fort prisée. Quiconque s'engage dans un jeu, et randonner en est un par certains aspects, est tenu d'en respecter les règles, sinon il est un tricheur. Ainsi, éviter les difficultés notables d'un tracé de GR en choisissant le chemin le plus direct et confortable serait une tricherie amenant à l'exclusion du contrevenant de la belle famille des randonneurs épris d'absolu. De ce fait, tout GR qui se respecte comporte des « bavantes », terme consacré par tous les adeptes de ce type de chemin. Une bavante n'est rien d'autre qu'une portion de sentier où l'on en bave.

Lorsque la pente est marquée, égale voire supérieure à trente pour cent sur une grande distance, le terrain malaisé, la progression réclame des efforts conséquents, parfois de la souffrance, surtout avec sur le dos un sac de plus de dix kilos. Marcher en terrain peu accidenté, je l'ai rappelé, n'est pas un sport exigeant sur les plans cardio-respiratoire et musculaire. Seules la fatigue générale et les douleurs intercurrentes doivent le cas échéant être surmontées. S'élever en terrain très pentu exige en revanche un effort violent qui doit être soutenu et dont les limites dépendent de trois éléments : le souffle, le pouls et les muscles. Chez quelqu'un d'entraîné, les crampes musculaires deviennent rares mais sont toujours

possibles, le rythme cardiaque n'est qu'un des paramètres de la capacité cardio-respiratoire et n'est pas
perçu comme limitant. C'est donc le souffle qui
commande. La vitesse ascensionnelle qu'il est possible de maintenir dépend bien entendu des personnes et de leur niveau d'entraînement. Elle est
aujourd'hui indiquée sur les montres-altimètres et les
appareils GPS qui établissent aussi les moyennes sur
un parcours donné. Tous les randonneurs montagnards possèdent au moins l'un de ces appareils.
Jeune, j'étais un grimpeur très performant et en ai
conservé « de beaux restes ». Lorsque la pente est
régulière et soutenue, je monte sans difficulté de cinq
cents mètres par heure et jusqu'à six cents quand je
force. Il n'empêche, c'est alors une bavante sérieuse
qu'il est bien plus facile d'avaler en début qu'en fin
de journée. La déperdition en sueur est toujours
considérable, mieux vaut avoir une gourde pleine.

De Retournac à Ceneuil, les responsables de GR
se sont efforcés d'être à la hauteur de leur réputation.
Cela débute par une ascension d'environ deux cents
mètres sur les flancs droits de la vallée, par des chemins étroits dont certains ont été annexés par les
amateurs de moto trial, si bien que le marcheur en
est réduit à poser ses pieds sur les deux bourrelets
entourant la profonde rigole boueuse taillée par les
engins au milieu de la sente. Le tracé redescend
ensuite sur le fleuve à Chamalières-sur-Loire, le retra-
verse et entame sans tarder l'ascension du mont
Miaune sur le flanc gauche, soit une grimpette au
départ fort raide d'environ quatre cent cinquante
mètres pour déboucher sur les bords du plateau du

Velay, près du village de Roche-en-Régnier et de sa tour. De là, on replonge tout de suite sur la Loire à Vorey, d'où on remonte par un chemin plus calme vers le suc de Ceneuil et le hameau éponyme en contrebas. Une bien belle étape, en somme, qui me conduit en un point stratégique pour explorer le lendemain les volcans du Velay. Je n'ai pas triché, je promets.

J'avais imaginé, en préparant mon parcours, me reposer ce dimanche 23 juin, pour la première fois depuis ma remise en route à Bourbon-Lancy, douze jours auparavant. J'avais en effet repéré que la chambre d'hôtes retenue, *Les Pierres bleues*, se trouvait dans un endroit magnifique, sur une butte entre la rive gauche (nord) de la Loire à l'est et le rebord du plateau du Velay à l'ouest, dans une zone d'effondrement géologique, l'Emblavez. De plus, les images du logis sur son site l'annonçaient superbe, dans une grande demeure typique du pays avec ses murs en basaltes de types divers, certains bleutés, d'où le nom de la propriété. Je ne pouvais savoir qu'Annie et Jean-Pierre, qui s'occupent de l'établissement, étaient de plus des hôtes accueillants et dynamiques, qu'Annie est un cordon-bleu rare et qu'elle vaut tous les syndicats d'initiative du coin, d'autant plus que ces derniers ont jugé opportun de fermer le week-end, les seuls jours où il peut y avoir des touristes en dehors des vacances. Au total, faire la pause en un tel endroit m'apparaissait une excellente idée. Cependant mon expérience depuis mon départ m'a amené à changer d'avis : le repos ne me vaut rien, ou alors comme l'entendent les coureurs du Tour de France : ces jours-là, ils roulent… un peu. Tout est dans ce dernier mot, un peu. Je demande par conséquent conseil à Annie qui, prévenante, me propose un petit circuit de treize kilomètres. Le chiffre porte assurément malheur, je fais une contre-proposition : aller sur le plateau, près de quatre cents mètres au-dessus de la plaine de l'Emblavez, pour en apprécier l'atmosphère générale, voir ses vestiges volcaniques et visiter la collégiale de Saint-Paulien, réputée sur l'un des trajets des pèlerins de Saint-Jacques. La cité est à quinze kilomètres de Ceneuil par le sentier emprunté, cela ne fait pas treize mais plutôt trente kilomètres pour qui désire revenir au gîte goûter les délices culinaires de l'hôtesse. Trente kilomètres, à condition de ne pas se perdre et de privilégier le chemin le plus court. Ce sera sensiblement plus. Journée de repos quand même puisque mon sac à dos est presque vide. Journée faste aussi, mes nouvelles chaussures ont apprivoisé mes pieds, la promenade du jour me le confirme. Je dis bien que les chaussures ont apprivoisé les pieds, certes pas qu'elles s'y sont faites. D'une marque allemande des plus célèbres, mes souliers sont un brin raides, on les prend tels qu'ils sont, ce n'est pas à un article *made in Germany* de s'adapter.

Mon trajet de ce jour me mène sur le vaste plateau du Velay dont l'altitude moyenne est de 850-900 mètres, sauf sur ses bords où il se relève à plus de 1 200 mètres. De structure composite, sa formation repose sur des phases volcaniques qui se sont échelonnées entre il y a dix-huit millions d'années et douze mille ans et qui ont remodelé un plateau granitique érodé datant du hercynien, il y a trois cents millions d'années. J'imagine en parvenant à son niveau le magma des couches profondes du manteau qui force le passage de la roche granitique, s'insinue par les failles mais est si visqueux qu'il n'entraîne pas d'éruption vraie et forme en surface des bulles régulières, les sucs d'aujourd'hui. Ailleurs en Haute-Loire existent des volcans plus typiques pourvus de leur cratère, à la manière de ceux de la chaîne des Puys du Puy-de-Dôme, plus jeunes. Quoi qu'il en soit, le matériel rocheux le plus directement accessible est ici soit le granit affleurant en certains endroits comme à la limite du Haut-Forez, soit surtout des roches volcaniques, basaltes plus ou moins denses, certaines proches de la pierre ponce sombre et aérée, d'autres marron tirant parfois sur le rouge, certaines très compactes, d'une couleur variant du clair bleuté à un brun foncé presque noir, semblables à de la pierre de Volvic. C'est là le matériel typique des constructions vellaves, de grandes bâtisses carrées de deux ou trois niveaux dans lesquelles les locaux pour les animaux étaient jadis sous le même toit que les pièces d'habitation, comme d'ailleurs dans les bâtisses granitiques du Haut-Forez. L'église romane de Saint-Paulien est construite dans le même matériau qui lui confère un aspect moins austère que celui des superbes édifices religieux de Clermont-Ferrand, la cathédrale et Notre-Dame-du-Port par exemple. Dire que j'aurais manqué tout cela si je m'étais sottement contenté de me reposer durant cette journée de… repos.

Destruction créatrice ou destructrice, volcanisme

Je crois, à mon départ de Ceneuil en direction du Puy-en-Velay, avoir renoué avec les conditions météorologiques des débuts de mon chemin : grande fraîcheur, noroît piquant, bruine. C'est à ce moment qu'un rayon de soleil auréole le suc à l'ouest de Ceneuil d'un arc-en-ciel majestueux et complet qui, au sud, semble émerger de la prairie. Qu'annonce-t-il ? Rien de bien réjouissant sur le plan du temps de la journée, cela se confirmera. J'avance à grands pas car je désire atteindre Le Puy pour déjeuner et que c'est là aussi le moyen de me réchauffer. Perdu dans mes pensées, une question m'obsède : dans la Bible, Yahvé présente à Noé, rescapé du déluge, l'arc-en-ciel comme la manifestation d'une nouvelle alliance entre lui et toutes ses créatures. En ce début d'été en Haute-Loire, est-il à nouveau un heureux présage ? Si le Dieu des Hébreux désirait satisfaire aujourd'hui l'homme et l'un d'entre eux en particulier, le penseur soucieux, il annoncerait par des signes intelligibles la prochaine relance économique de toutes les régions ravagées par les crises industrielles et financières. Il y a là en effet tant d'humains qui ont vu disparaître leur univers, celui dans lequel ils avaient conquis le droit de travailler et de vivre dignement, à l'horizon duquel aucun lendemain ne chante plus, que montrer sa puissance en leur redonnant un avenir eût été sans aucun doute une manifestation de la miséricorde du Très-Haut.

Le grand économiste libéral austro-américain Joseph Schumpeter pensait peut-être que les desseins bienfaisants de Yahvé empruntaient les rouages du capitalisme pour se manifester. Les fermetures d'usines et destructions d'emplois accompagnant des restructurations industrielles inévitables et nécessaires seraient le prix à payer pour voir se créer de nouvelles entreprises intégrant les acquis des innovations les plus récentes et dotées d'un important potentiel de développement ; elles seraient de la sorte une manifestation de la providence et une promesse de travail pour un grand nombre de citoyens. Depuis son énonciation, la notion de « destruction créatrice » constitue l'un des concepts de base de la pensée libérale dans le champ de l'économie. De fait, l'histoire des deux siècles passés a permis d'illustrer ce concept par maints exemples, du passage de la locomotive à vapeur au TGV, des photographies argentiques aux images numériques, etc. Alors, selon cette analyse pleine d'optimisme, un futur brillant attend-il les populations privées de leur gagne-pain dans les Ardennes, en Moselle ou dans la Loire ? Hélas, la notion de « destruction créatrice », même si on l'accepte, s'est mondialisée elle aussi, comme les flux commerciaux et financiers, et la création post-destructive se fait de plus en plus souvent à des milliers de kilomètres du lieu de la destruction, si bien que, pour une région ou un pays particuliers, la destruction est en réalité destructrice : disparition des entreprises, saccage du tissu social et effondrement des perspectives de rebond. La solution offerte par la mobilité des personnes, outre qu'elle précipite la désertification de zones entières du territoire, est déjà difficile au niveau national, très limitée au niveau européen et impensable s'il s'agit de proposer aux Stéphanois d'apporter de la main-d'œuvre au développement de nouveaux sites de production en Asie.

Si ni Yahvé ni saint Jacques au Puy et à Compostelle ne sont en mesure d'imposer une solution humaniste à ce drame terrible, c'est bien aux humains que cela revient. J'en ai examiné déjà les difficultés redoutables. Compte tenu du tour pris par l'économie mondiale depuis la première moitié du XXe siècle lorsque Schumpeter proposa sa formule, la destruction est toujours locale, la création, au mieux, mondiale. Or, si les ordres de vente et d'achat transitent à la vitesse de la lumière sur toute la surface de la planète, il n'en va pas de même des travailleurs. Bien entendu, dissipant les illusions aux relents racistes d'un temps, l'innovation aussi s'est mondialisée et n'est plus l'apanage des nations anciennement industrialisées, si bien que le partage des tâches un temps proposé (la matière grise au nord, l'exécution au sud) a fait long feu. De ce fait, dans la réalité des situations aujourd'hui, la destruction n'est presque plus jamais créatrice pour une région ou un pays ; à moins d'être envisagée comme l'adaptation ou la transition d'une production obsolète vers un nouveau type ou mode d'activité offert aux employés de l'ancien, nonobstant la formation nécessaire, elle n'est plus que destruction. Si le rôle du politique est de s'efforcer de garantir au mieux l'avenir des citoyens et de leurs enfants, il n'est plus acceptable qu'il se réclame de notions ayant cessé d'être valides et qu'il délègue sa responsabilité aux grands prêtres intéressés d'une religion économique dont j'ai rappelé dans mon dernier ouvrage[1] la constitution relativement récente.

Accaparé par ces considérations, je quitte une fois de plus le bon chemin et me retrouve au sommet de la butte sur laquelle trône l'imposante forteresse de Polignac ; il n'était nullement prévu que j'y passe. De là, je ne puis voir Le Puy, à six kilomètres seulement mais qui est masqué au fond de sa cuvette, et je désire éviter les deux routes à la circulation intense qui y conduisent par des trajets opposés. J'erre lamentablement par des sentes improbables avant de parvenir enfin sur le rebord nord de cette cuvette, la ville à mes pieds. Si cet effort supplémentaire et mon déjeuner de ce fait très tardif étaient des prix à payer pour attirer l'attention du Très-Haut sur les questions qui m'ont obnubilé, ils seraient bien légers. Je crains hélas que tel ne soit pas le cas, que l'arc-en-ciel du départ ne soit en définitive qu'un vulgaire phénomène météorologique provoqué par l'effort sans suite du soleil pour apporter un peu de chaleur et de lumière à des territoires transis dans la brume.

Les phénomènes volcaniques, contrairement à l'économie libérale, n'opèrent pour leur part qu'à l'échelle locale, si bien qu'ils offrent un superbe exemple de destruction créatrice authentique dont la région du Puy-en-Velay offre un saisissant exemple. La grande cité vellave occupe un bassin d'effondrement datant du plissement alpin au tertiaire, remodelé il y a quelques millions d'années par des phénomènes volcaniques qui lui ont conféré son aspect tourmenté

---

1. *L'Homme, le Libéralisme et le Bien commun*, Stock, 2013.

actuel ; je l'embrasse du regard avant de descendre dans la ville depuis le bourrelet qui la borde. Le fond de l'ancienne cuvette s'est hérissé d'éminences plus ou moins coniques, morilles basaltiques qui ont levé dans une marmite infernale et sur lesquelles se dressent maintenant la ville et certains de ses monuments : l'église Saint-Michel sur la commune d'Aiguilhe et la statue de Notre-Dame de France sur le rocher Corneille. Ces très singulières structures se sont formées, pense-t-on, à l'occasion d'éruptions volcaniques survenues en milieu aqueux. Le magma se serait infiltré par les fissures apparues dans le socle granitique ancien lors du soulèvement alpin et pyrénéen, les dykes. Après un stockage plus ou moins long dans des chambres à magma sous le manteau, son arrivée en surface mais sous l'eau aurait provoqué des explosions avec projection de poussières et blocs en fusion qui, retombés presque sur place, se seraient agglomérés en colonnes basaltiques, les necks, entourées de sédiments lorsque la cuvette s'est asséchée. L'érosion ultérieure les aurait ensuite dégagées… permettant aux humains, sans doute depuis les Celtes, peut-être même le paléolithique, d'y localiser des lieux de culte. Imaginons, pour en finir avec la métaphore de la destruction créatrice de Schumpeter, que les éruptions aient été d'une incroyable violence, projetant les matériaux à des centaines de kilomètres. Sur place on ne distinguerait alors plus que les cavités laissées par les explosions, une destruction pure qui n'aurait sur place engendré aucune création.

Le plus ancien monument, le plus beau aussi selon moi, est la basilique Saint-Michel bâtie au Xe siècle sur le rocher d'Aiguilhe. On y accède par un escalier taillé dans la roche volcanique dont on a de la sorte toute latitude pour étudier la structure hétérogène. On pénètre dans le petit édifice roman par un beau portail surmonté d'un linteau aux sirènes affrontées qui supporte un tympan décoré des fines arabesques d'une frise de rinceaux. Un arc polylobé s'appuie sur la frise, il témoigne de l'influence évidente de l'architecture des Omeyyades de Cordoue diffusée par les pèlerins de Compostelle. La façade est éclairée par une mosaïque de pierres polychromes qui contraste avec la pénombre régnant dans l'édifice une fois passé le porche entouré de deux chapiteaux aux feuilles d'acanthe. Il m'est facile d'imaginer l'émotion des croyants qui, déjà éblouis par la majesté de la vue du Puy qui s'offre à eux au sommet du rocher, parviennent après une dure montée en ce sanctuaire d'une élégante et simple splendeur, sans doute propice au recueillement et à la méditation. Sa construction est le résultat d'un vœu de l'évêque du Puy Godescalc, l'un des premiers pèlerins de Saint-Jacques-de-Compostelle en l'an 950.

J'ai décidé de faire halte une journée entière au Puy afin de m'en imprégner. Cette cité mariale depuis le XIIe siècle est aujourd'hui surtout celle du pèlerinage, son évocation est partout présente, dans le nom des magasins et des auberges, dans celui des rues, des panneaux nombreux, des expositions. La vieille ville médiévale s'abaisse en gradins autour de la cathédrale Notre-Dame-de-l'Annonciation à laquelle on accède par un escalier monumental. Cet imposant édifice roman, un peu lourd et plusieurs fois remanié, jouxte un cloître du XIIᵉ siècle où je retrouve l'influence hispano-mauresque dans la belle mosaïque de grès clair et de lave calcinée en losanges rouges, ocre, blancs et noirs qui décorent les arcs de plein cintre. En réalité, Le Puy n'était jadis qu'une étape importante sur l'une des quatre voies françaises vers Compostelle recensées par un guide du pèlerin de 1140 : celle de Paris-Tours-Saintes, issue d'une reconversion en trajet du pèlerinage de saint Martin ; une voie Vézelay-Limoges-Périgueux, que j'ai déjà évoquée ; une autre Arles-Toulouse ; et enfin la « voie de Cluny et des Teutons », par Le Puy-Conques-Moissac. Ce chemin du Puy bénéficiait certes de l'importance des relations entre l'abbaye de Cluny et le diocèse du Puy mais ne pouvait prétendre à aucune prééminence sur les autres routes. Sa position actuelle de point de départ principal depuis la France des pèlerins de Saint-Jacques résulte de l'habile politique des élus successifs de la capitale vellave depuis la remise à l'honneur de ce pèlerinage il y a quelques décennies.

Ma soirée au Puy est occupée par une conférence publique sur le thème de la beauté, suivie par un dîner offert par les membres d'un club de la ville, riche occasion comme toujours de m'informer de la situation socio-économique locale. La Haute-Loire et le Velay font partie de ces régions qui n'ont jamais connu de fort développement industriel, ce qui leur a épargné le pire des conséquences de la déprise industrielle. Dans ce département de tout temps habitué à vivre avec des ressources agricoles chiches, un artisanat traditionnel a çà et là résisté, quoique la dentelle du Puy soit aujourd'hui brodée par des machines chinoises plutôt que par les dentellières ponotes ou altiligériennes. De même, de la tradition de la tannerie vellave, il ne reste que de rares entreprises employant quelques dizaines de personnes. En revanche, certaines implantations industrielles dans les environs du Puy résistent pour l'instant plutôt bien : tel est le cas d'une usine Michelin (les Ponots sont plus heureux que les Tourangeaux !) et d'une unité de production du groupe pharmaceutique Merck Sharp & Dohme-Chibret. À remarquer que ces deux sociétés sont fortement implantées à Clermont-Ferrand, qui est bien relié au Puy et appartient à la même région Auvergne que lui, ce qui témoigne sans doute d'un choix stratégique des deux entreprises en question, peut-être pour Michelin d'un certain patriotisme auvergnat. Les Altiligériens, population de vieille tradition catholique, ont aussi la réputation de travailleurs dociles et durs à la tâche. Du point de vue agricole, les terres des hauts plateaux du Velay et de la Margeride ne sont guère propices qu'à l'élevage, encore assez largement consacré à la production laitière, et, en certains sites volcaniques, à la culture des lentilles vertes du Puy. Seules les plaines d'effondrement de Bas-en-Basset et de l'Emblavez, plus accessoirement celle du Puy, permettent une agriculture un peu plus diversifiée.

IV

Du Puy à la fontaine de Roland,
dans le flot des pèlerins

Sur la via Podiensis, *sur les traces de la bête*

Le couple en charge de la maison d'hôtes où j'ai logé au Puy est habitué à recevoir des pèlerins débutant là le trajet qui les mènera plus ou moins loin sur la route de Compostelle. Je note leur évident désappointement lorsqu'ils me demandent ma crédential (ou créantial) afin de la tamponner et que je leur avoue n'en pas posséder. Ils manifestent même une certaine incompréhension de ce qu'un marcheur qui se dirige vers les Pyrénées par la *via Podiensis* songe à s'y aventurer sans ce carnet du pèlerin que possèdent tous les jacquets modernes en lieu et place des sauf-conduits épiscopaux d'antan. Cet étonnement fait place à une visible désapprobation de mon refus d'être conduit pour 8 heures le matin à la cathédrale afin d'y recevoir, avec une petite centaine de pèlerins en cette période de l'année, la bénédiction de l'évêque ou d'un de ses collaborateurs. Après avoir fait leurs dévotions, en particulier à la belle statue en bois du saint, les jacquets s'élancent ensuite sur le chemin. J'ai dit mon profond respect pour les croyants, d'autant que jeune, j'étais l'un des leurs. Cependant, c'est là pour moi une incitation à refuser tout faux-semblant qui me semblerait désinvolte à leur égard. Il ne serait pas correct pour moi de feindre de donner une dimension religieuse à mon parcours diagonal du pays, il n'en a pas.

J'ai jusqu'à présent cheminé dans une solitude inté-grale, je l'espérais et l'ai rencontrée. Associée au par-tage chaque soir, elle est un élément clé de mon projet. Or je m'engage maintenant sur l'itinéraire pédestre le plus fréquenté du pays. De plus, j'ai pu rester pour l'essentiel incognito depuis mon départ, au moins durant les étapes. Pour des raisons sociolo-giques et culturelles, cela ne sera plus vraiment le cas avec beaucoup de pèlerins, au moins les Français et les francophones. Comment me sera-t-il possible de concilier mes impératifs et mon désir de profiter plei-nement de la richesse des rencontres avec des mar-cheurs de Compostelle ? Je prends la décision de préserver autant que je le peux ma progression soli-taire et de concilier, une fois arrivé au village ou à la ville-étape, les interactions avec les gens des pays tra-versés et les arpenteurs du *Camino francés*. La pre-mière partie de l'objectif se révélera plutôt aisée à atteindre. La plupart des pèlerins vont en groupe et se déplacent de ce fait au rythme du plus lent d'entre eux. De plus, ils n'ont pas encore, au Puy, mon entraî-nement, si bien qu'à condition de me mettre en route tôt le matin et de marcher d'un pas rapide deux ou trois heures d'une traite, ce qui est d'ailleurs ma

pratique habituelle, je devrais pouvoir éviter de cheminer en groupe. J'y parviendrai de fait le plus souvent.
En revanche, mes relations humaines s'enrichiront
désormais dans la soirée d'échanges avec les modernes
jacquets.

Mon itinéraire à partir du Puy ne change pas de
caractère du seul fait de l'importance du pèlerinage,
mais aussi parce qu'il marque la grande inflexion vers
l'ouest, la traversée de la fin du plateau du Velay, de
la Margeride demain, puis de l'Aubrac, avant de
plonger vers la vallée du Lot. Fini les chemins imprati-
cables, le GR 65 qui est suivi par les pèlerins est une
sorte de sentier de luxe comparé à ce que j'ai connu.
On y retrouve les marques rouge et blanc comme sur
les autres GR mais il est balisé aussi par les associations
jacquaires et par le Conseil de l'Europe qui en a fait
le premier chemin européen d'importance culturelle.
Même avec mon étourderie légendaire, il me sera
désormais plus difficile, espéré-je, de m'égarer. La réalité me détrompera bientôt.

M'élevant au-dessus du bassin du Puy, je rejoins
vite vers l'ouest le plateau du Velay, cheminant à cet
endroit entre des champs de lentilles. Elles ressemblent un peu en cette période de l'année à du persil
de dix à quinze centimètres de haut. S'y développe-
ront des gousses qui ne contiennent en général que
deux graines, les lentilles, une seule les mauvaises
années. Sinon, je retrouve jusqu'aux monts du Devès
qui limitent le plateau à l'ouest, au-dessus des gorges
de l'Allier, les types de paysage volcanique et
d'habitat déjà rencontrés entre Ceneuil et Saint-
Paulien. Les monts du Devès, au climat rude, sont

couverts d'une belle forêt de feuillus et de conifères, forêt qui abrite d'importantes tourbières et de plus rares lacs développés dans des cuvettes ou des cratères volcaniques. Le lac du Bouchet, comme le lac Pavin dans le Puy-de-Dôme, en est un très remarquable spécimen établi dans la cavité arrondie d'un cratère. La bordure du Velay franchie, c'est la descente abrupte dans la vallée de l'Allier qui coule cinq cents mètres plus bas dans un relief formant des gorges bordées par les vestiges impressionnants des phénomènes géologiques qui ont surélevé les plateaux, le Velay à l'est et la Margeride à l'ouest : coulées basaltiques formant les fameux orgues, amoncellement de blocs de granit et de basalte. C'est que la Margeride, comme le Forez (ou encore le Morvan), a été formée par la surélévation contemporaine du plissement alpin d'un vieux socle granitique, mais qu'ici, contrairement aux autres régions d'Auvergne, le paysage n'a pas été remodelé par des phénomènes volcaniques, sauf à la base des plateaux.

Au *Repos du pèlerin* à Monistrol-d'Allier où je fais étape, l'hôtesse a été sollicitée par des habitants de la petite ville et des environs qui souhaitent me parler et m'entendre. Cette étroite vallée encaissée entre le Velay et la Margeride, à l'entrée des gorges de l'Allier, a jadis été le pays des poseurs de rails et des travailleurs de la pierre. Sans surprise, il n'en reste rien, et la géographie n'est ici guère propice à l'implantation de nouvelles activités, à part une agriculture pauvre et le tourisme, en particulier celui associé au pèlerinage. Cette difficulté des temps n'a rien ôté à la gentillesse et à l'hospitalité des personnes que je rencontre. La responsable du gîte a préparé pour l'apéritif-débat qu'on lui a demandé d'organiser des montagnes de toasts aux produits de la région ; elle invite tout le monde. La discussion, comme presque partout ailleurs, traite avant tout des circonstances économiques et de leurs conséquences humaines. Cependant, je perçois ici plus de joie de vivre qu'en d'autres endroits. Je pense à la magnifique chanson de Jean Ferrat qui habitait en Ardèche voisine : « Pourtant que la montagne est belle, comment peut-on s'imaginer... » Les habitants de ces austères et splendides marges de la Haute-Loire le ressentent sans aucun doute. La fête continue au dîner : « le menu du pèlerin », que la merveilleuse hôtesse sert à moi-même, à une jeune maman québécoise et à sa fille de treize ans qui vont du Puy à Conques, comprend, pour douze euros, du melon arrosé d'un apéritif local, une côte de broutard aux morilles, de la salade et des fromages locaux, et un succulent gâteau maison ! Comme quoi les marcheurs de Saint-Jacques, si ce menu est typique (je n'en suis pas totalement certain), peuvent compter sur d'autres réconforts que ceux de l'âme.

C'est ainsi comblé et repu que je poursuis le lendemain matin ma route vers l'ouest, animé par une énergie que n'entame pas une péripétie de plus provoquée par mon étourderie. Je me suis un peu avancé hier en pensant que la sursignalisation du GR 65-*via Podiensis* de Compostelle me garantirait de ne plus m'égarer hors du bon chemin. Montant de Monistrol, le GR emprunte une portion de route dont il coupe les lacets par des chemins latéraux. Le changement de trajet est toujours indiqué par une formalisation fléchée des marques rouge et blanc. Émergeant de mes rêveries béates, j'observe une marque m'enjoignant de tourner à gauche, ce que je fais mais, après avoir laissé mon esprit s'évader à nouveau et de la sorte à contretemps, je prends le chemin de traverse là où il rejoint la route et non là où il la quitte. Suivant les marques, je reviens sur le macadam là où j'étais censé le quitter et entreprends illico de redescendre sur Monistrol. Certes, je m'étonne de ce que le tracé ne continue pas à s'élever, le paysage m'a un air de « déjà-vu » mais, confiant, je persiste. Au bout d'un quart d'heure, un agriculteur m'interpelle heureusement : « Ah bon, vous faites Compostelle à l'envers, vous ! », me faisant prendre conscience, confus, de mon égarement. Je fais demi-tour et reprends alors mon ascension avec un entrain intact.

Le chemin s'élève de plus de cinq cents mètres au-dessus de l'Allier pour pénétrer dans le pays de la bête, le Gévaudan. Je marche le nez au vent, le cœur en joie en m'émerveillant de larges drailles qui parcourent le haut plateau aux doux vallonnements de la Margeride. Durant la montée, les murs des habitations perdent peu à peu leurs roches volcaniques, remplacées par des blocs de granit qui seront les seuls utilisés une fois bien engagé sur le plateau. Les maisons retrouvent alors l'aspect de celles du Forez-Livradois, elles évoquent même par les matériaux utilisés celles de Bretagne. Comme dans le massif armoricain, les blocs de granit parsèment la campagne, les prairies et les bois, ils scintillent au moindre rayon du soleil et égaient alors ce pays d'aspect sévère et au climat rude. Les champignons semblent apprécier les lieux autant que moi : les morilles à Pâques, les mousserons un peu plus tard, les girolles dès maintenant, les cèpes bientôt abondent, j'en profiterai plusieurs fois après mes morilles de la veille. Au-delà de Saugues, dont je prends le temps de visiter une fort belle église, telle qu'il en existe tant sur la *via Podiensis* jusqu'au Béarn, et une étonnante chapelle des pénitents blancs, je remonte dans l'après-midi jusqu'au hameau de La Clauze perché à 1 100 mètres. Il est bâti au pied d'une étonnante tour du XIIIᵉ siècle en granit, tour en remarquable état de conservation alors que sa construction audacieuse sur d'énormes blocs de roche en dévers n'aurait pas permis de prédire une telle longévité. Mais c'est tout de même du granit… Dans la soirée, attablé à écrire mon billet près d'une fenêtre dans la maison d'hôtes située au pied même de la tour et où je passe la nuit, j'observe en contrebas l'ovale d'une prairie sur laquelle un géant facétieux aurait lancé une poignée de blocs granitiques de formes et de tailles diverses ; les rayons obliques du soleil émergeant des nuages les transforment en joyaux gris étincelants dont les reflets caressent la robe café-au-lait des vaches aubrac qui paissent là, lui donnant un aspect moiré. Ce soir, je suis follement épris de la Margeride.

Résistances, la victoire sur la bête

De La Clauze, je monte sur le rebord ouest de la Margeride à plus de 1 300 mètres, avant de redescendre en Lozère sur la petite ville de Saint-Alban-sur-Limagnole, en bordure de la dépression entre la

Margeride et l'Aubrac. Le temps est plutôt gris et un blizzard glacial balaie les hautes terres. Cependant, les larges pelouses qui, au sommet du massif, interrompent la belle forêt de hêtres et de pins sylvestres sont couvertes d'une multitude de fleurs d'une densité et d'une diversité qui dépassent même ce que j'ai tant apprécié dans les Hautes Chaumes du Forez. Je vois en particulier mes premières orchidées sauvages, des orchis aux coloris époustouflants : rose et bleu clair tachetées de pourpre cardinalice, bleu pastel, rose fuchsia et violettes. Dans ces moments où j'avance dans la grisaille et le froid, je me réfugie par la pensée dans l'épaisseur de la prairie ornée de milliers de fleurs incroyables ; elles se jouent du ciel et de la terre dont elles paraissent s'être émancipées et imposent leur énergie et leur magnificence multicolore à tous ceux qui s'y abandonnent et en sont galvanisés. Le malheur lui-même doit nécessairement reculer devant un pareil déferlement.

Lorsque disparaît, hélas, l'objet de ma fascination, je m'amuse des singularités réjouissantes du *Camino francés* de Saint-Jacques. J'ai dit à quel point il est bien signalé et bien tracé. Il passe le plus souvent par de larges chemins que respectent les engins à moteur et demeure de ce fait en fort bon état. Trop fréquemment à mon goût, il suit même des routes goudronnées. Son aspect le plus surprenant est son niveau d'équipement en établissements divers dont de multiples affichettes publicitaires vantent les prestations et les mérites. D'autres panneaux donnent des renseignements historiques et touristiques, décrivent les régions traversées. Le contraste est saisissant avec l'itinéraire plus sauvage suivi jusqu'au Puy où je parcourais des dizaines de kilomètres sans voir une seule auberge, un seul commerce. Ici, dans le plus petit hameau, on annonce la présence de buvettes, de coins pique-nique, d'auberges rurales, d'hébergements à la ferme, de gîtes d'étape, de chambres d'hôtes, de vente de produits locaux avec possibilité d'utiliser les toilettes, etc. Pour l'essentiel, les enseignes de ces établissements portent des noms évocateurs qui sont des variations sur un thème. J'ai relevé : le *Refuge*, le *Délice* et le *Repos du pèlerin*, le *Capucin*, le *Saint-Jacques*, la *Coquille*, le *Compostelle*, *Le Kompost'l*, le *Chemin*, le *Camino*, les *Cabanons de Saint-Jacques*, le *Santiago*, ainsi que diverses combinaisons de ces références. Les arguments promotionnels sont pour certains sans surprise (du genre « mets régionaux à prix modérés pour les pèlerins, authenticité du terroir »), d'autres fois plus singuliers. Lorsque cela est possible, les gîtes et lieux pour la restauration sont annoncés « sur le chemin » ; le pèlerin est en effet souvent fatigué et affamé et peu enclin à se détourner de plusieurs kilomètres de sa route. Plus osé, j'ai noté un panneau vantant la position d'un gîte « en face de la station d'essence à l'entrée de Saugues ». Pour les hameaux, villages et petites villes, l'activité liée au *Camino francés* et à sa fréquentation est bien sûr une aubaine bienvenue, elle occupe d'ailleurs une place conséquente dans leur économie.

Malgré des conditions météorologiques plutôt maussades, la succession des silhouettes granitiques et de la forêt de Margeride, de l'éblouissante symphonie florale de ses prairies sommitales, puis des facéties du *merchandising* jacquaire me fait avaler sans lassitude excessive la longue étape qui me fait quitter l'Auvergne pour parvenir à Saint-Alban-sur-Limagnole, en Lozère et en région Languedoc-Roussillon. Là, mon hôte a pris l'initiative d'organiser pour moi visites et entretiens consacrés à la ville et à son histoire, dont il a mobilisé tous les spécialistes. La directrice du syndicat d'initiative installé dans une aile du château est ainsi férue de l'histoire de la bête du Gévaudan, sur laquelle son avis est bien tranché. Cet animal mystérieux commence à se manifester en juin 1764 aux confins du Vivarais et est abattue trois ans plus tard après avoir tué et partiellement dévoré entre quatre-vingts et cent vingt enfants et jeunes femmes. Des hommes aussi sont attaqués mais, armés au moins d'une fourche, ils mettent l'animal en déroute alors que les enfants et les femmes gardant les troupeaux ne sont pas armés. Chose remarquable, cet animal ne s'en prend qu'aux humains, très peu aux brebis et aux vaches. Une vaste battue organisée sur les lieux initiaux de ses méfaits amène la bête à émigrer en Margeride où elle sévit jusqu'à sa mort. Les meilleurs louvetiers du royaume, dont celui de Louis XV en personne, échouent à en venir à bout, et c'est un vieux paysan qui la tue d'un seul coup du vieux fusil qu'il a chargé d'une balle préalablement bénie par le curé. L'autopsie de la bête milite en faveur de l'hypothèse selon laquelle elle est le produit d'un croisement, peut-être volontaire car la pratique était fréquente à l'époque, entre mâle et femelle chien et loup, donnant un hybride de grande taille. Mon interlocutrice suppose que l'animal, peut-être né en domesticité, aurait pu être abandonné, souffrir de carences affectives et développer les troubles du comportement observés. On assiste de fait en Afrique et en Inde à des comportements déviants fréquents chez de jeunes éléphants dont les mères ont été tuées par des braconniers.

Avec l'accueil des pèlerins, l'activité principale de la ville est liée à la présence depuis 1850 d'un très important hôpital psychiatrique qui a vécu les transformations de la discipline. Au départ prison-mouroir entourée d'une grande muraille, il est aujourd'hui totalement restructuré selon les concepts d'ouverture vers la cité. Jadis, les malades décédés et sans famille connue étaient mis en terre à la va-vite dans l'anonymat le plus complet. Jusqu'à la dernière guerre, les pratiques et coutumes envers les « aliénés » s'étaient peu humanisées. L'âme de la Margeride est, pendant cette guerre, à la résistance, de Saugues à Saint-Alban. En juin 1944, de très durs combats opposent les troupes allemandes à des regroupements de plusieurs milliers de maquisards au mont Mouchet et dans le massif de la Truyère ; des blessés seront soignés à l'hôpital de Saint-Alban. Dès 1943, des hommes recherchés par l'occupant ou par le régime de Pétain sont accueillis au centre hospitalier ; Paul Eluard est l'un d'entre eux, poursuivi pour son poème *Liberté, j'écris ton nom*, écrit en 1942. Il est témoin de cet ensevelissement des malades décédés comme s'ils avaient été des bêtes crevées, il rédige alors un superbe texte reproduit sur une stèle dans l'ancien cimetière « des fous ».

> Ce cimetière enfanté par la Lune
> Entre deux vagues de ciel noir
> Ce cimetière archipel de mémoire
> Vit de vents fous et d'esprits en ruine
> Trois cents tombeaux réglés de terre nue
> Pour trois cents morts masqués de terre
> Des croix sans nom corps du mystère
> La terre éteinte et l'homme disparu
> Les inconnus sont sortis de prison
> Coiffés d'absence et déchaussés
> N'ayant plus rien à espérer
> Les inconnus sont morts dans la prison
> Leur cimetière est un lieu sans raison.

Cette halte à Saint-Alban, lieu marqué par la résistance à la rudesse du climat, la pauvreté de la terre, la cruauté de la bête et la barbarie de l'occupant, me permet aussi d'apprendre que cette commune gardera dans l'histoire de la psychiatrie une place essentielle, liée à une autre forme de résistance, le combat contre la fatalité déshumanisante qui semblait jusqu'à il y a peu accabler les aliénés.

Pour la dignité des fous

Jusqu'à la dernière guerre, malgré les avancées de la psychanalyse et diverses tentatives thérapeutiques, la prise en charge de l'aliénation mentale reste avant tout carcérale. L'isolement et la contention aggravent la marginalisation sociale. Certes les « fous » ne sont plus enchaînés comme trop souvent encore au XVIIIᵉ siècle, jusqu'à ce que Philippe Pinel et son surveillant Jean-Baptiste Pussin ne les libèrent à la fin du siècle. Ils n'en restent pas moins avant tout des insensés qu'il s'agit de retirer de la circulation afin de protéger la société. Aussi, malgré l'action d'une médecin-directrice de l'établissement, les conditions d'internement des aliénés dans l'hôpital psychiatrique de Saint-Alban demeurent très précaires. Cet établissement était devenu très important. Initialement installé vers 1850 dans le château de Saint-Alban, un édifice pour l'essentiel du XVIIᵉ siècle, il comptera jusqu'à six cents pensionnaires vers l'an 1900. En 1936, Paul Balvet, psychiatre lyonnais, accède à la fonction de directeur ; il est alors le seul médecin. En 1939, il réussit à faire recruter un collègue espagnol anti-franquiste réfugié en France, François Tosquelles. D'autres médecins rejoignent l'établissement, dont Lucien Bonnafé en 1942.

Le monde est alors engagé dans une guerre terrible, l'un des rares conflits où c'est l'analyse manichéenne qui est la plus proche de la réalité. Il y a d'un côté le fascisme et son avatar au socle biologique, le nazisme allemand, leurs idéologies antihumanistes et agressives. De l'autre, tous ceux qui résistent à l'agression et refusent cette idéologie. Les malades mentaux ont été, avant les Juifs et les tziganes, les premières victimes de la politique hitlérienne d'eugénisme radical, des dizaines de milliers d'entre eux ont été mis à mort.

Le régime du maréchal Pétain couvre quant à lui des pratiques qui aboutissent au même résultat : des milliers de malades mourront de sous-nutrition. Il se crée à Saint-Alban, autour de François Tosquelles et de Lucien Bonnafé, une atmosphère de résistance intellectuelle et active qui est stimulée encore par l'interaction avec les intellectuels antifascistes qui s'y réfugient, en particulier Paul Eluard déjà évoqué, Tristan Tzara et Georges Sadoul, qui appartiennent au courant surréaliste. Dans ce contexte, comment ne pas assimiler la logique carcérale et les pratiques déshumanisantes qui caractérisent la prise en charge des aliénés un peu partout dans le monde au sort réservé aux « fous » par les nazis et leurs alliés, plus généralement à l'univers concentrationnaire dont on commence à prendre conscience. L'étonnant mouvement de résistance médicale, psychiatrique, poétique qui se développe à Saint-Alban aboutit à une contestation radicale, humaniste, des conceptions et méthodes de la psychiatrie classique, oppressive, ségrégative, négatrice de la personnalité, voire de l'humanité des malades mentaux.

Le mot est dit, les fous ne sont pas d'abord des êtres dangereux pour la société dont il faut les retirer, mais des personnes différentes, des malades pour la plupart des membres de ce courant de pensée naissant, voire seulement des individus d'une irréductible singularité pour un petit nombre d'autres qui rejettent le concept même de pathologie de l'esprit. François Tosquelles, Lucien Bonnafé et leurs confrères de Saint-Alban appartiennent à la première sensibilité, majoritaire, et décident de soigner ces malades de l'esprit en favorisant chez eux toutes les formes d'expression et de socialisation. L'hôpital de Saint-Alban devient alors un lieu de vie avec ses ateliers, ses services, ses commerces. La pratique artistique est encouragée, aussi bien en tant que moyen de réalisation personnelle que pour son influence thérapeutique. En 1945, Jean Dubuffet baptise « art brut » les productions de malades mentaux ou de gens de la rue ; Saint-Alban deviendra un centre actif de ce type de créations. En 1958 est bâtie une sublime chapelle moderne décorée avec des statues en arkose, une pierre rose orangé du pays déjà utilisée pour la décoration des encadrements du château ; un aumônier attitré y dit la messe pour ceux qui le souhaitent, on y célèbre les fêtes de Noël et de Pâques. Un journal est édité, *Trait d'union*, largement tenu et rédigé par les « citoyens pensionnaires » de cette société de personnes différentes souffrant de troubles mentaux. Une radio interne sera aussi lancée. Ce mouvement de prise en charge globale de la maladie mentale – ce par stimulation de tout ce qui concourt à la réalisation de soi, tout ce qui accroît la confiance en soi et facilite l'insertion dans une société – sera dénommé « psychothérapie institutionnelle ». Son écho national et international sera considérable et elle fera le lit d'une avancée ultérieure décisive de la psychiatrie française : le retour du malade dans la cité grâce à la psychiatrie de secteur. Plus tard, la découverte dans notre pays des neuroleptiques et des antidépresseurs bouleversera le traitement des malades sans rien ôter à l'importance de cette méthode de Saint-Alban, dont le mérite incontesté reste par ailleurs d'avoir contribué à changer de manière majeure le regard des psychiatres et de la société dans son ensemble sur la maladie mentale. Tout cela grâce à l'humanisme et à l'esprit de résistance d'un petit groupe d'hommes réunis dans une très petite ville isolée du moins peuplé des départements français. Pour ceux que l'on appelait jadis « des fous », ce sont là des justes.

Images de jadis, de toujours, le bonheur

De Saint-Alban, je descends vers Aumont-Aubrac avant de rejoindre, un peu plus haut, le petit village de Lasbros, sur les contreforts du plateau de l'Aubrac. Je me remémore en marchant des scènes vues en suivant les drailles et les petites routes des plateaux, celles d'un monde déjà presque disparu dont j'ai saisi, en quelque sorte, des instantanés fossiles que mes enfants et petits-enfants, s'ils m'imitent un jour et prennent le chemin, n'ont aucune chance d'observer. Dans un champ, un vieux paysan est occupé à couper de hautes herbes parasites du geste auguste du faucheur, faisant décrire à sa longue faux un grand mouvement circulaire qui abat devant lui tous les végétaux sur près de cent quatre-vingts degrés, dans un silence presque complet qui contraste avec le vacarme assourdissant des débroussailleuses modernes. Le même jour, un peu plus loin, une dame seule dans un champ, ses jupes relevées, avance lentement, déplaçant avec elle un panier et un seau d'eau. Elle prend quelque chose dans le panier, se penche jusqu'à terre puis verse de l'eau là où elle vient d'intervenir. « Que faites-vous, madame ? — Ben, je plante mes choux. »

C'est ensuite un homme se dirigeant vers une prairie fauchée, muni d'un ustensile dont j'ai déjà parlé mais que l'on ne voit plus guère que dans les lieux où sont exposés les outils aratoires anciens, un râteau de fanage en bois, avec ses barreaux des deux côtés de l'ustensile. Il me confirme qu'il s'apprêtait en effet à faner son foin. À La Clauze, deux frères ayant dépassé l'un et l'autre les soixante-dix ans s'activent à découper des planches à partir d'un beau fût de bois selon la tradition des scieurs de long, chacun accroché à l'une des poignées de la longue lame de scie flexible. Près d'un hameau, une très vieille dame se déplace avec lenteur, à côté de son unique vache, qui calque son pas sur celui de l'aïeule. J'ai été heureux de voir accomplir, peut-être une dernière fois, ces gestes, ceux de mon enfance campagnarde. Loin au-dessus de ces spectacles tournoient des oiseaux de proie, milans royaux et aigles, je crois, indifférents aux gestes des hommes mais attentifs à tout ce qui pourrait constituer leur repas du soir. Mes enfants, je l'espère, pourront continuer à admirer leur vol économe fondé sur les planés et l'utilisation optimale des courants d'air ascensionnels, les ailes déployées et immobiles, si nous sommes capables de préserver au moins cela.

J'arrive enfin sur l'Aubrac, le second grand plateau granitique après la Margeride. Un peu moins élevé qu'elle en ce qui concerne leurs points culminants respectifs (1 551 et 1 469 mètres), l'Aubrac est aussi beaucoup moins boisé et moins sauvage. Sa nature géologique est mixte, granitique sur son plateau, volcanique au niveau de ses monts, ce qui explique que le promeneur s'élevant sur le haut du plateau puisse découvrir de belles coulées basaltiques formant çà et là des orgues. L'Aubrac possède un cachet très particulier en ce qu'il a profondément été remanié de la main de l'homme. Jadis entièrement couvert de forêts, son déboisement pour les besoins de l'élevage a été presque total, sauf sur son versant aveyronnais qui descend sur le Lot. Cette transformation est le fruit de l'action des moines augustins installés à la Dômerie, hôpital d'Aubrac. La tradition veut qu'en 1119-1120 le seigneur flamand Adalard en route pour Compostelle ait été attaqué par des brigands dans la grande forêt d'Aubrac. À son retour, il faillit périr au même endroit dans une terrible tempête de neige. C'est de la sorte pour sécuriser l'endroit, accueillir et soigner les pèlerins, que ce seigneur finança la construction de l'hôpital qui fut confié aux moines. Comme cela était habituel, cette communauté reçut rapidement de nombreux dons et devint le principal propriétaire foncier du plateau. Elle eut de la sorte à cœur de valoriser ses possessions, c'est-à-dire d'y implanter la seule activité possible sur ces terrains pauvres soumis à un climat très rude, l'élevage, aujourd'hui presque exclusivement consacré aux bovins de la race aubrac, ces animaux élégants à la robe café-au-lait, aux belles cornes écartées et au regard presque tendre.

Sur les deux plateaux mais de manière plus systématique et plus développée en Aubrac qu'en Margeride, les pâtures sont délimitées par des murets de granit entre lesquels sont ménagés des chemins, certains d'entre eux de la dimension de larges drailles. Les ondulations des prairies à perte de vue, entre 1 100 et 1 300 mètres, apparaissent ainsi quadrillées

par de belles pierres gris clair riches en cristaux de
mica et de quartz, ce qui, au soleil, les amène à souligner d'un trait brillant les vastes étendues herbeuses
incroyablement fleuries. En effet, l'hiver froid et prolongé, l'enneigement important, les forts écarts de
température entre jour et nuit, le vent qui balaye en
permanence ces surfaces où rien ne l'arrête, semblent
concourir à partir du mois de mai à une explosion
florale d'une étonnante diversité dont j'ai évoqué la
splendeur et la profusion sur les hauteurs de la Margeride et que je retrouve ici. Je m'efforce de photographier la plus grande variété possible de ces fleurs,
de les identifier et d'en partager la grâce sur les
réseaux sociaux.

De Lasbros où j'ai fait étape, je parviens à Nasbinals,
à plus de 1 100 mètres, en fin de matinée et décide de
passer l'après-midi à découvrir des sites remarquables
à distance du *Camino francés*. Je me rends en particulier à la cascade du Déroc, un petit ruisseau qui chute
là d'une trentaine de mètres entre deux paliers du
plateau. Le temps s'est mis durablement au beau, la
température est fraîche et l'atmosphère, d'une limpi-
dité parfaite. Ces conditions persistent le lendemain
1er juillet, jour où je quitte l'Aubrac et le Massif central
pour plonger dans la vallée du Lot jusqu'à Saint-
Côme-d'Olt, en Aveyron et en région Midi-Pyrénées.
Les sommets du massif par lequel je passe en ce petit
matin transparent, les burons à la toiture rouge sur
leurs pentes, les monts du Cantal plus lointains au
nord, puis les Grands Causses qui se découpent à la
perfection au sud-est avant que la brume de chaleur
ne les estompe, composent un tableau d'une violente

beauté. Droit devant moi à l'est, au-delà de la profonde entaille du Lot encore dans le brouillard, je distingue nettement les plateaux du Rouergue et devine, plus loin, les Causses du Quercy vers lesquels je me dirige. Vivre ces instants, les ressentir, parvenir à être en résonance émotionnelle avec ses perceptions, m'amène logiquement à me demander si c'est cela, être heureux. Certes, la question du bonheur a été abordée par les philosophes depuis l'Antiquité et est ressassée jusqu'à l'écœurement par toute une presse et des auteurs qui surfent sur son caractère vendeur. Elle s'impose pourtant à moi.

Car cet « état de l'esprit » est induit par la réalisation d'un projet dont j'attendais exactement ce genre de satisfactions. De plus, ce projet est authentiquement le mien, il ne m'est pas octroyé, ne résulte pas d'une pulsion le cas échéant magnifique, voire sublime, mais à tout prendre banale. Nombre de philosophes, des épicuriens à Voltaire, placent prudemment le bonheur dans l'acceptation satisfaite de l'inévitable et dans la capacité de s'y sentir bien. « Cultivons notre jardin » en serait la clé la plus sûre. J'ai quant à moi plus de difficultés à faire mon deuil du projet qui m'apparaît le vrai signe distinctif de l'agir humain. Persister dans son être, pour paraphraser Spinoza, est à l'évidence une des composantes du bonheur, animal aussi bien qu'humain. Or le projet est une dimension proprement humaine de l'être, si bien que le concept spinoziste devient compatible avec mon intuition. Selon elle, la capacité d'élaborer un projet raisonnablement personnel, projet dont on attend plaisirs et joies, dont on espère le bonheur ; la détermination ensuite à le réaliser, à surmonter ce qui s'y oppose, peuvent nous approcher au plus près du bonheur lorsque cela donne les satisfactions auxquelles on aspirait et que l'on escomptait, c'est-à-dire lorsque ce que l'on ressent est en bonne adéquation avec ce que l'on désirait et espérait. Alors, bien entendu, il ne suffit peut-être pas de prendre le chemin et d'en éprouver, et au-delà, tout ce pour quoi on l'a pris pour prétendre à la fois avoir découvert la clé du bonheur et s'en être servi pour y entrer. Cependant, il était inévitable que cette question me vienne à l'esprit ce matin car, depuis deux mois, je crois être heureux.

La question du but

N'avoir aucun but dans l'action est le règne du « n'importe quoi » difficile à justifier. Sur le GR 65-*Camino francés* vers Compostelle, les pèlerins ont un but précis, aller vers le sanctuaire espagnol, ou au moins s'en rapprocher. Leurs motivations sont variées, mystiques, de l'ordre de l'expérience personnelle, vœux, défi, curiosité, mais l'objectif reste sans ambiguïté. Ils font tamponner leur crédential à leurs différentes haltes. La plupart d'entre eux ont été bénis au Puy et assistent aux offices et bénédictions qui se déroulent en général à 18 heures dans nombre des églises des villes-étapes. Beaucoup, compte tenu de leurs obligations professionnelles ou autres, font le chemin par tranches annuelles de huit à quinze jours. Le trajet allant du Puy à Conques constitue alors la

première partie de leur pèlerinage. *In fine*, leur crédential apportera la preuve qu'ils ont parcouru le
chemin dans son intégralité, ce qui leur donnera droit
à la compostela, une sorte de certificat final. Un petit
nombre de personnes, souvent seules ou en couple,
parfois avec une mule ou un âne selon l'exemple de
Stevenson dans les Cévennes, parcourent le chemin
d'un seul tenant ; ils partent alors toujours de leurs
lieux d'habitation, Paris, Bruxelles, Aix-la-Chapelle
ou autre. Chaque année, quelques individus imitent
leurs prédécesseurs, ils reviennent chez eux comme
ils sont venus, à pied. À côté des pèlerins, le GR voit
aussi passer des randonneurs classiques qui joignent
un point à un autre ou font un circuit, le plus souvent
de quelques jours, rarement plus d'une semaine. Il
n'est de la sorte pas question pour eux, pas plus que
pour les pèlerins, de dévier de leur route imposée par
le but qu'ils se sont fixé.

Hier, peu après Nasbinals, j'avise un marcheur
assez lent que j'ai déjà croisé à l'hôtel où il prenait
un café. Marchant de mon pas habituel, je le rattrape
rapidement, nous nous saluons et parlons de nos chemins respectifs. C'est un grand Allemand d'environ
la cinquantaine qui vient d'Aachen, Aix-la-Chapelle,
qu'il a quitté le 9 mai. Il a cousu la coquille sur son
sac, il désire atteindre Compostelle. Puis nous repre-
nons notre marche, moi à mon rythme normal, lui
pas du tout. Il change d'allure et me suit, j'accélère,
il accélère ; je ralentis, il ralentit. Cet homme est sympathique, il s'est enquis de mon étape du soir et
semble bien décidé à m'emboîter le pas. Au bout
d'une dizaine de kilomètres, nous sommes toujours

dans les pas l'un de l'autre mais le contexte a changé. Il est évident qu'il est lui aussi très entraîné et qu'il peut me suivre même quand je force en plat ou en côte. Comme hélas si souvent quand vous mettez deux mâles face à face, le défi et la compétition se sont invités dans notre relation. Il me dépasse dans une montée, sprintant follement. Mon désir étant de marcher seul, la sagesse consisterait à le laisser aller, sans doute d'ailleurs sans efficacité car il tient de façon manifeste à rester avec moi. Hélas, j'étais doté jeune d'une solide et puérile aversion à être dépassé et crains fort d'avoir gardé cette puérilité-là. Je réplique donc, ne cède rien, contre-attaque, il tient, nous filons à une allure tout à fait déraisonnable. Dans le langage cycliste, nous dirions que nous nous « tirons la bourre ». Il faut se rendre à l'évidence, nous sommes soudés et, partis comme cela, jusqu'à je ne sais où. À la fois le grotesque de mon attitude et de la situation ne m'échappe nullement et je ne puis me résoudre à céder. L'impasse sera en fait levée par le profil de l'étape qui comporte mille mètres de dénivelé en descente parfois raide. Très jeune homme, je me livrais à un sport passablement périlleux mais que j'appréciais fort et dans lequel j'excellais : descendre en courant les pierriers glaciaires en sautant d'une pierre à l'autre ou en me laissant glisser sur les talons. En bref, hors tout esprit de compétition, je descends toujours les sentiers très vite et ne sais pas en réalité les descendre autrement. Mon compagnon allemand n'a pas cette pratique, nous nous séparons.

Je le revois en fin d'après-midi alors que, douché, changé, je sirote un Perrier menthe à la terrasse d'un café de Saint-Côme-d'Olt. Il s'arrête, prend une consommation et me demande ce que sera mon étape du lendemain. Il manifeste alors une totale incompréhension lorsque je lui annonce mon intention de rester à Saint-Côme et de visiter en boucle le pays d'Olt sur les deux versants de la vallée du Lot. « Mais le chemin, alors, vous vous arrêtez ? » Lui, rafraîchi, décide de pousser de quatre kilomètres encore. Sûr, il sera à Saint-Jean-Pied-de-Port avant moi mais, en revanche, n'admirera pas le singulier clocher torsadé de l'église de Saint-Côme, ne verra pas le sublime tympan du XIe siècle de l'église de Lassouts sur le versant sud de la vallée, n'aura pas la vision matinale au loin de l'Aubrac et du mont Lozère au-delà du Lot. Rien d'étonnant à cela, nos buts sont différents, ils sont honorables l'un et l'autre. Lui, déjà affûté par une longue marche, doté d'une volonté de fer et des moyens physiques d'en assurer l'efficacité dans l'action, a toute son énergie tendue vers l'arrivée à Compostelle. Pour ma part, mon énergie n'est sans doute pas moindre et ma forme physique n'en limite pas les manifestations, mais mon objectif est l'émotion et tout ce qui peut la susciter, j'ai en chemin fait bien des tours et des détours pour l'atteindre. Peut-être méritons-nous tous deux des encouragements ?

Pour l'amour d'une chaussure

La journée magnifique que j'ai passée dans la vallée du Lot autour de Saint-Côme s'est terminée par une soirée étouffante, l'orage menaçait. Il a éclaté durant la nuit et s'est prolongé par un temps bouché, pluvieux, un plafond bas amenant à avancer dans un brouillard épais dès que l'on s'élevait de plus de cent mètres au-dessus de la vallée, ce qu'on ne devait pas cesser de faire. En fait, le parcours qui se déroule entièrement sur le versant sud de la vallée est fort accidenté car nous sommes là au début des gorges du Lot et de ses pentes abruptes. L'orage de la nuit a détrempé les chemins, rendu glissantes les roches et transformé certaines sentes de terre en vraies patinoires. Cela dit, ce sont là des conditions relativement banales qui me permettent de renouer avec les débuts de mon périple, vêtu de la superbe cape rouge qui reprend du service une dernière fois avant mon arrivée. Je vais même beaucoup plus rassuré qu'alors où je craignais la chute sur mon poignet brisé, maintenant bien consolidé. Cependant j'ai sans surprise les pieds trempés en arrivant à mon étape de Golinhac : la pluie incessante et les sols détrempés sont parvenus à établir un équilibre parfait entre le degré hygrométrique extérieur, celui de mes chaussures et celui de mes pieds, sans parler des chaussettes. Pour mes pieds, pas de souci, ils sont secs au matin. Les chaussettes, non, mais j'ai déjà fait la confidence de ma recette : le sèche-chaussettes obtenu par recyclage d'un banal sèche-cheveux sur lequel on enfile la pièce vestimentaire en question. Quant aux chaussures, le désastre est complet, elles sont dans l'état où je les ai quittées la veille au soir. Or remettre ses pieds vêtus de chaussettes sèches dans des souliers mouillés est une épreuve redoutable à laquelle sont confrontés un jour ou l'autre tous les marcheurs. Tenter de l'éviter m'offre l'une des improbables et trop rares expériences sensuelles de mon parcours.

Mes amours sont au calme plat depuis mon départ mais je n'ai peut-être pas dit mon dernier mot. Certes, les bergères sont définitivement évanouies du paysage français (j'en avais pourtant rencontré une belle il y a deux ans dans le Mercantour), ce qui est un scandale car les moutons sont, eux, bien là. Ils bêlent désespérément et aucune jolie frimousse n'accourt plus jamais, je les trouve stoïques d'accepter pourtant de continuer à offrir leur lait pour le roquefort et autres délices. Que fait la Société protectrice des animaux ? J'ai cru, le long du canal de la Marne au Rhin, qu'une belle histoire pourrait se dessiner entre *La Morzine*, une élégante péniche, et moi. Hélas, la belle lambinait par trop pour passer les écluses, je l'ai abandonnée avant que le lien ne se concrétise. J'en avais pris mon parti et poursuivais ma route, non pas tristement mais en sublimant mon aspiration à l'absolu par un transfert sur la pure et chaste beauté. Cependant, l'espoir est revenu ce matin, comme cela, sans crier gare. Tout à mon souci de cheminer les pieds au sec, il me vient à l'esprit que mon sèche-cheveux-chaussettes pourrait bien convenir aussi pour les chaussures.

Tentons l'expérience. Je saisis délicatement l'objet trempé d'une main et commence à le caresser du flux d'air chaud, stoppant parfois pour vérifier d'une main tremblante l'effet de la manœuvre, comme je le ferais avec la belle chevelure brune, blonde ou rousse d'une femme aimée qui, mutine, m'aurait demandé de la lui sécher après la douche. Mes soins ont un effet stupéfiant. Ne voilà-t-il pas que la godasse semble fumer de plaisir, émettre des odeurs musquées fortes, que le raffermissement des cuirs engendre comme un gémissement, une promesse en fait. Elle sera exaucée car ma matinée après que j'ai enfilé l'objet au pied sera idyllique. Bien sûr, cela m'amène à changer de regard sur mes chaussures, compagnes des bons et des mauvais jours. À mon départ de Givet, je suis accompagné de souliers parfaitement complaisants, ils épousent sans que j'aie à insister tous les caprices de mes pieds, sans manifester jamais aucun caractère, aucune résistance, aucune humeur. J'avoue que par lâcheté masculine, je me satisfais de cette incroyable adaptabilité qui confine parfois à de l'inconsistance, voire à de la mollesse. Compte tenu de ce tempérament bien peu trempé, ce qui devait arriver se produisit. La belle avachie, trouée de toute part, moisie sous l'effet de la pluie incessante, n'est plus après sept cents kilomètres qu'une savate pitoyable, je dois me résoudre à la répudier, elle n'est pas en état de protester et, de toute façon, ne l'a jamais fait. Je jette alors mon dévolu sur de belles teutonnes altières, à la beauté un peu lourde mais puissante. Les premières expériences sont douloureuses, nous n'étions pas naturellement accordés l'un à l'autre. Cela me fait souffrir, elles n'en manifestent aucune émotion et paraissent quant à elles rester impavides. Bientôt, l'évidence s'impose. Soit je panse mes blessures et mes pieds s'accoutument à elles, à leur rigidité, à leurs certitudes, soit je continue pieds nus. Mes pieds et moi cédâmes, nous en sommes récompensés au centuple. Je suis maintenant en couple avec des chaussures inaltérables dont j'ai appris à reconnaître les

mérites et les qualités, le chemin n'en a pas entamé
le port de reine, il semble être sans effet sur leur
maintien, elles ne m'abandonneront pas, je leur resterai fidèle, elles sont impressionnantes, parfois inti-
midantes, merveilleuses en somme. Entre elles et moi,
c'est (presque) pour toujours, jusqu'à Ascain, en tout
cas.

Mères et adolescents, amour humain

Il n'y a que vingt-cinq kilomètres entre Golinhac,
perché à 650 mètres, et cette perle incomparable du
Rouergue aveyronnais qu'est Conques, où j'arriverai
de la sorte sans difficulté pour déjeuner. La pluie a
cessé dans la nuit et le temps de traîne orageuse
s'éloigne, le soleil percera dans la matinée. Cependant, je marche encore dans le brouillard le temps de
descendre dans la vallée à Espeyrac, ce que je mets à
profit pour évoquer mes rencontres avec les pèlerins.
Les familles sont relativement nombreuses sur le
GR 65 *Camino francés*. Ma pratique consistant à
émailler mon parcours d'étapes en boucle autour
d'une ville ou d'un village où je passe deux nuits pour
en explorer les richesses en dehors du chemin balisé,
puis de me propulser ensuite en un lieu bien plus
éloigné que l'étape ultérieure classique, m'amène à
redoubler un bon nombre de fois les mêmes randonneurs, à lier connaissance plus ou moins superficiel-
lement avec certains, à ressentir plus d'affinités avec
d'autres, à observer les situations en toute circons-
tance. J'ai en particulier pu côtoyer pendant plusieurs

jours une famille composée des parents, de trois jeunes gens et d'une petite fille de dix-onze ans qui ferme la marche, toujours conduite par le père de famille. La benjamine a parfois des larmes qui lui perlent aux yeux en fin d'étape accidentée et chaude, ou bien lors de la journée d'hier, pluvieuse du matin jusqu'au soir. La maman se porte alors à sa hauteur, parfois accompagnée d'une ou d'un aîné(e). Lorsque j'arrive à son niveau, la fillette ravale ses larmes et s'efforce de me faire un beau sourire, de répondre à mes paroles d'encouragement. Spectacle touchant mais somme toute attendu.

J'ai été plus passionné par deux autres rencontres, toutes deux avec des couples mère-adolescent(e). À Monistrol-d'Allier, j'ai déjà indiqué avoir partagé le gîte le *Repos du pèlerin* et son fabuleux menu avec une maman québécoise qui faisait le trajet Le Puy-Conques en compagnie de sa fille de treize ans, musicienne en herbe, qui compose, écrit les paroles de ses chansons et commence à les interpréter. Comme cela se doit, la fille apparaît d'une maturité étonnante, intervient dans la discussion qui porte sur la situation politique québécoise et canadienne, les perspectives des prochaines élections dans la belle province et au niveau fédéral. L'autre couple sur le chemin est celui d'une jeune maman et de son fils du même âge que la Québécoise, en tout début de puberté, de beaux yeux foncés et un fin duvet au-dessus de la lèvre supérieure. Dans les deux cas, j'ai été très ému de la justesse des attitudes réciproques et de ce qui transparaît de leurs relations. Un premier regard superficiel amène à se poser la question de savoir si l'on ne se trouve pas en face de sœurs dans un cas, d'un petit frère avec sa grande sœur dans l'autre. Avant même de s'en enquérir, cependant, l'hypothèse semble des plus improbable. En effet, chaque fois, la femme évite de manifester tout ce qui pourrait ressembler à une attitude protectrice, privilégiant à l'inverse la mise en avant de l'autonomie et de la maturité de leur adolescent(e). La fierté maternelle de pouvoir apporter cette démonstration est manifeste et réjouissante. Ce sont en réalité les jeunes qui témoignent de leur ardeur à protéger leur mère envers laquelle ils manifestent eux aussi une immense fierté, parfois exprimée. « Vous avez vu ce qu'elle fait, maman, hein ! » me lance le garçon les yeux brillants, se sentant investi, comme la jeune Québécoise, d'une immense responsabilité. Les deux mères jouent le jeu, elles se laissent « protéger » en manifestant à leur enfant combien cela leur est important et nécessaire.

La densité de l'amour, du respect, de la fierté entre ces êtres les rend palpables, elle insuffle aux tiers suffisamment attentifs une joie communicative, une manière d'optimisme quant à notre humanité partagée. Il m'apparaît que j'assiste là à cette confirmation si délicate et essentielle des liens parents-enfants, ici interprétés avec toute la subtilité de la sensibilité féminine et de la tendresse maternelle, ce moment où l'adulte semble penser de son enfant : « Certes, il est le mien, j'en suis responsable. Cependant, cet être qu'il est, ce jeune adulte qu'il devient, il me passionne pour lui-même et non pas seulement par l'évidence des liens du sang qui nous unissent. » Du côté du jeune, tout se passe comme s'il signifiait à ses géniteurs : « Vous êtes mes parents, je ne vous ai pas choisis, mais si je devais le faire aujourd'hui, je ne voudrais pas une autre maman, un autre papa que vous. » C'est là un processus de réadoption réciproque, il peut échouer, il est sinon un exemple magnifique de tressage amoureux du lien. Voyez, il n'est pas que la beauté des fleurs, des paysages et des œuvres humaines qui m'émeut.

Conques la magnifique et la « translation furtive » des os

J'avais bien sûr prévu de dormir deux nuits dans une fort agréable auberge de Conques et ne le regretterai pas. Elle est sans conteste une petite cité merveilleuse, par l'architecture du village d'origine médiévale ; par la beauté de l'abbatiale Sainte-Foy, de son tympan, de ses chapiteaux et de ses proportions ; par son exceptionnel trésor d'orfèvrerie du haut Moyen Âge, unique en France et l'un des plus beaux du monde ; par son site, enfin. Conques est bâtie dans une corbeille ou une coquille de verdure, d'où son nom, à flanc d'un coteau du Rouergue, dans la vallée du Dourdou où elle jouit d'une exposition plein sud. On l'aborde venant du nord-ouest et la quitte vers le sud-est, après avoir traversé le Dourdou par le « pont romain » (en fait du XVᵉ siècle), par de raides chemins en forêt qui relient le site au plateau du Rouergue trois cents mètres au-dessus. La montée sud offre la vue la plus remarquable de Conques et de sa vallée, avec les habitations du bourg qui montent en gradins au-delà de l'abbatiale Sainte-Foy, dans l'harmonie d'un plan qui date du Moyen Âge.

Conques aurait été fondée par un ermite au début du IXe siècle auprès de la source du Plô qui coule toujours au pied de l'abbatiale. Un premier sanctuaire y fut bâti pour honorer « notre Sauveur », il bénéficie très tôt du soutien et des largesses de Charlemagne et, surtout, de son fils Louis le Pieux, roi d'Aquitaine. Vers l'an 840, son successeur Pépin II donne en fief Figeac aux moines bénédictins de Conques. Ce présent n'allait pas tarder à poser de sérieux problèmes aux gardiens du sanctuaire de la vallée du Dourdou. En effet, Figeac, la cité au bord du Célé vers où je me dirige, se développe alors rapidement, de nombreux moines issus de Conques s'y établissent, une nouvelle abbatiale y est construite, on parle de « nouvelle Conques » qui commence à porter ombrage à l'ancienne. Dans ce temps-là déjà, la notoriété et la richesse des abbayes et autres lieux de culte dépendent de la présence de reliques susceptibles d'attirer des flots de pèlerins et de dons. Les plus grands lieux de pèlerinage possèdent tous ce qui passe pour être un fragment de la vraie croix et de la couronne d'épines de la Passion, une goutte de lait de Marie, des bouts d'os censés avoir appartenu à de saints personnages, etc. Ces reliques acquièrent une réputation vite très rentable lorsque le bruit se répand que des miracles peuvent leur être attribués. Or Conques ne se distingue pas suffisamment à cette époque des autres sanctuaires pour devenir un but majeur de pèlerinage, elle ne peut rivaliser avec Saint-Martin de

Tours ou Saint-Sernin de Toulouse et est même menacée par le succès grandissant de Figeac.

L'abbé de Conques décide par conséquent de se procurer des reliques susceptibles d'attirer le chaland. Après plusieurs tentatives infructueuses, les Conquois jettent leur dévolu sur les restes de sainte Foy, en possession des moines d'Agen. Cette jeune Agenaise de treize ans aurait été suppliciée lors des persécutions de l'empereur romain Dioclétien, au IVe siècle, pour avoir refusé d'abjurer sa foi et d'adorer les idoles du Panthéon romain. Une première tentative de la rôtir sur un gril ayant échoué du fait d'une pluie salvatrice qui éteignit le feu, elle est décapitée. Sa tête récupérée par la communauté chrétienne est depuis lors un objet majeur de dévotion. Un bénédictin de Conques mandaté par l'abbé émigre à Agen, où il devient un agent infiltré gagnant les faveurs du clergé agenais. Au bout de dix ans, en 866, ayant apaisé toutes les méfiances, il subtilise les reliques et, par une « translation furtive » (c'est ainsi que les Conquois désignèrent le vol), les amène à Conques. Dans toute la région, puis dans tout le royaume et au-delà, le bruit se répand vite que les saintes reliques ont entraîné des miracles, redonné la vue à « Guibert l'illuminé » dont les yeux énucléés ont été pourtant mangés par des corbeaux, libéré de leurs chaînes des prisonniers innocents. Le succès s'ensuit et le pèlerinage de Sainte-Foy à Conques prend très vite de l'ampleur, les dons affluent. La position de la petite cité sur le chemin de Saint-Jacques-de-Compostelle lui permet ensuite de ne pas pâtir du succès phénoménal de ce dernier pèlerinage, contrairement à d'autres sites. La philosophie de l'histoire est

que, au Moyen Âge et en matière de dévotions religieuses, le crime pouvait payer, qu'un vol éhonté d'une
communauté chrétienne par une autre pouvait assurer
la prospérité de cette dernière. Mais c'était au Moyen
Âge, tout a bien changé depuis, n'est-ce pas ?

L'abbatiale est spécialement célèbre pour son
tympan, une incontestable merveille de l'art roman
au même titre que celui de Vézelay. Selon les inter-
prétations de loin majoritaires, il figure un Jugement
dernier sous l'arbitrage du Christ ; les bienheureux
sont rangés du côté de sa main droite levée et les
damnés du côté de sa main gauche abaissée, envoyés
aux enfers auxquels croyaient dur comme fer les
hommes du Moyen Âge. C'est ainsi que le présente aux pèlerins et aux touristes le frère prémontré
Jean-Daniel, organiste de talent qui fait résonner
ensuite chaque soir son instrument sous les hautes
voûtes de l'abbatiale. Cependant, un spécialiste manifeste des représentations religieuses m'a rétorqué
sur les réseaux sociaux qu'il s'agissait en fait d'une
« parousie » et que mes « enfers » étaient en réalité
le purgatoire, thèse défendue par Pierre Séguret. Peu
importe d'ailleurs, ce chef-d'œuvre indique sans
ambiguïté qu'il vaut mieux se trouver du côté de la
main droite levée que de l'autre, où je persiste pour
ma part à voir l'enfer des damnés. Le second soir de
mon séjour à Conques, je me suis plutôt identifié aux
bienheureux situés à la droite du Christ sur le tympan.
En effet, un trompettiste virtuose s'était joint au frère
Jean-Daniel pour offrir à l'assistance conquise, dans
la pénombre du sanctuaire, quelques pièces pour
orgue et trompette. L'impressionnante atmosphère de

ce sanctuaire magnifique était transfigurée par la poignante beauté des deux instruments célébrant à l'unisson la splendeur du monde et le bonheur d'être. Je me sens ce soir-là aussi bouleversé que sans doute les pèlerins et autres croyants assemblés, nous communions sinon dans la même foi, au moins dans la même sensibilité au sublime.

Dans la journée, j'avais, après avoir grimpé sur la partie sud du plateau d'où je repartirai vers Figeac, parcouru une large boucle et rejoint la vallée du Dourdou en aval de Conques pour passer par la chapelle Saint-Léonard de Monédies. Cet ermitage rouerguais préroman du IX\ :e siècle est isolé en bordure d'un ruisseau en pleine forêt, dans un site superbe qu'on imagine propice à la méditation. En définitive, j'ai le sentiment en prenant la route vers Decazeville et Figeac le lendemain matin d'avoir connu là à Conques le prodige d'une sorte de paradis terrestre.

L'épopée de la mine de Decazeville

Le trajet du chemin de Compostelle après Conques descend progressivement du Rouergue pour se diriger à nouveau vers la vallée du Lot, puis Figeac dans le département éponyme. Avant de quitter l'Aveyron, il passe par Decazeville, une ville établie au XIX\ :e siècle pour répondre aux besoins en main-d'œuvre d'une exploitation minière de houille et des entreprises sidérurgiques implantées dans son sillage. Decazeville occupe presque depuis sa fondation en 1829 une place particulière dans l'histoire des luttes sociales en

France, si bien que j'en connais pour l'essentiel l'épopée. Le charbon à ciel ouvert était ici exploité *a minima* depuis des siècles, d'abord pour des usages locaux, puis à des fins commerciales après son transport par le Lot puis la Garonne vers Cahors, Agen et Bordeaux. La révolution industrielle anglaise et bientôt européenne amène au remplacement dans les fonderies du charbon de bois traditionnel par la houille qui prend, à partir de la fin du XVIIIe siècle, une importance considérable. En 1826, le duc Decazes rachète les droits sur les gisements de houille et de minerai de fer de la vallée alors très peu habitée. Il fonde la Compagnie des houillères et fonderies de l'Aveyron, puis l'usine Decazes-Ville autour de laquelle les habitations se groupent rapidement. Sous la monarchie de Juillet, cette usine sidérurgique devient la plus importante de France, la ville nouvelle compte déjà environ deux mille sept cents habitants. Ce nombre atteindra un apogée de quinze mille entre 1910 et 1935, avant de décroître progressivement jusqu'aux six mille actuels. C'est que l'histoire du complexe minier et sidérurgique est émaillée de crises et de conflits depuis le début du Second Empire. Victor Hugo témoigne, dans un poème, du sanglant mouvement social de 1869 à Aubin, près de Decazeville, au cours duquel dix-sept grévistes sidérurgistes sont abattus par la troupe. En 1886, l'atmosphère est insurrectionnelle, un directeur d'usine est tué. L'activité sidérurgique commença à décliner dès cette époque, mais les nécessités de la Première Guerre mondiale freinent ce déclin qui s'amplifie à nouveau ensuite.

L'extraction de la houille, grâce à l'exploitation à ciel ouvert de la mine de la Découverte en 1892, reste à l'inverse dynamique. Des photographies rappellent alors ce qu'y était le travail après la Seconde Guerre mondiale, l'énorme cavité de deux cents mètres de profondeur dans laquelle s'organisent des norias de camions sur une piste en colimaçon. Dès le début des années cinquante, cependant, les difficultés s'accumulent. Le gaz et le pétrole remplacent de plus en plus le charbon qui subit par ailleurs de plein fouet la concurrence européenne après la création de la Communauté européenne du charbon et de l'acier. De plus, le gisement s'épuise, l'extraction des filons souterrains devient déficitaire. La décision de fermeture des mines profondes est prise en 1959 pour une entrée en vigueur à la fin de l'année 1961. Une grève massive en 1961 et 1962 ne changera pas le cours des choses et la région connaît une lente descente aux enfers avec fermeture progressive des usines et arrêt définitif de l'extraction de la houille de la Découverte entre 2001 et 2003. Au total, Decazeville perdra les deux tiers de ses habitants et la presque totalité de ses emplois industriels.

Je parviens au-dessus de la cuvette de Decazeville vers midi, la chaleur devient pesante. Du plateau, je distingue bien les anciens sites industriels, aucun n'émet de fumée, le silence y règne, ils sont déserts. À mon entrée en ville, la température est déjà de trente-deux degrés, elle dépassera les trente-quatre lorsque je la quitterai. En principe, le GR *Camino francés* ne pénètre pas dans Decazeville, il bifurque immédiatement vers le nord-ouest pour remonter sur le bord de la cuvette vers la vallée du Lot et Livinhac-le-Haut. Cependant je désire mieux connaître cette ville sinistrée mais mythique et décide d'y déjeuner. Je m'engage par conséquent dans la rue principale vers la mairie que je remonte dans la fournaise sur plus de un kilomètre. L'atmosphère est étrange et pesante. Au moins un magasin sur deux est désaffecté, des haut-parleurs diffusent en boucle des messages publicitaires pour les quelques enseignes encore actives, peut-être pour éviter qu'elles ne disparaissent elles aussi. Je ne croise que des échoppes de restauration rapide, et les restaurants que m'indiquent des passants sollicités en sont aussi, ou alors sont fermés. Il est maintenant près de 14 heures, je suis en sueur et commence à ressentir la faim et la soif. Je me sens surtout désespéré de ce que je ressens sur le moment comme un exemple de plus de ces désastres économiques aux douloureuses conséquences sociales et humaines qui émaillent mon itinéraire depuis mon départ.

Je bats alors en retraite et m'engage de nouveau sur le GR-*Camino francés* d'où j'avise dans le faubourg un estaminet ouvrier où un homme jeune aux fourneaux prépare une vraie et savoureuse cuisine. Dans l'établissement, outre le patron, quatre hommes de la cinquantaine passée sont accoudés au bar. J'engage la conversation, ils évoquent la manière dont ils ont vécu la fin de l'activité minière et la fermeture qui en a découlé des usines chimiques et métallurgiques, me font part de la très grande difficulté de la reconversion, de sa lenteur. L'un de leurs propos me frappe car il s'intègre hélas trop bien aux ressorts de la « sécession » et du repli décrits plus haut : « Ils ont tout pris… » Ils, ce sont, j'imagine, les autres, les puissants, les possédants, la logique de la compétition internationale, l'Europe. Ces images de Decazeville ne me quitteront pas pendant plusieurs jours, couvrant l'euphorie qui m'habite depuis mon départ d'un voile plus sombre. Le billet que je rédige à l'étape de Livinhac, à cinq kilomètres de Decazeville, sera empreint de mon désarroi, ses mots seront sincères mais à l'évidence trop forts. Tel est le prix à payer de la spontanéité, elle comporte des risques que j'assume. Je reçois d'abord une bonne douzaine de témoignages de personnes indiquant avoir ressenti dans la ville la même impression lourde que moi. Cependant, en août, un mois après mon passage à Decazeville, l'édition aveyronnaise de *La Dépêche du Midi* publiera un article parlant de « dénigrement ». Ce papier déclenche immédiatement une violente polémique dans l'ancienne cité minière. J'ai alors l'occasion d'expliquer combien le terme de « dénigrement » est mal venu. Peut-être n'avais-je pas en main toutes les informations nécessaires mais j'étais sincère, solidaire et malheureux. Mon vœu le plus cher est que, après avoir touché le fond, ce haut lieu de la vie ouvrière et des luttes syndicales puisse rebondir et recréer des emplois industriels, profitant en particulier du dynamisme de la ville toute proche de Figeac dans le secteur de l'aéronautique. Il existe peut-être des signes encourageants en ce sens.

L'optimisme revient à Figeac et dans le Quercy

Depuis mon arrivée à Conques la chaleur s'est abattue, elle éprouve particulièrement le sud-ouest du pays et perdurera jusqu'au terme basque de mon voyage. Après les hauteurs du Rouergue, l'altitude du chemin ne dépassera plus trois cents mètres jusqu'aux Pyrénées, le plus souvent en terrain dégagé, si bien que l'ardeur du soleil ne sera atténuée ni par la végétation ni par la fraîcheur des cimes. Je prends de la sorte la décision de partir de plus en plus tôt le matin afin de parvenir au terme de l'étape pour la mi-journée, en toute éventualité avant 14 heures. Dans l'après-midi, la canicule devient en effet difficilement supportable. Cela implique bien entendu que je renonce à toute halte prolongée avant mon arrivée à bon port, ce qui ne me pose pas de problème en ce qui concerne Figeac, dans le Lot. La distance de vingt-sept kilomètres qui la sépare de Livinhac, mon point de départ aveyronnais, est raisonnable et le terrain facile, en grande partie sur macadam. Je dois passer deux nuits dans cette ville, je dispose par conséquent d'une journée et demie pour la visiter le mieux possible.

Cité médiévale formidablement conservée et restaurée, elle le mérite, pour ses nombreux exemples d'architecture gothique civile, rare en France, le souvenir de Jean-François Champollion, le musée qui lui est dédié et les rives romantiques du Célé, un affluent du Lot. Le musée présente la saga de l'invention des différentes écritures du monde et explique comment Champollion parvint, après vingt ans d'efforts, à

déchiffrer les hiéroglyphes à partir de la pierre de
Rosette et de nombreux autres documents et indices.
Les inscriptions en hiéroglyphes, en démotique et en
grec de la pierre de Rosette sont reproduites dans la
pierre noire du Zimbabwe sur toute la surface de la
belle place des écritures, dans un somptueux cadre
médiéval. Le point de vue sur cet ensemble depuis
les jardins suspendus du musée est exceptionnel. Le
soir, dans la ville qui respire un peu après la rude
chaleur de la journée, les couples amoureux déambu-
lent main dans la main au bord de la rivière, il en
émane un rafraîchissant bonheur qui contribue à
remettre mon humeur au beau fixe. Le secret de la
magnifique mise en valeur de Figeac est, sans surprise,
sa santé économique qui lui en donne les moyens. La
ville participe au miracle de l'aéronautique de la
grande région toulousaine. Elle est le siège du plus
grand « hélicier » du monde, Ratier-Figeac, qui
occupe de façon directe plus de mille salariés. Cette
société a basé son succès depuis le début du XXe siècle
sur l'innovation dans le domaine des hélices d'avion
encore promises à un bel avenir dans le contexte d'un
monde à énergie de plus en plus rare et de plus en
plus chère. Figeac Aéro, un peu moins importante,
intervient dans le champ de la motorisation. Avec les
sous-traitants, ces deux firmes assurent un emploi à
des milliers de salariés dont plusieurs techniciens
et cadres, leur pouvoir d'achat stimule l'activité
commerciale et les services, la mise en valeur de la
ville attire des touristes qui contribuent à leur tour
à son activité commerciale ; nous trouvons là les

constituants habituels des cycles vertueux qui permettent le succès.

En fait, après mon observation douloureuse de la dure situation à laquelle Decazeville doit faire face, Figeac marque une inflexion radicale dans ma perception des atouts économiques des territoires traversés et de l'optimisme que les populations concernées peuvent raisonnablement manifester pour l'avenir. Ce changement d'atmosphère était déjà perceptible chez les maraîchers de la vallée du Lot, il ne se démentira plus jusqu'à mon arrivée à Ascain et Saint-Jean-de-Luz. Au terme de ma traversée des Causses du Quercy, par exemple, je formulerai un même diagnostic empreint d'optimisme en dépit de l'incroyable aridité des sols. Certes, la ruralité quercynoise pourrait en première analyse apparaître dévastée, elle aussi. Le causse se dépeuple, les maisons sont souvent abandonnées, les villages apparaissent dépeuplés et, s'il n'y avait le pèlerinage de Compostelle, ils auraient perdu aussi leurs commerces. La désertification médicale, la fermeture des classes puis des écoles sévissent comme partout. Cependant, cette analyse constituerait une erreur de perspective que j'ai déjà signalée. La désertification des campagnes est avant tout la conséquence de la profonde mutation des techniques agricoles, de la mécanisation et de l'augmentation qui s'ensuit de la surface des propriétés. Elle est inéluctable en l'absence de l'arrivée d'une nouvelle population dans les villages, ferment de cette « nouvelle ruralité » dont j'ai déjà rapporté la manifestation. Le Quercy n'échappe pas à ce phénomène, l'apport des résidents étrangers, ici surtout anglais, est important et bienvenu. Pourtant, cette région, peu privilégiée par la nature de ses terrains, a su, dans les limites que j'ai rappelées, jouer de façon subtile la politique de créneau basée sur la qualité, la notoriété et le volontarisme : relance de la culture du safran (isolé des stigmates ou – organes femelles – d'un crocus), truffe noire, amélioration et extension des vins de l'appellation d'origine contrôlée Cahors, création des AOC « agneau du Quercy » et « cabécou de Rocamadour »… Associées aux cultures maraîchères et fruitières dans les vallées, ces activités agricoles témoignent d'un authentique dynamisme. Il fallait le rappeler, si le meilleur n'est guère certain dans notre pays beau mais dévasté, le pire n'est pas non plus sûr. À condition d'oser vouloir. Je m'efforcerai en avançant dans ce Sud-Ouest qui résiste en général mieux à la crise que d'autres régions, d'identifier tous les paramètres de ce dynamisme conservé.

Le causse, un jardin de pierres dans la fournaise

Lorsqu'en mai dans les Ardennes, dès mes premiers pas le matin, je grelottais sous la pluie, je savais qu'il me faudrait peut-être affronter dans le Sud-Ouest la canicule en juillet. Je me demandais alors des deux laquelle était la plus difficile à supporter. J'ai aujourd'hui la réponse : le beau temps et la grosse chaleur sont beaucoup plus agréables mais autrement éprouvants pour l'organisme que le temps de chien. J'ai entamé à Figeac la traversée des Causses du Quercy que je continuerai à parcourir jusqu'à Cahors, avant d'aborder le causse Blanc. Les conditions sont

celles qui permettent sans doute le mieux d'apprécier
les caractéristiques des lieux : la canicule. Déjà vingt
et un degrés à 8 heures le matin, au départ, trente-cinq
à l'arrivée à Cajarc, environ trente kilomètres plus
loin par le *Camino francés*. Marcher dans ces conditions est une épreuve que je connais. À vingt-trois
ans, j'étais au titre de la coopération médecin-chef de
la préfecture de Haute-Kotto en Centrafrique, en
zone subtropicale. En France, des randonnées dans
les Pyrénées-Orientales, les Cévennes et en Corse
lorsqu'on redescend dans les vallées m'ont aussi
permis de goûter ces sensations très particulières.
Quand il fait plus de trente-deux degrés à l'ombre et
que rien ne vient atténuer l'ardeur du soleil, ni couvert d'arbres, ni vent, ni nuage, il est des endroits où
la température atteint et dépasse les cinquante degrés.
Les tranchées pierreuses par où passent parfois les
chemins en sont le type, et plus généralement tous les
environnements à dominante minérale. Les roches
claires, les calcaires du causse ou les granits réfléchis-
sent la lumière et la chaleur vers les marcheurs alors
que les minéraux foncés d'origine volcanique ou
l'asphalte des routes goudronnées l'emmagasinent
jusqu'à devenir brûlants. Le cheminement du GR 65-
Camino francés sur le causse offre les deux réjouis-
sances. Soit il suit des pistes blanches entourées de
murets, voire de véritables murs en pierres calcaires,
soit, trop souvent à mon goût, il prend le prétexte
que de nombreuses routes sur le plateau sont très peu
empruntées par les véhicules pour les réquisitionner
au profit des pèlerins et randonneurs. Dans le premier
cas l'impression est celle d'un four violemment éclairé

alors que, dans le second, les souliers collent au bitume fondu d'une route qu'il est impossible de toucher de la main sans se brûler. La chaleur est si vive qu'elle semble rôtir la peau découverte et transforme les vêtements en des cataplasmes brûlants. En passant, remarquons que marcher sous le soleil ardent a des points communs avec la marche sous la pluie dont je suis aussi un spécialiste. Dans le second cas, on ne s'arrête pas car il pleut alors toujours et que la sensation de froid vous prend. Dans le premier, le léger mais perceptible déplacement d'air provoqué par la marche accélère l'évaporation de la sueur et engendre un soupçon de fraîcheur.

La stratégie du marcheur s'en ressent. La seule défense du corps pour dissiper la production de chaleur consécutive à l'effort est l'émission de sueur, avec la déshydratation qu'elle entraîne. Aussi, la moindre montée en d'autres circonstances insignifiante devient-elle un problème à gérer, de même que le rythme général de la marche. Hâter le pas permet d'arriver à l'étape avant les milieux d'après-midi torrides mais confronte aux risques d'hyperthermie et de déshydratation. De plus, l'eau est rare sur le causse et il convient d'en conserver jusqu'à l'arrivée. La chaleur a aussi des conséquences sur l'activité psychique, elle provoque vite un état de grande lassitude, une tendance à la somnolence et une sorte d'ébriété. C'est de la sorte, dans une atmosphère onirique et accablante, que j'ai pris contact avec ce grand plateau calcaire aride mais beau, aujourd'hui sans un seul animal dans les pâtures, sans un seul chant d'oiseau, mais où les grillons s'en donnent à cœur joie entre les murets qui délimitent de pauvres prairies pourtant très fleuries. Pour la deuxième ou troisième fois depuis le début de mon périple, mon attention est attirée par deux couples d'aigles qui décrivent de très larges cercles aux trajectoires entrelacées en une élégante et énigmatique arabesque, seule manifestation de vie animale avec les grillons et moi sous le soleil impitoyable. Mon rêve prend alors une allure d'étrangeté en bonne résonance avec le caractère un peu fantomatique de ce paysage minéral à la végétation rare et fumant sous juillet. Demain, après-demain et les autres jours, j'y retourne. Je me console : à tout prendre, mieux vaut être à point que saignant…

Le rythme est maintenant pris : lever vers 5 heures, préparation autonome de mon petit déjeuner, mise en route avant 6 h 30. De Cajarc, la ville de l'ex-président Georges Pompidou au bord du Lot, à Varaire, petit hameau sur le causse de Limogne, le chemin n'est pas trop long, rien ne me distrait de savourer sans entrave le charme minéral du paysage traversé. Plus encore qu'hier entre Figeac et Cajarc, la pierre est en effet ici reine, elle se présente sous de multiples aspects, les murs et les murets, bien sûr, une diversité de constructions de prairies, des banquettes pierreuses au bord des chemins qui relient les « mas » entre eux, nom que prennent les fermes et les hameaux sur ce plateau. Ces banquettes sont envahies de végétation, mousses, lichens, fleurs xérophiles qui transforment les voies en de superbes allées d'honneur. Parfois, des cabanes en pierres sèches, les gariotes, sont intégrées à ces murets, d'autres fois plutôt à des pierriers qui en sont peut-être des ruines. En plein champ, on parle plutôt sur le causse de caselles dont les usages sont multiples, abris, réserves à outils ou encore, je le vérifie en en visitant plusieurs, citernes essentielles sur ce plateau aride. Les cabanes sont parfois couvertes d'un toit pointu en chapeau de clown blanc, d'autres fois d'une coupole plus ou moins aplatie. Les drailles, les petits bois où dominent les chênes pubescents et les aulnes, les prés eux-mêmes sont tapissés de cailloux calcaires plus ou moins volumineux, qui apparaissent souvent répartis selon des lignes aux formes étranges, un peu comme de la limaille de fer dans un champ magnétique qui serait ici erratique. L'image m'est venue très vite à l'esprit d'un temple zen de Kyoto dont le jardin n'admet comme éléments à signification symbolique et philosophique que des alignements de cailloux soigneusement rétablis chaque matin. Je ne suis pas un familier de la philosophie zen et m'affiche d'un rationalisme à toute épreuve. Pourtant, à Kyoto comme sur le causse de Limogne, je suis resté longuement à contempler ces lignes et dessins minéraux, à imaginer qu'ils obéissaient à des forces telluriques que la spiritualité nipponne désirait maîtriser et figurer, et qui se manifestaient comme un processus de nature dans le Quercy. À prolonger l'observation, j'en arrive à investir ces formes étranges, tantôt ordonnées, tantôt entrelacées, de mes propres pensées qui, elles aussi, alternent le plus strict des ordres et le plus délicieux des désordres.

Sur une petite route du causse, je tombe nez à nez avec un veau qui s'est échappé de son parc et vagabonde. Me voyant arriver avec mon bâton « de pèlerin », il prend peur et s'éloigne sur le chemin afin de m'éviter, si bien que plus d'un kilomètre après, j'avance en donnant l'impression de le pousser devant moi. Arrivant à un mas, je me mets à échafauder une explication à servir aux agriculteurs locaux qui pourraient me suspecter sinon d'emmener mon méchoui du soir. C'est bien sûr la référence au film *La Vache et le Prisonnier* qui sert d'épine dorsale à mes réflexions. Voyons. Puis-je prétendre avoir été enlevé par des talibans ou des autonomistes quercynois et utiliser, comme Fernandel, ce stratagème pour m'enfuir ? Pas très crédible, surtout pour d'autres habitants du causse. L'accablement dû à la chaleur aidant, je suis incapable d'échafauder une autre explication plus plausible de nature à me disculper des soupçons. C'est en fait le veau qui me sauve : juste avant d'arriver au mas, il se réfugie dans un fourré en bord de chemin, me laisse passer et repart dans l'autre sens. Quel soulagement !

Arrivé comme prévu à Varaire pour déjeuner, je décide selon mon habitude d'élargir durant l'après-midi, malgré la canicule, mon exploration du causse pour lequel je me suis pris d'un vif penchant. On m'a signalé la présence d'un dolmen proche – ils sont nombreux sur le causse où l'homme néolithique a soit habité, soit plutôt localisé ses cultes –, je décide d'y aller pour compléter cette journée décidément minérale. Il est en plein champ, me dit-on, dans une direction qui m'est précisée. Rien ne le signale, il me faut ouvrir les yeux. En route, donc, les yeux grands ouverts. Pas assez, apparemment. Au bout d'environ trois kilomètres sur la route indiquée, je suis pris d'un doute. Ne l'ai-je pas dépassé ? Je hèle alors au passage un agriculteur qui revient avec son tracteur de rentrer ses foins. « Pardon, monsieur, il paraît qu'il y a un beau dolmen dans le coin ? — En effet, vous êtes passé devant. Montez, je vous y ramène ! » C'est de la sorte, dans un bel engin rutilant, que j'aborde le monument, de toute beauté en effet, au pied d'un chêne solitaire au centre d'une prairie. Il ne m'étonnerait pas que les constructeurs de ce dolmen eussent manifesté la même fascination que moi pour le décor de pierres en ces lieux. Comme pour jeter un doute supplémentaire – oh, bien ténu – sur mon rationalisme d'airain, c'est juste au pied de cet édifice sacré pour les hommes d'alors que je trouve ma première, et pour l'instant unique, orchidée sur le causse, un tribut que la nature présente aux anciens qui hantaient ces lieux et qui la vénéraient.

De Varaire, une étape de plus de trente kilomètres au parcours accidenté doit me conduire à Cahors. Les grillons et maintenant des cigales se déchaînent dès 10 heures du matin, ce qui signifie selon mes observations que le thermomètre flirte déjà avec les trente degrés à l'ombre. Je serre les dents et avance aussi vite que je le peux, soucieux d'éviter l'enfer des milieux d'après-midi sur ces plateaux brûlants. Je double les quelques pèlerins qui ont choisi de se mettre en route avant le lever du jour et avance, avance, comme en pilotage automatique. La répétition des paysages, la chaleur accablante, la lassitude

qu'elle amplifie d'une étape un peu corsée m'amènent
en effet à me dissocier du corps qui va et de son
environnement pour sombrer dans une sorte d'hyp-
nose protectrice. Heureusement, les automatismes
sont assez efficaces aujourd'hui pour me préserver de
l'égarement. Je ne réintègre mon corps et ma
conscience qu'en vue de Cahors à mes pieds ; il ne
me reste plus qu'à m'y laisser couler, je suis au bord
du Lot, sur le pont qui mène en ville, à l'octroi, enfin.
Ce guichet qui percevait jadis les taxes des voyageurs,
dont les pèlerins, reçoit toujours ces derniers afin de
leur permettre de se désaltérer puis de les diriger vers
leurs lieux respectifs d'hébergement. Le mien est à
l'autre bout de la ville, encore un effort. Après une
bonne douche froide, ma lessive quotidienne faite, je
me sens tout neuf pour partir à l'aventure dans la
capitale du Quercy, à travers ses vieux quartiers le
long du fleuve. La vitesse de récupération est un prodige connu de tous les marcheurs chevronnés, elle est
stupéfiante, je me sens maintenant parfaitement
dispos.

Efforts et moissons

Le départ de Cahors pour rejoindre le causse Blanc
est grandiose. La ville traversée à nouveau aux aurores
pour rejoindre le Lot, je le longe sur sa rive droite
vers le pont Valentré, ouvrage médiéval du XIVe siècle
authentiquement admirable. Le soleil levant se réflé-
chit dans le fleuve qu'il transforme en un paisible et

étincelant miroir dont les plages bleues éclairées et vert clair ombrées reflètent si bien le monument qu'on en admire l'élégance aussi bien dans qu'au-dessus de l'eau. Les trois tours fortifiées et les six arches précédées de becs aigus se découpent comme soulignées d'un trait dans un air d'une cristalline pureté, les rayons solaires directs et réfléchis par la surface du fleuve-miroir sont des pinceaux qui rehaussent l'éclat et éclaircissent l'ocre de sa pierre. Sitôt sur la rive droite du Lot, un chemin en gradins mène au causse Blanc qui succède au causse de Limogne. Son nom, mérité, vient de la couleur de ses calcaires qui tapissaient jadis un grand lac occupant la région. La transition se fait de façon progressive ; les roches s'éclaircissent d'abord, puis le jardin de pierres que j'ai décrit devient moins minéral, les murets et caselles se raréfient, le relief s'adoucit, la culture reprend ses droits jusqu'à dessiner une belle campagne agricole où poussent des céréales. Ce paysage m'accompagne jusqu'à Lascabanes où je fais étape.

Le gîte de ce très petit village est propice aux réflexions sur l'« après » : il est installé dans un bâtiment en continuité avec l'église – j'imagine qu'il s'agit de l'ancien presbytère –, et son jardin n'est séparé du cimetière que par un muret d'une cinquantaine de centimètres de haut. Si jamais le pèlerin fatigué se laissait aller à un petit somme, assommé de fait par une chaleur aujourd'hui encore écrasante, la cloche qui sonne toutes les heures en faisant vibrer les larges murs de l'édifice le rappellerait à ses devoirs spirituels. En réalité, je n'ai pas eu besoin de cet environnement propice pour décider cet après-midi-là d'aborder la question de mon activité au terme de l'extraordinaire période que je vis en ce moment avec intensité et ravissement, quoique bien chaudement depuis bientôt une semaine. En effet, dans moins de trois semaines j'aurai atteint le but assigné à mon périple, la frontière espagnole et l'océan Atlantique. Je vois arriver avec anxiété la fin de cette aventure, il n'est que temps pour moi de me fixer de nouveaux objectifs. Je me promets de réserver ce qu'il faut de mes pensées d'ici Saint-Jean-de-Luz pour prendre une décision. En attendant, je passe la soirée à Lascabanes avec une douzaine de pèlerins de plusieurs nationalités. Un vieil Australien de quatre-vingt-un ans et sa compagne colombienne plus jeune qui vient d'être opérée d'une tumeur mammaire comptent aller jusqu'à Compostelle. Ils font transporter leurs bagages par des services de malles-poste dédiés. Les autres marcheurs s'arrêteront pour cette fois à Saint-Jean-Pied-de-Port. Comme je l'ai expliqué, mes haltes d'une journée dans des sites remarquables suivies d'étapes rallongées me permettront de les retrouver tous presque jusqu'au pied des Pyrénées et de me lier d'une réelle sympathie avec certains.

Le lendemain matin 13 juillet, tout le monde se retrouve avant 6 heures pour déjeuner, la journée sera rude, en particulier pour moi qui ai programmé une étape d'environ trente-deux kilomètres, une longueur en principe non excessive mais avec un profil qui se révélera bien plus exigeant que je ne l'avais anticipé.

De plus, la chaleur atteint désormais trente-six degrés à l'ombre au plus fort de l'après-midi et se maintiendra à ce niveau jusqu'à mon arrivée. Je dois parcourir le pays de Serres où le plateau est entaillé de vallées de plus en plus nombreuses, aussi larges que les cubes calcaires qu'elles laissent subsister entre elles. Le paysage ressemble alors à un rempart crénelé, ou bien à une succession de dominos qui se chevaucheraient tout en étant alternativement posés sur la tranche et sur une face. Ces dernières pièces seraient par conséquent en position basse – la vallée –, puis haute – les cubes de plateau. Une telle disposition explique d'ailleurs en partie pourquoi le chemin comporte tant de raides montées et descentes qui arriveront à représenter en fin de journée un dénivelé cumulé d'au moins sept cents mètres. Je grimpe aussi la rude pente qui conduit au sommet de la colline où est bâtie la magnifique et fort touristique cité médiévale de Lauzerte dans le Tarn-et-Garonne. Le parcours passe par d'autres endroits superbes, plusieurs petites églises et chapelles romanes dont celle de Rouillac avec son chœur décoré de fresques, des fontaines tenues par la tradition ancienne pour être plus ou moins miraculeuses. Je m'y précipite non par superstition mais pour m'asperger de leur eau et y rincer ma casquette et mon maillot que je remets avec délice tout dégoulinants sur ma tête et mon torse.

Plus loin encore, ce sont les vallées qui prennent l'avantage, couvertes de cultures maraîchères et de superbes vergers alternant avec les grands champs de blé dont la moisson est en cours ou déjà terminée.

Son odeur a déclenché dans ma mémoire le même phénomène que le foin en Saône-et-Loire. C'est que j'ai participé jeune aux moissons comme à la fenaison, aussi bien à l'ancienne que perché sur une moissonneuse-batteuse à accrocher les sacs aux orifices par où arrivait le grain (c'est d'ailleurs là aussi une technique aujourd'hui dépassée). À l'ancienne, lorsque le blé était d'abord coupé et rentré, puis battu dans la cour de la ferme dans laquelle on installait la batteuse reliée par une grande courroie à la poulie d'un tracteur. Les autres cultivateurs donnaient un coup de main, à charge de revanche puisque la machine passait d'exploitation en exploitation. C'était aussi une rude journée pour la fermière qui « traitait » tout ce beau monde au repas de midi, comme aussi pour les vendanges traditionnelles. On tuait et rôtissait ce jour force canards et poulets, confectionnait de roboratifs gâteaux, débouchait le « vin de soif » dont les hommes se satisfaisaient bien.

J'aime les moissons, j'aime le mot et la chose. En mai, dans les Ardennes du Sud puis dans la Marne, j'ai vu le blé semé à l'automne reprendre sa croissance après la pause hivernale. Dans le Tonnerrois, j'ai photographié de grands champs de blé déjà haut dont le vert intense formait un damier coloré avec le jaune des colzas voisins. Puis, au-delà de la plaine bourbonnaise, j'ai quitté pour l'essentiel les terres de grande culture, je les retrouve un mois après à l'heure des moissons dans le chaud Sud-Ouest. Une moisson termine un cycle, elle ne préjuge en rien de la qualité de celles qui suivront mais est la récompense tangible du travail de l'agriculteur. Il a semé, surveillé, traité, il récolte. Dans ce sens, les « moissons » sont nombreuses : moisson de médailles qui récompensent les efforts des athlètes, de diplômes au terme du cursus universitaire, de résultats économiques qui viennent sanctionner l'esprit d'innovation de l'entreprise, etc. La seule en France dont les efforts, les sacrifices, parfois l'abnégation, n'ont encore pas, dans une période récente, permis de moissonner, c'est la France elle-même, c'est sa population. Oh, bien sûr, certains apparaissent avoir fait leur blé : je lisais dans un journal local, en passant dans un village, que les plus grosses fortunes françaises avaient augmenté tandis que le nombre de repas servis aux restaurants du cœur croît sans interruption, ainsi que le nombre de chômeurs, de personnes non ou mal logées, et de femmes seules en situation de précarité. À quand un homme politique qui saura mobiliser ses compatriotes, leur rappeler bien sûr qu'il faut travailler pour récolter, mais qui sera en mesure d'assurer que, dans ce cas, on pourra en effet moissonner, et que, peut-être, la moisson sera belle ?

Mes haltes à chaque point d'eau, à chaque fontaine miraculeuse ou non ne m'empêchent pas de peiner pour parcourir en pleine canicule les deux ou trois derniers kilomètres qui me mènent, accablé, à l'auberge de l'*Aube nouvelle* où j'ai réservé, en bordure des vergers sur la commune de Durfort-Lacapelette. Cette fin d'après-midi-là, contrairement à mes habitudes, je ne bouge plus du beau jardin de l'auberge où je me suis affalé, ai écrit mon billet quotidien en ingurgitant un nombre respectable de Perrier-menthe. J'y savoure en pacha la nuit qui vient et la fraîcheur relative qu'elle apporte, puis le succulent dîner qu'on m'y sert.

Abondance et bastilles

Le lendemain 14 juillet, il ne me reste que seize kilomètres pour parvenir à Moissac par un itinéraire périurbain de peu d'intérêt mais facile. Comme cela s'était amorcé au-delà du causse de Limogne, je chemine maintenant dans ce qui ressemble sans doute le plus à un jardin d'éden où coulent à flots, sinon le lait et le miel (encore qu'il y en ait aussi), du moins le foie gras et tous les fruits capables de se former et d'arriver à maturité en Europe. La campagne est ici un jardin, les vergers de cerisiers, abricotiers, pruniers de différents types, kiwis, pêchers, brugnoniers alternent avec des vignes de chasselas de Moissac, des champs de pois et de melons, de haricots verts. Les serres occupent les vallées, les flancs des collines portent de beaux champs de tournesols, de blé, d'un peu de maïs. Les propriétés sont belles, en général rénovées, leurs couleurs sont pimpantes, les piscines particulières sont fréquentes, aussi bien dans d'évidentes exploitations agricoles que dans les résidences des nouveaux ruraux, parmi lesquels les Anglais sont ici bien représentés. Certes, la réalité doit être plus mitigée, les ouvriers agricoles maghrébins sont nombreux, employés à la cueillette des fruits. Cependant, pas de doute, la campagne du Tarn-et-Garonne est prospère et productive, elle l'est depuis des temps anciens, les spécialités culinaires en témoignent.

Dans la cacasse à cul nu des Ardennes, on imprégnait les pommes de terre de l'odeur du lard. Ailleurs, les pommes de terre, parfois avec le chou, demeurent la base de l'alimentation traditionnelle, servies avec lard et saucisses. Les tourtes du Berry ou de l'Allier incorporent un peu de viande de bœuf. La truffade ajoute le fromage local. Celui-ci est à la base de l'aligot servi là encore avec des saucisses, du Massif central au Rouergue. Dans le Sud-Ouest, Tarn-et-Garonne, Lot-et-Garonne, Gers, Landes, Pyrénées-Atlantiques, etc., le paysage culinaire change. Aux cochonnailles du cassoulet du Languedoc s'ajoutent, omniprésents, le canard, son foie, les fruits, les vins… On est passé de régions traditionnellement pauvres à d'autres incroyablement gâtées par la nature, au sol riche, à l'eau abondante dans les vallées du Lot, de la Garonne, du Tarn et de leurs affluents soumis au régime océanique chaud et humide, au soleil généreux. Malgré la lenteur de la marche, la transition est rapide, elle apparaît brutale. Aborder ces contrées bénies des dieux en ces jours où l'on commémore l'événement qui frappe les trois coups de la Révolution française est un paradoxe car, à cheminer dans ce territoire ensoleillé et prospère, on n'est pas enclin à penser aux bastilles qui restent à prendre. Et pourtant…

S'il me fallait bientôt, au terme de ma traversée lente et attentive de la France réelle, en désigner une que je souhaite voir emporter par le peuple révolté, ce serait l'idée de la mondialisation heureuse dont la plupart des décideurs européens et mondiaux continuent de véhiculer l'illusion si activement entretenue en France par Alain Minc et ses semblables. Que l'on défende l'idée d'une mondialisation nécessaire, inéluctable, que l'on rappelle que sous l'Empire romain et avant la Première Guerre mondiale, une sorte de mondialisation s'était déjà imposée, cela mérite d'être rappelé. Mais « heureuse » ! Pour un très petit nombre de bénéficiaires en France, peut-être, mais pour la masse des citoyens ? Les territoires dévastés, sans espoir réel de rebond à moyen terme, la destruction du tissu industriel qui est aussi une destruction du lien social, la vague montante de l'idéologie du repli sur soi et de l'exclusion des autres que manifestent les succès du Front national sont des conséquences plus ou moins directes des logiques de la mondialisation financière. Cette dernière organise, à l'avantage de certains, la compétition entre des centres de production soumis à des règles de bien-être social et de défense de l'environnement toutes différentes, ce qui crée les conditions d'une concurrence peut-être libre mais incroyablement biaisée. Ces propagandistes de la « mondialisation heureuse » devraient eux aussi prendre leur bâton de pèlerin et parcourir les chemins, de France, d'Afrique, de Chine, quitter un peu les *Hilton* et *Sheraton* identiques de Paris à Londres, Austin, Lagos et Shanghai où ils discutent doctement avec leurs pairs des évolutions macroéconomiques des PIB censées appuyer leur optimisme. S'ils veulent m'accompagner, je repars avec eux, promis.

Les justes de Moissac

Moissac fait bien sûr partie des villes où j'ai choisi de demeurer une journée entière. Plusieurs personnes m'ont demandé de les y rencontrer, l'abbatiale Saint-Pierre et son cloître constituent, après Vézelay, Le Puy et Conques, l'un des hauts lieux de l'art roman sur ma route et, enfin, le Tarn qui la traverse est ici particulièrement imposant. Je ne devais de ce fait pas chômer pendant les trente-quatre heures que j'y passerais. À l'abbatiale, les reliefs à gauche du tympan du portail sud et de son apocalypse de Jean, d'une rare délicatesse, illustrent le rapport de l'Église à l'argent déjà commenté dans ce livre à propos de l'origine bourguignonne et champenoise de la réforme cistercienne. Ils représentent la légende du pauvre Lazare et du mauvais riche. Le second festoie pendant que le premier, malade, meurt à sa porte, ce qui m'apparaît être une figuration réaliste du monde moderne ! Peut-être le second tableau est-il lui aussi prémonitoire ? Le riche est puni par les tourments éternels de l'enfer. Non pas que je croie au Jugement dernier et aux démons, mais je suis persuadé que la cupidité sans bornes des possédants conduira le monde à sa perte s'il ne sait réintroduire la notion du bien commun à sa logique. Après m'être émerveillé de la statuaire de l'abbatiale et de la grâce inégalable du cloître entouré de ses fines doubles colonnettes aux chapiteaux admirables, je me dirige vers le canal du Midi et le Tarn qui prend dans la ville, peu avant de se jeter dans la Garonne, la dimension d'un estuaire. Suivre le canal jusqu'à ce qu'il traverse le Tarn sur un pont emprunté par les péniches est un ravissement. De retour en ville le long du fleuve, je tombe sur une émouvante exposition photographique installée sur les quais. Elle conte l'épopée inouïe des enfants juifs de Moissac entre 1939 et 1945, et rappelle l'héroïsme de certains et le courage des citoyens de la ville, de ses maires, de la région dont la mobilisation sans faille, sans dénonciation, permit de sauver cinq cents gosses et de maintenir en France, sous la botte nazie, un foyer d'enseignement et de culture juive. Je dédie ce passage de mon livre aux justes de Moissac chez qui la douceur de vivre de leur jardin d'éden n'a pas amoindri la solidarité active et l'esprit de résistance.

En 1939, l'organisation des Éclaireurs israélites de France décide d'évacuer vers Moissac différentes de ses implantations des plus grandes villes, par crainte des bombardements et suivant en cela une consigne des autorités françaises de mettre autant que possible les enfants à l'abri. L'organisation de ce centre d'accueil et de vie est confiée à un couple formidable, Shatta et Bouli Simon, avec l'accord et même le soutien du maire de Moissac. Les jeunes résident d'abord dans la maison, au 18, quai du Port, en bordure du Tarn, qui est acquise par le couple et aménagée. De jeunes chefs scouts de l'organisation, âgés de moins de vingt ans, sont mobilisés par les Simon, ils feront un travail magnifique. En tout cinq cents filles et garçons juifs, de France puis de toute l'Europe sous la domination hitlérienne, seront accueillis à Moissac. Non seulement ils y suivent une scolarité normale mais reçoivent aussi une formation à différentes activités manuelles et un enseignement religieux. Ils célèbrent les fêtes juives, chantent, dansent, vivent, grandissent, apprennent à devenir des femmes et des hommes.

En 1942, dans le sillage de la rafle du Vél' d'Hiv', les Simon sont informés de ce que les autorités pétainistes ont eu vent de quelque chose et que des rafles se préparent ici aussi. En quinze jours, les enfants sont dispersés dans toute la ville et le département, et, avec là encore le soutien de la nouvelle municipalité, ils prennent le nom des familles d'accueil. Lorsque, obéissant aux ordres du gouvernement vassal des nazis, un commissaire de police peu enclin à faire du zèle se présente au 18, la maison est vide. Pas un seul enfant ne sera appréhendé et déporté alors que les ordres de Pétain, Laval et consorts d'arrêter les Juifs ne cessent plus. Hélas, le courage des chefs scouts, parfois de leur famille, se paye d'un prix élevé, le tiers sera pris par les barbares et leurs suppôts et mis à mort, d'emblée ou dans les camps. En 1943, le danger devient tel que la Maison est définitivement dissoute et que l'action, pilotée avant tout par Shatta, de l'avis unanime une femme d'une audace, d'une intelligence, d'un charisme incroyables, se concentre sur le placement stable des enfants dans des planques sûres. Beaucoup des chefs scouts et certains des grands adolescents s'engagent alors dans la Résistance, les différents réseaux non confessionnels ou les mouvements de résistance israélites.

À la Libération, la plupart des enfants sont orphelins, pas question de les abandonner, ni eux ni les jeunes Juifs dans leur situation venant de toute l'Europe. Shatta les accueille alors au Moulin, vaste bâtisse, ancien moulin moissagais devenu centre sportif. Les activités éducatives reprennent, une chorale qui se produira dans le monde entier est formée, les enfants sont de jeunes adultes, ils n'oublieront pas, nous non plus, j'espère. Sans Moissac et ses justes, sans Moissac la juste, tout cela se serait terminé comme chacun le sait.

Tout fout le camp !

Je connais entre Moissac et Auvillar une déception épouvantable. Mes certitudes les mieux ancrées, mes convictions les plus fondées, ce qui m'apparaissait le plus sacré dans la confiance donnée, presque les fondements de ma vision du monde et des gens, s'effondrent mollement trois kilomètres après Moissac ; le GR 65-*Camino francés* quitte la lumineuse cité en suivant à l'ouest le Tarn puis le canal du Midi, qui lui est parallèle à ce niveau, avant de continuer à longer la Garonne après sa confluence avec son affluent. La destination de beaucoup de pèlerins et autres randonneurs quittant la ville est Auvillar, juste de l'autre côté du grand fleuve, si bien que des esprits faibles pourraient se laisser aller à lâchement envisager de suivre le chemin de halage du canal, relativement frais en bordure de l'eau et ombragé sur tout son parcours, jusqu'au fameux pont sur la Garonne. J'ai expliqué plus haut que la logique des responsables du tracé des GR n'est pas de cet ordre, qu'elle méprise, voire stigmatise, toute solution visant à rechercher une plate facilité qui négligerait le sens et la beauté de l'effort.

Par conséquent, le GR décide quelques kilomètres après Moissac de reprendre sa fière autonomie et d'oublier qu'il est aussi le *Camino francés* de Compostelle. Il quitte bien vite le trajet horizontal et confortable. Il préfère sans surprise diriger les marcheurs vers de rudes escarpements démunis de tout ce qui pourrait les protéger de l'ardeur du soleil et, comble du délice, le chemin les conduit à redescendre dans la moindre faille, la plus solitaire et étroite des dépressions, le vallon creusé par le ruisseau le plus insignifiant, pour leur offrir le plaisir de remonter bientôt une sente à découvert et raide, à peine marquée dans l'herbe sèche, et d'escalader ainsi au plus abrupt le mamelon ou la colline d'après. Puis, après moult détours, le GR redescend benoîtement sur le chemin de halage qu'il avait quitté quelques kilomètres auparavant, ses concepteurs soulagés d'avoir évité aux marcheurs un cheminement émollient. Telle est la règle du jeu, on ne se substitue jamais aux bienfaiteurs qui ont pensé avec une telle sagesse la santé morale des randonneurs et la vigueur spirituelle des pèlerins, on suit les traces rouge et blanc, sinon, on triche. Tricher, passe encore pour un promeneur du dimanche qui ne fait pas vraiment partie de la confrérie, mais pour un vrai dévoreur de chemins, *a fortiori* un pèlerin, il est évident que pour suivre l'étoile il faut commencer par respecter les signes !

Au moins une vingtaine de pèlerins ont pris la route sortant de Moissac à la même heure que moi, ils s'échelonnent par paquets à l'ombre du bord de canal, la température est déjà forte. Lorsque le moment est venu d'échapper enfin à ces conditions vulgairement idylliques de marche et de grimper enfin sur les crêtes, ils persistent tous sans vergogne, sauf moi, à préférer la pire des solutions, celle qui coûte le moins. Ébahi, incrédule, je m'arrête, les hèle : « Non, non, ce n'est pas tout droit, il faut tourner maintenant, c'est par là. » Certains me considèrent d'un air morne et continuent leur chemin. Pour la première fois depuis Le Puy, j'arpente par conséquent ce matin un GR désert, mal tracé parce que, cette portion semblant délaissée par tous, il n'a pas paru nécessaire de faire des efforts de signalisation. Je m'égare par conséquent à deux reprises, remonte ce que je n'aurais pas dû descendre, transpire abondamment, rôtis sur les coteaux, le paradis ! Récompense pourtant il y a, et pas seulement d'ordre psychologique. Je vois des hauteurs que j'ai atteintes, moi et non les petits hommes en file indienne au bord de l'eau, la confluence entre le Tarn et la Garonne et en fais profiter par l'image tous ceux qui suivent mon blog. Et puis mon itinéraire me fait passer par une succession de vergers, si bien que je compense ma dépense physique en me goinfrant d'abricots fabuleux et de prunes rafraîchissantes tombées à terre, je fais une halte prolongée dans un verger de cerisiers de la variété burlat dont beaucoup d'arbres sont encore couverts de fruits bien trop mûrs pour être désormais récoltés, certains presque confits, gorgés du sucre qu'y a concentré un soleil désormais ardent. Il n'empêche, la solitude dans laquelle j'éprouve ces plaisirs témoigne de ce que tout fout le camp, vraiment.

Une nappe de soleil

Auvillar est une petite ville au bord de la Garonne, avec son ancien port de batellerie et la ville haute située sur un éperon rocheux dominant le fleuve, une centaine de mètres au-dessus. Jadis fief de la Navarre, sa prospérité repose aux XVIIe et XVIIIe siècles sur les industries de la faïence et des plumes d'oie utilisées en calligraphie, ainsi que sur le transport fluvial. Je loge dans une chambre d'hôtes tenue par une délicieuse vieille dame qui me reçoit dans une chambre de son époque, avec un lit-cage, des coffres, de belles armoires en bois sculpté et d'innombrables bibelots sur moult guéridons. La belle porte cochère de la demeure, sculptée elle aussi, donne sur les arcades de la grande place dont le centre est occupé par une harmonieuse halle circulaire. L'ensemble est très beau. Je passe la fin de l'après-midi attablé sur une terrasse panoramique qui domine la Garonne à écrire mon billet et à jouir sans restriction de la grâce du lieu et du bonheur d'être là. Le soir, un spectacle monté par les habitants fait revivre le passé de la cité aux temps anciens du pèlerinage de Saint-Jacques-de-Compostelle. Le lendemain mon étape me mène à Lectoure, à environ trente-deux kilomètres de là. Le chemin passe par la Lomagne, région agricole à cheval sur le Tarn-et-Garonne et le Gers que j'ai abordé à neuf kilomètres du départ. Dans ce paysage de douces collines asymétriques dont l'un des côtés a une pente peu marquée alors que l'autre est plus abrupte, les grandes cultures fruitières ont disparu, remplacées par des champs de blé et autres céréales à paille, de maïs, de tournesol, par des parcelles de melons, de fraises et d'ail dont le Gers est le plus grand producteur français. Le bétail est rare en rase campagne, les palmipèdes, canards et oies, sont nombreux à proximité des fermes. Tout cela nous éloigne un peu du « jardin d'éden » que j'ai décrit autour de Moissac mais donne le sentiment d'une campagne paisible où il fait bon vivre. Marchant dans cet environnement charmant mais répétitif, je me remémore les impressions que m'ont laissées les différents départements et régions traversés et me promets d'en faire un bilan presque définitif une fois parvenu à l'étape. La magie des rencontres en décide autrement.

J'arrive avant midi à Castet-Arrouy, une charmante petite commune gersoise située à environ vingt-deux kilomètres d'Auvillar. J'y tombe sur un modeste restaurant dont les tables sont disposées à l'ombre de vieux marronniers sur la place commune de la mairie et de l'église. L'endroit me plaît tout de suite, je décide de m'y arrêter jusqu'à l'heure du déjeuner et m'installe. Les randonneurs éventuels ne sont pas encore là et ce sont des gens du village qui prennent bientôt place à trois autres tables. À l'une s'assoit un groupe de trois personnes, dont une alerte aïeule, sans doute octogénaire. Le patron vient préparer la table, y mettre une nappe, les couverts. « Tiens, une nappe de soleil », s'écrie l'aînée, avant de répondre au patron qui s'enquiert de savoir s'ils désirent un apéritif : « Apporte-nous donc de ton petit rosé gouleyant, il réjouit les vivants. » Ce sont là des paroles bien banales, elles provoquent pourtant chez moi une indicible émotion. La vieille dame n'a pas fait remarquer que la nappe est jaune, elle parle d'une nappe de soleil, transfigurant ce faisant l'objet et la remarque, elle les auréole d'un halo de joie et d'optimisme, que confirme son goût pour ce si réjouissant petit rosé. Le bistrot propose des menus – entrée-plat-dessert et quart de vin compris – pour treize euros, on est là dans la plus grande simplicité, au demeurant délicieuse, mais la nappe est de soleil, le petit vin gouleyant et réjouissant, et cela change tout. Le bonheur de vivre est palpable et à l'évidence partagé. Cette jubilation-là n'est pas l'apanage de privilégiés, elle est vécue par de petites gens qui savent la trouver dans les choses ordinaires de la vie et témoignent ainsi de leur superbe appétence de l'existence. Une leçon extraordinaire pour moi qui viens de croiser tant de personnes anorexiques de ce point de vue, promptes à assombrir tout ce qu'elles touchent et vivent.

Imaginez que l'on imite cette dame gersoise. Déjà les yeux de l'aimée sont d'azur, émeraude, de jais, ses seins, des fruits gorgés de soleil, sa peau est dorée comme celle d'un abricot ou d'une pêche, ses lèvres évoquent les plus charnues des cerises, elle a la grâce d'une antilope, est souple comme une liane, son parfum est aussi suave que celui des fleurs, ses cheveux évoquent... etc. Le registre est presque intarissable, le Cantique des cantiques et les poètes s'en sont servis et s'en servent abondamment. Pourquoi le bleu de travail ne serait-il pas couleur des mers du Sud, le bruit de la chasse d'eau n'évoquerait-il pas l'écoulement d'un torrent de montagne ?... Je laisse au lecteur le soin de développer le filon selon son imagination.

Le bleu pastel d'un pays de cocagne

Je ne connaissais pas Lectoure mais en avais
entendu parler comme d'une petite ville attachante
méritant une visite et avais donc décidé d'y faire une
halte d'une journée, la dernière avant la fin de mon
périple. Ce fut là une décision dont je me réjouis
aujourd'hui. Cette ancienne ville épiscopale, fief des
comtes d'Armagnac, ensuite âprement disputée pendant les guerres de religion, est perchée sur un éperon
rocheux presque à l'aplomb duquel s'élèvent les hauts
remparts qui l'enserrent. De belles demeures des XVIIᵉ
et XVIIIᵉ siècles descendent vers ces remparts du point
haut de la ville occupé par la cathédrale Saint-Gervais-
et-Saint-Protais. Ma visite prolongée de Lectoure est
cependant surtout pour moi l'occasion de me plonger
dans l'histoire du pastel au pays de cocagne et du
renouveau de son utilisation et de son artisanat au
pied même de la cité.

Le bleu pastel est connu depuis la plus ancienne
antiquité. Les Égyptiens l'utilisaient sur leurs momies,
les Grecs à des fins cosmétiques et de teinture, et les
Gaulois, en particulier, pour effrayer les Romains. Le
bleu aurait été pour ces derniers une couleur plutôt
maléfique, si bien que des guerriers gaulois s'en tei-
gnaient de la tête aux pieds pour terroriser leurs adversaires lors des embuscades. Là résiderait l'origine de
l'expression « une peur bleue ». Par la suite, *Isatis tinc-
toria*, puisque tel est le nom savant de la crucifère bien-
nale en question, est cultivée sous différents noms dans
le nord de la France (son revenu expliquerait la magnificence de la cathédrale d'Amiens) et en Allemagne.

Cependant, la qualité du bleu obtenu dépend de l'ensoleillement, elle exige en particulier une période d'au moins quinze jours continus de soleil non voilé. C'est pourquoi la culture est délocalisée au XVe siècle sous le nom de pastel dans le sud-ouest de la France, principalement dans le triangle Toulouse-Albi-Carcassonne où les surfaces emblavées en arrivent même à dépasser celles des céréales ; la région s'enrichit de la production de l'or bleu, au point que l'appellation de pays de cocagne, pays des conques, devient synonyme d'opulence. Les plus beaux hôtels particuliers de Toulouse sont notamment des conséquences directes de cette activité et du commerce dérivé. Ce commerce périclite rapidement après 1562 lorsque la découverte de l'Amérique le siècle précédent débouche sur la mise sur le marché du bleu indigo, plus facile à obtenir et par conséquent moins cher, d'utilisation plus aisée.

C'est que la technique traditionnelle de préparation de l'or bleu était longue et complexe. Elle mobilisait toute la famille. La plante, qui ne paye pas de mine, ressemble à une grande salade ou à de l'oseille ; elle produit les feuilles une année, fleurit et monte en graine l'année suivante. Le pigment est extrait des feuilles récoltées à l'époque en quatre fois, de juin à octobre, pour ne prélever que celles dont la maturité est optimale. Après séchage soigneux, ces feuilles étaient broyées dans un moulin spécial qui permettait d'obtenir une pâte avec laquelle les femmes et les enfants confectionnaient des conques, boules de la grosseur d'un petit melon, réduites après séchage à une taille intermédiaire entre celles de la balle de tennis et de ping-pong. Les conques étaient mises à sécher dans des locaux spéciaux des grandes propriétés ou bien, chez les petits paysans, dans des paniers montés au sommet d'un mât élevé. Le produit fort précieux attisait les convoitises, si bien que l'on enduisait les mâts de graisse de porc pour se préserver des vols. Telle est l'origine des « mâts de cocagne ». L'année suivant la récolte des feuilles, les conques séchées étaient écrasées pour former un produit noir verdâtre granuleux, l'agranat. Les tissus étaient mis à teindre dans de grandes cuves dans lesquelles on mélangeait d'abord l'agranat à de l'eau additionnée d'urine masculine. Les « pisseurs » étaient des professionnels auxquels on faisait boire abondamment des boissons alcoolisées pour qu'ils vident leur vessie bien remplie d'une urine forte dans les cuves des teinturiers. Le tout macérait encore quelques jours dans la chaleur de l'été et dans une puanteur que l'on peut imaginer pour que se développe la coloration bleue sous l'effet, on le sait aujourd'hui, d'une oxydation en milieu légèrement alcalin, ce à quoi pourvoyait l'urine fermentée.

Le maréchal Lannes, fidèle de Napoléon Bonaparte, était un Lectourois. Il obtient de l'empereur que l'on renoue avec la teinture au pastel des uniformes des grognards. Les ingénieurs impériaux mettent alors au point une technique de macération dans l'eau chaude qui permet d'obtenir le pastel en huit jours au lieu de quinze mois. Hélas, ce renouveau ne se prolonge pas sous la Restauration. C'est à deux Belges, Henri et Denise Lambert, que l'on doit la relance depuis une quinzaine d'années de la culture du pastel en France et de la teinture dérivée. Ces professionnels des métiers d'art tombent amoureux de Lectoure et décident en 1994 de s'y établir dans une ancienne tannerie au pied de la cité, après avoir vendu tous leurs biens à Bruxelles. Ils sont étonnés par la couleur bleue des anciens volets. Dans le temps, les paysans récupéraient la pâte bleue qui restait au fond des cuves de teinture pour enduire leurs bois, charrettes et huisserie. Telle serait l'origine de l'idée un peu folle de ce couple de faire revivre l'âge du bleu pastel. Ils ont bien sûr au départ à faire face à un scepticisme généralisé. Aujourd'hui, quatre-vingts hectares de plantes sont cultivés dans l'Ariège ; la teinture est réalisée à Lectoure selon des méthodes fondées sur la technique napoléonienne modernisée. Ici, l'urine des « pisseurs » est opportunément remplacée par un peu d'ammoniaque et du glucose. L'huile des graines est employée pour différents usages cosmétiques et médicinaux avec l'aide de chimistes et dans le cadre d'un dynamique réseau de collaborations industrielles et universitaires. La teinturerie est aujourd'hui débordée par les commandes ; elle s'est diversifiée dans les colorants pour artistes et peintures « haut de gamme ». Une belle histoire en somme.

Somptuosités gasconnes

La distance de Lectoure à La Romieu puis à Condom avoisine trente-cinq kilomètres, à parcourir par l'éprouvante chaleur qui règne depuis une semaine, en campagne découverte et pratiquement en plaine. Je respecte mon « plan canicule » en ce qui concerne les départs dès potron-minet, mais ne puis en revanche y être aussi fidèle sur le plan de ma détermination à m'arrêter aussi peu que possible avant l'arrivée finale à l'étape. En effet, le patrimoine historique religieux et civil des régions traversées est exceptionnel, si bien que le marcheur, dont le but est la beauté plus qu'un objectif géographique précis, est sollicité presqu'à chaque village traversé, et même entre eux puisque la campagne est parsemée de belles demeures seigneuriales, de châteaux forts et de petites églises ou chapelles romanes qui tous méritent qu'on s'y arrête. Ce jour, je quitte Lectoure, ville épiscopale, passe par La Romieu, un village dont la collégiale gothique Saint-Pierre, voulue par le seigneur local membre d'une branche des Armagnac, a une dimension de cathédrale, pour terminer l'étape à Condom, une seconde ville épiscopale. Dans toutes ces localités, de belles demeures des XVe au XVIIIe siècles témoignent d'une aisance économique qui s'est prolongée pendant des siècles et dont les racines sont multiples.

Depuis surtout le XIIe siècle, le pèlerinage de Saint-Jacques-de-Compostelle, précédé par ceux de Saint-Sernin à Toulouse et de Sainte-Foy à Conques, a dirigé un flot ininterrompu de dons sur les communautés religieuses des différentes étapes, phénomène qui a remodelé le patrimoine religieux du pays et se manifeste avec une particulière vivacité dans le Sud-Ouest où convergent différentes voies jacquaires. Par exemple, les tracés venant de Rocamadour et du Puy se rejoignent à La Romieu. Un second facteur est lié à l'histoire : une partie de la Gascogne comme l'Aquitaine fut anglaise pendant trois siècles. Le mariage d'Aliénor d'Aquitaine avec Henri II Plantagenêt en 1152 fait tomber la région dans l'escarcelle des Anglo-Angevins. Cependant Philippe Auguste reprend la partie orientale de la province à Jean sans Terre en 1202. En revanche, la Gascogne occidentale reste anglaise jusqu'à la fin de la guerre de Cent Ans en 1453. La Gascogne est donc une région disputée, convoitée, qui se couvre de bastides et de châteaux forts, mais qui bénéficie de la situation comme ce fut le cas, entre 1870 et 1918, pour l'Alsace et la Moselle. En particulier, l'élection en 1317 de Condom au titre de ville épiscopale est liée à la situation de division de la province et au désir des Anglais et de l'abbé de la ville d'avoir leur propre évêché distinct de celui d'Agen.

Sous la domination anglaise, le commerce du vin et de l'alcool connaîtra une expansion remarquable qui sera longue à reconstituer après la victoire finale de Charles VII sur l'Anglais. Après le retour de la région à la France, j'ai rappelé la ressource exceptionnelle procurée par la culture du pastel et les activités dérivées, entre approximativement 1462 et 1562, en Lauragais, Gascogne et Bas Quercy. Plus tard, au XVIIIe siècle, les négociants de l'alcool armagnac ont pignon sur rue à Condom, ils font construire de somptueux hôtels particuliers qui contribuent au cachet de la cité gersoise. Enfin, nous sommes ici dans une région agricole riche. En définitive, le pèlerinage de Compostelle et l'attention des Anglais à leurs possessions disputées dans le Sud-Ouest, la richesse des sols, la vigne et l'alcool après le pastel, se liguent en quelque sorte pour ralentir le marcheur en quête de beauté et pour le faire rôtir sous la canicule.

L'arpenteur du chemin ne s'en plaint pas, cependant, le génie humain a contribué à rendre la Gascogne magnifique, ce qui, à l'expérience, est sinon rafraîchissant, au moins permet d'oublier pour un temps la chaleur. C'est ainsi que je visite en plein midi La Romieu, grimpe au sommet de la tour octogonale de sa collégiale, déambule dans le cloître, observe la tour du cardinal d'Aux. La pierre claire de la collégiale réverbère un soleil brasier à l'éclat insoutenable, il contribue au spectacle somptueux. Je ne reviens sur terre qu'en reprenant la route de Condom, encore longue et toujours aussi torride. Là, la magie se reproduit lorsque je débouche sur la place dégagée au centre de laquelle s'élève la fière église cathédrale, gothique et consacrée elle aussi à saint Pierre. À son pied une œuvre récente figure le groupe des quatre « trois mousquetaires ». Cette première partie de la saga d'Alexandre Dumas a enchanté toute mon adolescence, si bien que, l'esprit peut-être troublé par un début d'insolation, je m'identifie sur-le-champ au plus célèbre d'entre eux, le Gascon courageux, vantard et paillard d'Artagnan. C'est lui qui, demain, continuera le chemin.

Flamberge au poing

J'ai dormi à Condom, la nuit dernière, mes rêves bercés par le plaisir narcissique d'avoir admiré les belles statues en bronze de mes trois amis si chers, Aramis, Athos et Porthos et de moi-même, que ma belle cité gasconne sur les bords de la paisible Baïse a fait ériger en notre honneur. Justement, hier soir, alors que je tentais de combattre la chaleur étouffante dans une auberge sur la place et ingurgitais pichet sur pichet, un cavalier tout poudré de la poussière du chemin qui, mélangée à la sueur dégoulinante, laissait des stries noirâtres sur son visage se précipite vers moi : « Ah, te voilà enfin, mousquetaire ! C'est Porthos qui m'envoie. Il est à Eauze et a appris que tu passais par chez lui ; il veut te voir, demain, avant le déjeuner si tu peux. Ça a l'air important et urgent. Vas-y ! » Diantre, Porthos dans le coin et qui me fait mander, dans quel pétrin s'est-il mis, le bougre ? Bien sûr, pas question de ne pas répondre à son appel, notre devise dans le temps n'était-elle pas : « Un pour tous, tous pour un ? » N'empêche, j'étais drôlement embêté. On était vendredi, mon cheval était déferré, le maréchal ne travaillait pas ce samedi car il était justement à la foire d'Eauze.

Tant pis, il n'y a pas à hésiter, j'irai à pied. Avec la canicule qui sévit, c'est plutôt une bonne chose que ce grand dadais de Porthos m'espère à l'heure du déjeuner, cela me forcera à me lever tôt. À 5 heures je suis réveillé. Le temps de prendre une sérieuse collation et de me préparer, à 6 h 30 je m'élance, flamberge au côté, prête à être dégainée, sur le chemin qui est juste celui qu'empruntent les jacquets, je le connais bien. Je commence par aller bon train dans les premières lueurs de l'aube au milieu des vignes dont mes compatriotes vignerons tirent l'aygo ardens, ce délectable alcool que les jacquets ont fait connaître à toute l'Europe et que, jeune, j'ai vu expédier par des barges sur la Baïse. J'assiste alors au lever d'un soleil grand et rond, d'apparence paisible à cet instant mais dont je connais trop bien le pays pour savoir qu'il sera bientôt « ardens », lui aussi. Je ne marche pas depuis une heure quand un cavalier différent de celui d'hier me rejoint à bride abattue : « Mousquetaire, je savais te trouver sur la *via Podiensis* des jacquets. Peux-tu te détourner de deux ou trois kilomètres du *Camino francés* pour passer par Larressingle ? Il y a là-bas des quidams qui ressemblent à des coupeurs de bourses ; ils viennent d'arriver et terrorisent tout le monde. » Ah, fichtre bleu, il ne sera pas dit que l'on fait appel au vieux d'Artagnan et qu'il se défile. J'y vais, flamberge au poing. Ah, mes amis, quelle belle cité que Larressingle, bien à l'abri derrière ses hautes murailles, défendue de plus par son fier château. Les étrangers se sont fait passer pour des colporteurs, ils sont dans la place alors que le seigneur des lieux est absent, caché je ne sais où : il a pris part à la fronde et le cardinal ne lui pardonne pas. Alors d'Artagnan est arrivé, pressé, le grand d'Artagnan comme on dit des fois, sa flamberge tournoyante, criant « Montjoie saint Denis ». J'aurais aimé que vous assistassiez à leur piteuse déroute. Ce n'est pas tout ça, l'heure passe et Porthos a besoin de moi.

Je coupe alors pour rejoindre le pont d'Artigues, passage obligé des jacquets depuis toujours. Beau pont, ma foi, avec ses arches romanes irrégulières. Puis, remonté sur le plateau, je retrouve les vignes… et le soleil qui commence à mettre ses menaces à exécution. Il est haut et les feuilles de vigne me sont de peu de secours, elles ne protègent en principe qu'une partie de l'individu, la sœur de flamberge, sans beaucoup d'efficacité contre l'astre, pas plus que contre Milady, ou même ma douce mais si ardente Constance, dont les astres sont dévastateurs, eux aussi. Bon, je m'égare, allons. En chemin, des blancs-becs des deux sexes voyant mon aspect chenu se mettent dans la tête de me suivre, voire de me précéder, les sots. Je les laisse bientôt tout suants et haletants derrière moi, ils ne doivent pas encore être céans. Je rencontre aussi une jolie biche très tendre qui me dévisage longuement dans un champ d'orge en cours de fauche, avant de trouver refuge dans la partie encore non fauchée, sautant de sorte que je vois réapparaître ses petites oreilles toutes droites et son joli derrière, comme celui de Constance, et même de Milady, la garce… Bon, je m'égare encore, hâtons-nous.

Mon trajet est ce matin de deux types. Soit des allées ombragées au bord de l'eau, infestées de moustiques, soit d'arides chemins sur les coteaux. Dans les premières, je tâche de chasser les bestiaux agressifs par de vastes battements de mon grand chapeau à plume, avec une efficacité toute relative, si bien que je préfère encore griller en plein soleil. Pour atténuer l'effet de la cuisson, je trempe, chaque fois que j'en rencontre, même si elle est de propreté douteuse, mon grand chapeau dans l'eau. Sa plume alors piteuse ne se dresse plus aussi fièrement. Milady aurait ri, la cruelle, et même la prude Constance aurait souri. Ne voilà-t-il pas que je recommence à divaguer. Du sérieux, l'heure est grave. J'arrive passablement épuisé, déshydraté, au bord du coup de chaleur. Quand il s'agit de porter secours aux amis, on ne s'économise pas ! Le clocher de la collégiale s'apprête à sonner les deux coups de l'après-midi lorsque je rejoins enfin Porthos. Il ne semble guère en danger, le bougre, attablé devant une pantagruélique assiette de garbure qu'il a presque terminée. « Te voilà enfin, il fallait que tu vinsses, je me suis procuré ces cruchons de floc, ce superbe foie gras d'oie et ce confit de canard, avec un barillet d'eau-de-vie de chez vous, je ne vais tout de même pas me taper tout cela seul ! En t'attendant, j'ai consommé un en-cas, tu vois. » Sacré Porthos, on ne me le refera pas !

Marcher plus vite que son ombre

Après Eauze, j'arrive à Nogaro dans la matinée, presque à la fraîche. Plus grand-chose sur le trajet ne me distrait en effet d'avancer bon pas sans m'arrêter. Je me promène l'après-midi dans la petite ville désertée en ce dimanche où la chaleur a vidé les rues des quelques Gascons qui pourraient ne pas sacrifier sans cela au rituel de la sieste dominicale. Il faut

reconnaître que les mets locaux sont des plus savoureux mais que leur digestion requiert bien une
robuste pause postprandiale, surtout s'ils ont été
arrosés de floc en apéritif, puis d'un gouleyant côtes-
de-gascogne et enfin d'un doigt d'armagnac en
digestif. Un chaud dimanche d'été en Gascogne sur
la route de Compostelle, en somme. Ne s'avancent en
titubant dans la brûlante fournaise de l'après-midi
que les pèlerins ivres de fatigue qui se hâtent comme
ils ont encore la force de le faire vers leur gîte et ses
douches, après s'être parfois écroulés d'abord à la
terrasse des rares débits de boissons ouverts. Les marcheurs les plus matinaux et les plus rapides, ceux qui
savent avancer sans s'arrêter pendant des heures, ce
qui exclut hélas les familles avec des enfants, sont
comme moi déjà arrivés à l'étape depuis longtemps
et communient avec les villageois dans la pratique
scrupuleuse de la sieste réparatrice. J'assiste vers
18 heures à Nogaro à l'entrée d'une famille nombreuse québécoise en manifeste difficulté. Je les ai vus
déjà plusieurs fois sur le chemin. Il y a là une enfant
de trois ans, la plupart du temps en poussette ; elle
souffre d'un eczéma que la sueur et les insectes d'un
été brûlant n'arrangent guère. Un de ses frères âgé
d'environ six ans est visiblement épuisé, ses pieds sont
en un très mauvais état, tous sont au bord de l'accablement. Je suis plus que réservé sur l'association des
jeunes enfants qui n'en peuvent mais, mais se plient,
parfois au mépris de leur intérêt physique, voire de
leur sécurité, à la passion des parents. Je pense que
l'héroïsme que suscite un rêve ou un défi concerne

ceux qui les partagent, à l'exclusion de tous les autres.

Je suis quant à moi, après déjà mille huit cents kilomètres à arpenter routes et chemins, en pleine forme. Ma liaison avec mes allemandes de chaussures est sans nuage, il n'y a rien pour me ralentir que la chaleur extrême que je supporte malgré tout plutôt bien, je trace… Sur le GR 65-*Camino francés*, les pèlerins que je double à plusieurs reprises après mes haltes dans les hauts lieux du chemin se sont donné le mot, je suis pour tous « le monsieur qui marche plus vite que son ombre ». L'image m'a intéressé, j'ai décidé de tester si cette réputation était bien fondée ou alors surfaite. Durant la longue étape entre Condom et Eauze, j'ai observé dès le petit matin les positions respectives de mon ombre et de moi-même. Au départ, mon ombre avait une avance considérable sur moi, sa tête devançait la mienne de près de vingt mètres mais je restais au contact. Alors j'ai forcé le pas, avec succès. Peu à peu, je l'ai grignotée, mètre par mètre. À 14 heures, je l'avais rattrapée et commençais à la dépasser, sans parvenir néanmoins à la semer comme je le fais en général des autres randonneurs. Comme moi au petit matin, elle restait au contact. Enfin, assez satisfait de ma performance, j'en faisais part à l'étape à d'autres randonneurs avec lesquels j'avais eu le temps de me lier.

Imaginez ma déception lorsqu'ils m'affirmèrent que c'était tout pareil pour eux, que je savais se mouvoir bien plus lentement que moi. Tous, nous marchions en fait plus vite que nos ombres. Ma perplexité crût encore de trois crans lorsque la responsable du gîte où nous nous rencontrions se mêla à la conversation : « Vous savez, moi je reste assise là une partie de la journée, sans trop bouger car d'abord je surveille ma fillette et, ensuite, je guette votre arrivée. Eh bien, moi aussi, sans bouger, je rattrape mon ombre lorsque je regarde là où vous irez demain. Bien sûr, lorsque mon regard porte vers la direction par où vous devez arriver, c'est l'inverse, c'est elle qui me grille. » Perplexe d'abord, je laissai bientôt éclater mon enthousiasme. Quelle leçon ! En fait, nous sommes tous capables de rattraper notre ombre, à la condition toutefois de marcher dans la bonne direction. Et même, il n'est pas indispensable de marcher, regarder dans cette direction suffit. Ah, vraiment, il fallait cette expérience unique du chemin pour s'approprier ces vérités profondes, alléluia.

Ma vélocité pédestre me sera particulièrement précieuse dans les jours qui suivent. En effet, les étapes vers Aire-sur-Adour, dans les Landes et en région Aquitaine, puis vers Arzacq-Arraziguet (Pyrénées-Atlantiques), à la porte du Béarn, seront toutes supérieures à trente kilomètres. Elles me feront passer des basses terres des Landes de Gascogne aux doux vallonnements de la Chalosse et à ceux du Nord-Béarn. Le paysage agricole comporte du maïs, puis d'immenses champs irrigués de maïs, enfin d'autres parcelles emblavées de maïs, bien arrosées elles aussi. D'énormes engins d'arrosage de cinquante mètres de long au moins sont raccordés à des vannes réparties sur tout le territoire et déversent toute la journée des trombes d'eau indistinctement sur les plants de maïs et sur les marcheurs et autres pèlerins ravis de ce baptême d'un nouveau genre. Je soupçonne certains agriculteurs de ne pas même fermer les robinets la nuit car j'ai le plaisir d'être aspergé et trempé de la tête aux pieds à 7 heures du matin ; j'aurais volontiers attendu que le soleil fût plus haut ! Tout du long, c'est tout droit, tout plat et très chaud, conditions favorables aux mirages. Après cinquante kilomètres au milieu des champs de maïs, je perds le sens du temps et du réel. Croisant selon les terrains des plantes de trente centimètres et d'autres de plus de deux mètres de haut, j'ai l'impression de les voir grandir à vue d'œil sous l'effet de leur arrosage continu et de la température ambiante. D'ailleurs, cela me joue un tour. À l'occasion d'un « arrêt technique », j'accroche ma casquette à un épi naissant. Le temps que j'aie terminé, il me faut me servir de mon bâton de pèlerin pour la récupérer. Je perçois quelque incrédulité chez mes lecteurs compatissants qui m'imaginent sans doute avoir à nouveau été victime d'une insolation m'amenant à importer en Gascogne des galéjades marseillaises. Ils ont peut-être raison mais je sollicite leur indulgence : qu'ils marchent, eux aussi, des heures et des heures durant en plein soleil par une température dépassant les trente-cinq degrés sur des chemins rectilignes entre des champs de maïs à perte de vue, nous verrons s'ils n'observent pas alors, tout comme moi, des choses bizarres. Sinon, lorsque j'échappe aux sortilèges céréaliers, je me réfugie dans mes pensées et mes souvenirs maintenant enrichis de cette expérience qui s'achève ; je ne connais pas l'ennui.

Ressort et fierté, un optimisme qui se confirme

L'entrée en Béarn marque le début de la fin de mon périple, les autorités et les médias locaux le voient en tout cas ainsi. À partir de maintenant, je dois faire face à de nombreuses invitations par les édiles et sollicitations par la presse, les radios et chaînes TV du territoire, et à nouveau par les médias nationaux à mon approche de Saint-Jean-de-Luz. Cet échange fait partie intégrante de mon projet mais il est difficile à gérer lorsque l'on marche plus de trente kilomètres par jour et qu'on assure tout ce qui va avec. Malgré un équilibre difficile à trouver entre les efforts soutenus du marcheur et les contacts tous azimuts, ces derniers sont riches, ils me permettent de confronter mes impressions et analyses aux explications et points de vue de responsables locaux engagés dans la gestion et le développement de leur collectivité, commune, canton, communauté de communes, département et région. Je trouve dans ces échanges la confirmation de ce que j'ai déjà signalé dans ce livre : depuis Decazeville qui a payé le prix fort de l'arrêt des activités minières, j'observe différentes manifestations d'un réel dynamisme économique. Il touche, parfois de manière articulée, les différents secteurs d'activité qui créent des richesses primaires, l'industrie, l'agriculture, l'agroalimentaire et le tourisme.

J'ai signalé le cas de Figeac, noté l'optimisation dans le Quercy des productions d'une terre ingrate, chanté la profusion des productions fruitières et

maraîchères en complément d'une riche polyculture et, déjà, du développement d'un actif marché
du « gras » (foies gras et confits) dans le Tarn-et-
Garonne, etc. Dans certains de ces territoires la terre
est riche (Tarn-et-Garonne, vallée du Lot), dans
d'autres elle est aride (les causses) ou plutôt pauvre
(le Pays basque), dans tous les cas les agents économiques, fiers de leur territoire et de leurs traditions,
font preuve d'un incontestable ressort qui rejaillit,
directement et indirectement, sur les autres secteurs
d'activité : les services, puisque des richesses sont créées
et du pouvoir d'achat engendré, parfois aussi l'industrie
sans relation avec l'agroalimentaire lorsqu'elle trouve
intérêt à bénéficier en termes de notoriété d'une image
valorisante. Tel est le cas de Figeac dont les deux
grandes sociétés aéronautiques portent le nom, ou
encore de Cahors. Dans la préfecture du Lot dont l'activité est surtout tertiaire, une assez grosse société,
la Manufacture d'appareillage électrique de Cahors, a
tenu à conserver sa référence à la ville tout en diversi-
fiant et internationalisant ses activités. Bien entendu,
une telle situation favorable est plus aisée à conserver
et à développer dans les régions qui n'ont jamais été
massivement industrialisées que dans celles qui ont fait
au XIXe siècle le pari du développement industriel quasi
exclusif.

Pourtant, on ne peut s'arrêter seulement à cette
observation de bon sens. Je passe une nuit dans une
chambre d'hôtes d'Arthez-de-Béarn. Allongé en fin
d'après-midi sur une chaise longue dans le jardin
de la famille qui me reçoit, sur une ligne de crête

de collines, j'ai à mes pieds le bassin de Lacq, je le traverserai de part en part le lendemain en route pour Navarrenx. Le gisement de méthane est maintenant épuisé, comme la mine de houille à ciel ouvert de Decazeville ou les mines de fer de Lorraine l'ont été en leur temps. Cependant, alors que l'épuisement de la ressource naturelle, au moins son appauvrissement en deçà d'un seuil de rentabilité de l'exploitation, a abouti là à l'un de ces désastres industriels que j'ai notés, on assiste ici, à Lacq, à un réel mouvement de reconversion et d'implantation d'usines nouvelles qui emploient et emploieront des milliers de personnes. Le groupe japonais Toray, spécialiste de la physico-chimie et ingénierie des fibres de carbone, vient par exemple de s'y implanter. L'emploi industriel dans le bassin peut être comparé à celui qui prévalait au temps de la splendeur de l'exploitation du méthane. Parmi les paramètres de cette différence de sort, il faut relever le type d'activité, ingénierie chimique contre travail de mineur, et le niveau professionnel requis en moyenne. La reconversion à Lacq bénéficie à l'évidence de la possibilité d'utiliser les compétences de nombreux techniciens chimistes dans d'autres secteurs que celui de la chimie des hydrocarbures locaux. Cependant, je suis loin d'être convaincu que, dans les autres situations de changement de donne par épuisement d'une ressource naturelle, le souci du bien commun des décideurs de l'époque les ait amenés à étudier très en amont de l'événement prévisible toutes les solutions au drame humain qui s'annonçait sinon.

L'influence dans les villes, Figeac mais aussi Pau en Béarn, de l'atmosphère d'innovation autour de l'aéronautique, dont Toulouse est le centre, bénéficie du nombre important d'écoles, grandes et plus modestes, grands établissements et universités en Aquitaine et Guyenne, facteur d'un pourcentage élevé de diplômés. Sur un autre plan, l'importance des ressources agricoles a abouti dans le Sud-Ouest à des opérations de diversification des activités de grandes coopératives qui sont devenues des puissances économiques majeures. Le phénomène n'est pas propre à la région, on l'observe aussi dans les autres zones de grande culture, par exemple chez les céréaliers à paille où les betteraviers ; cependant l'influence de ce mouvement me frappe particulièrement ici en Aquitaine et Guyenne. Je sais la forte opposition de certains mouvements agricoles à cette évolution capitalistique du mouvement coopératif et leur hostilité au pouvoir hégémonique acquis par certains de ces groupes. Pourtant, je dois reconnaître que l'utilisation des profits tirés des activités les plus traditionnelles pour investir, par exemple, dans l'agroalimentaire à base régionale participe à l'impression de grand dynamisme de la région. Maïsadour dans les Landes, Euralis en Béarn, Lur Berri au Pays basque sont des exemples typiques de ce type de stratégie et d'évolution. Au départ mouvements coopératifs des maïsiculteurs, ils sont devenus aussi des acteurs majeurs des foies gras et confits, du jambon de Bayonne (jadis expédié par Bayonne mais préparé au Béarn comme au Pays basque), du caviar d'Aquitaine, du saumon et autres produits de la mer, des vins du Sud-Ouest, etc.

Enfin, autre bénédiction de ces régions, elles bénéficient des possibilités du tourisme de masse sur la côte atlantique et dans les Pyrénées et leur piémont, de la manne non négligeable du pèlerinage de Compostelle, toutes sources là encore de revenus conséquents, peut-être dix pour cent de l'ensemble des activités économiques. Le pouvoir d'achat ainsi engendré est facteur de maintien des commerces et de développement des services, ce qui constitue un facteur d'appel à cette nouvelle ruralité. En bref, j'ai la satisfaction de terminer mon périple dans des régions qui témoignent d'un incontestable ressort économique et humain. Il n'offre hélas pas de solution miracle pour les sites les plus sinistrés qui ne jouissent pas des mêmes atouts mais il existe, il participe à la réalité de la France et donne certaines pistes en ce que parmi ses facteurs on trouve des mots-clés de valeur sans doute générale : diversification, niveau de formation, fierté et patriotisme local, optimisme.

Du Béarn au Pays basque, piémont pyrénéen

Depuis le Massif central et ce que l'on peut considérer comme son piémont sud-ouest, le Rouergue, je chemine sur des terres de plus en plus basses. Les points hauts culminaient à quelque deux cents mètres et les points bas à soixante-dix mètres, jusqu'à ce que le vallonnement s'estompe lui-même en abordant la frange est des Landes et ses étendues immenses de maïsiculture. Par manque de chance, cette phase de mon chemin a coïncidé avec le plus fort de la canicule. On peut de la sorte imaginer ma satisfaction de retrouver en m'avançant vers le sud-ouest du Béarn des paysages qui annoncent le piémont pyrénéen. Si les brumes de chaleur d'un temps qui est devenu franchement orageux ne l'avaient masquée, j'aurais dû entrapercevoir déjà la chaîne pyrénéenne depuis trois jours, depuis les crêtes encore modestes qui sont les premières manifestations du plissement d'où sont nées les Alpes et les Pyrénées. Ces ondulations ont d'abord été fort espacées, séparées par d'interminables plaines où j'ai retrouvé soit mon ami le maïs, soit le bassin de Lacq, passionnants sujets de réflexion mais objets « touristiques » d'intérêt limité. Depuis l'abbaye de Sauvelade, les choses changent, les vallonnements se sont rapprochés les uns des autres selon une orientation générale parallèle à la chaîne des Pyrénées, entrecoupés par des vallées plus étroites et elles-mêmes « ridées ». Les vaches et leurs sonnailles sont au rendez-vous, les pentes des prairies entrecoupées de boqueteaux deviennent plus raides, les fleurs réapparaissent dans leur diversité au bord des chemins, on s'approche d'une vraie montagne, on la sent bien avant de la voir vraiment.

Le Béarn traversé est, en contraste frappant avec le reste du chemin de Saint-Jacques depuis le Haut-Forez après Vézelay, très pauvre en chapelles, églises ou sanctuaires plus importants. La transition est brutale quand on vient de la Gascogne gersoise qui possède une impressionnante profusion de ces édifices religieux souvent exceptionnels. C'est que les guerres de religion sont passées par là et qu'elles ont été féroces en Béarn. Jeanne d'Albret, la fille d'Henri II et la mère d'Henri III de Navarre (futur Henri IV de France), chacun le sait, s'est convertie à la religion réformée. Nièce de François Ier, elle a été élevée dans la religion catholique et a épousé le très papiste Antoine de Bourbon, premier prince du sang. Sans doute sensible à l'influence de sa mère Marguerite de Navarre, proche du protestantisme, Jeanne s'en rapproche elle-même alors qu'elle est devenue reine de Navarre à la mort de son père. L'arrivée du pasteur Théodore de Bèze à sa cour hâte sa conversion officielle à Noël 1560. Elle devient alors une militante acharnée de « la cause », fait transformer les églises en temples, guerroie avec les troupes protestantes. Elle échappe en 1569 à la défaite probable contre les troupes de Charles IX grâce d'abord à la résistance inflexible de la bastide de Navarrenx que son père Henri II, après la conquête de la Navarre par l'Espagne, a fait fortifier par un architecte italien en une citadelle imprenable, puis par l'intervention de l'armée de secours anglaise commandée par Montgomery. Les luttes sont par conséquent violentes, seules les églises passées au culte réformé subsistent, le sac des lieux de culte catholiques est général.

Enserrée dans ses fortifications formidables et pratiquement intactes, Navarrenx est l'un des hauts lieux de l'âme béarnaise. Après m'être promené dans les coins et les recoins de ses remparts, tours et bastions, être descendu dans ses fossés, je flâne dans la petite ville et tombe sur le « Centre d'interprétation de

Navarrenx » dans les locaux de l'arsenal. Il est animé par Martine Chéniaux, une ancienne enseignante passionnée d'histoire et spécialiste des chemins oubliés de Compostelle, ceux qu'empruntaient jadis hors des voies principales des pèlerins passant par le Béarn et la Navarre. Elle me fait découvrir des aspects cachés de la symbolique romane, syncrétiques de croyances locales anciennes, me conte l'épopée du chemin de la Mâture par lequel les beaux fûts de la forêt du Pacq franchissaient, à flanc de falaise, les gorges de l'Enfer pour être acheminés ensuite vers Bayonne et devenir des mâts de navires et des avirons. Elle est passionnante. Le soir, je suis invité par Jacques Pédehontaà, le maire du petit village de Laàs, accompagné d'élus béarnais. Soucieux de la perte progressive de toute autonomie des communes au profit des regroupements et autres collectivités, il a envoyé au président Sarkozy une lettre ouverte lui proposant de transformer sa commune de cent vingt habitants en principauté autonome dont, sur le modèle d'Andorre, le président de la République française serait coprince avec l'évêque de Bayonne. Derrière le coup de publicité que représente cette démarche, j'entends un Béarnais fier de ses traditions, désireux de vivre au pays en le faisant connaître et aimer et en utilisant le levier de ses atouts pour le développer. Magnifique !

De Navarrenx, je franchis le gave de Pau et me dirige ensuite vers l'ouest vers le gave du Saison qui marque la frontière entre le Béarn et la province basque de la Soule. L'habitat change alors brutalement. La maison béarnaise est en général en pierres grises ou blondes ; à Litchos, premier village basque abordé dès le gave franchi, elles deviennent toutes blanches, passées à la chaux, aux volets en général, ici dans la Soule, rouge foncé-brun. Cette province est agricole, elle était jadis exploitée par les nombreux métayers d'un petit nombre de gros propriétaires. C'est dire, compte tenu de l'iniquité du système, que la pauvreté régnait. Les huisseries étaient ainsi « peintes » au sang de bœuf qui ne coûtait rien. Selon un principe du même ordre, les pêcheurs basques d'antan utilisaient pour leur part le résidu de la peinture à bateaux, expliquant la tradition sur la côte du Labourd des volets verts et bleus. Le paysage de la Soule, puis de la Basse-Navarre vite abordée avant Saint-Palais, est en revanche dans la continuité de celui que j'ai auparavant décrit, fait de collines presque contiguës où paissent des vaches « blondes d'Aquitaine » et où poussent de plus petites parcelles de maïs, moins irriguées qu'en Béarn ou en Gascogne et d'aspect un peu différent. C'est que, sous contrat avec les grands semenciers nationaux et internationaux, des agriculteurs préparent ici des semences hybrides en plantant des successions de quelques rangs d'une variété mâle castrée avant l'époque de la pollinisation, et d'une autre variété pollinisatrice. Saint-Palais où je fais étape est la première petite ville basque abordée, en bordure du gave d'Oloron. L'homogénéité de l'urbanisme des villages et cités de la province, dont la base est l'église, le fronton de pelote et le café entourés de services, commerces et habitations plus ou moins importants, tous éclatants de blancheur, témoigne de la très forte identité basque dont je retrouverai les manifestations chez mes interlocuteurs. Tous deviendront facilement lyriques en me parlant de leur peuple et de sa langue qu'ils voient descendre des premiers *Homo sapiens* arrivés en Europe, ce qui ferait d'eux les habitants vivant aux plus anciennes origines sur le continent. Ils me rapporteront leurs traditions, me vanteront leurs produits, me rappelleront les hauts faits de leur histoire. En parfaite adéquation avec ce que j'ai observé auparavant, cette fierté basque m'apparaît avoir joué un rôle essentiel, avec le tourisme bien sûr, dans la transformation de provinces jadis très pauvres en une région à l'artisanat florissant et à l'agriculture relativement prospère misant sur la typicité.

Pyrénées, l'adieu aux pèlerins

Le temps est orageux et brumeux lorsque je me mets en route de Saint-Palais pour rejoindre Saint-Jean-Pied-de-Port, terme d'une étape longue et nettement plus accidentée que celles des jours précédents mais parcourue par une température clémente. Il me faut marcher d'abord quelques heures sans aucune visibilité dans les collines du piémont avant que le brouillard ne se dissipe et que je voie enfin l'altière chaîne des Pyrénées qui barre tout l'horizon. Je marche vers elle depuis les Ardennes mais elle se dérobait jusque-là à mon regard, elle constitue la limite sud de mon itinéraire et en annonce la fin imminente, si bien que mes sentiments sont partagés. D'un côté, je suis satisfait d'être parvenu à suivre mon programme de manière scrupuleuse et d'arriver à son terme sans incident majeur. D'un autre côté, la fin d'une aventure dans laquelle j'avais tant investi évoque la Camarde, la Parque Atropos, celle qui coupe le fil, dont on sait l'intervention finale inéluctable mais que l'on n'accueille pas toujours avec joie. Puisque le but réel du chemin est le chemin lui-même, je ressens son interruption prochaine comme un risque de vacuité dérangeante. Il m'appartiendra de la combler, je sais maintenant qu'il existe bien sûr un « après la marche » dont la perspective m'habite depuis déjà plusieurs jours, mais je ne l'ai pas encore investi d'un projet arrêté. Je m'efforce de ne pas me laisser envahir par la nostalgie, déjà. Pourtant, le brouillard et les nuages sont plus prompts à se déchirer dans le ciel que dans mon cœur.

Le paysage traversé mérite pourtant que je reste disponible au plaisir d'y cheminer. Il est fait de collines peu boisées maintenant élevées de trois à cinq cents mètres qui ménagent entre elles de petits cols. L'activité pastorale, ici réservée aux ovins, est omniprésente sur les hauteurs, alors que la vallée d'Ostabat, réputée pour son fromage de brebis que l'on mange de nos jours avec de la confiture de cerises, est de fait bordée de cerisiers aux petits fruits noirs et très sucrés dont la période de cueillette est hélas passée. Le chemin est parsemé de stèles discoïdales aux motifs divers et gravées en langue basque. L'une d'entre elles, dite stèle de Gibraltar, marque avant Ostabat un point de jonction de trois voies jacquaires, celles du Puy, de Tours et de Vézelay. La voie d'Arles emprunte quant à elle la vallée d'Aspe, passe en Espagne par le col du Somport et rejoint les autres plus au sud, à Puente la Reina. On traverse aussi plusieurs bourgs qui se conforment aux standards de l'habitat basque décrit plus haut, ce qui leur confère une élégance presque aristocratique. L'arrivée à Saint-Jean-Pied-de-Port par Saint-Jean-le-Vieux fait passer au pied des collines sur lesquelles s'échelonnent les vignes d'Irouleguy en terrasses superposées sur plusieurs centaines de mètres de dénivelé. Elles ont initialement été plantées au XIe siècle par les moines de Roncevaux pour les pèlerins, puis reconstituées assez récemment après leur destruction par le phylloxéra à la fin du XIXe siècle. Le renouveau de ce vignoble, aujourd'hui AOC, dont la culture exige un travail acharné, est l'une des manifestations du renouveau économique auquel le patriotisme basque contribue sans aucun doute.

Je connais déjà très bien Saint-Jean-Pied-de-Port, petite ville charmante avec son pont « romain » sur la Nive, son église Notre-Dame-de-l'Assomption près du pont et sa citadelle Vauban. Hélas, la cité est devenue hyper-touristique, elle a aujourd'hui quelque chose d'un petit Lourdes tourné vers le pèlerin de Saint-Jacques-de-Compostelle ; je ne peux lui en vouloir mais il est vrai que cela atténue un peu mon plaisir d'y faire étape. J'y resterai peu car le lendemain j'ai décidé d'accompagner une dernière fois les pèlerins jusqu'à la frontière espagnole et la fontaine de Roland, à 1 317 mètres d'altitude, en un long trajet aller-retour. Comme je l'ai déjà rapporté, la plupart des pèlerins qui partent du Puy s'arrêtent à Conques ou à Figeac et reprennent l'année suivante depuis ces villes. Certains poussent en plus d'un mois jusqu'à Saint-Jean-Pied-de-Port ou Roncevaux. La petite minorité qui prolonge d'emblée jusqu'à Santiago est surtout constituée d'étrangers. À Saint-Jean-Pied-de-Port, tout change, non du fait de la confluence des trois voies jacquaires à la stèle de Gibraltar mais surtout par l'arrivée dans la ville basque de cohortes impressionnantes de nouveaux pèlerins, en grande majorité des étrangers, espagnols, anglophones, néerlandais, allemands, etc. Ils débarquent en général des TER en provenance de Bayonne dont ils constituent la majorité des voyageurs. Au matin et une partie de la journée, ils montent en une file continue vers le col frontière avec l'Espagne et la ville ibérique de Roncevaux. C'est là que la tradition fixe le déroulement de l'embuscade tendue par les « Maures » au neveu chéri de Charlemagne, Roland, qui commandait l'arrière-garde de l'armée de son oncle. Ces « Maures »-là n'étaient en réalité pas des Sarrasins mais des Vascons, les ancêtres venus de l'Èbre des Gascons. Il faut reconnaître qu'ils avaient de bonnes raisons d'être furieux contre les Français. D'une part, ils ne voyaient pas d'un bon œil les prétentions de l'empereur de les incorporer à son empire. D'autre part, Charlemagne s'était vraiment mal comporté à leur égard. Il avait franchi les Pyrénées à la demande du wali de Saragosse mais, trouvant la ville porte close, il mit à sac, de dépit, la ville vasconne voisine de Pampelune qui avait pourtant, elle, réellement résisté avec vaillance aux Sarrasins.

Ma décision d'accompagner les pèlerins jusqu'à la frontière espagnole avant de regagner Saint-Jean-Pied-de-Port pour repartir le lendemain vers le nord-ouest par le GR 10 et la crête pyrénéenne est motivée par mon désir de leur rendre hommage et de leur souhaiter bonne chance. Je désire aussi croiser une dernière fois, en revenant vers la vallée, certains des marcheurs que j'ai appris à connaître et à apprécier depuis quelques semaines. Et puis je reprends là contact avec la montagne, la vraie, qui commençait à me manquer depuis plusieurs semaines. Le chemin de Compostelle vers Roncevaux emprunte, hélas, sur sa plus grande partie une route goudronnée, et la densité des piétons de tous âges, dans tous les états physiques imaginables et parlant presque toutes les langues du monde catholique, très peu le français, y rappelle un peu celle des Champs-Élysées à Paris en fin d'après-midi. Les Pyrénées sont pourtant là au rendez-vous. Grâce au temps enfin clair et un peu plus frais, leurs plans successifs se dégagent avec netteté au regard du marcheur qui les reçoit comme une récompense espérée aux efforts consentis. L'après-midi, les dentelles des crêtes et des cimes seront estompées dans une très légère brume de chaleur bleutée qui en accentue le charme romantique et le mystère. Les fleurs sont rares car la chaleur récente les a grillées, mais les chardons des Pyrénées qui s'en accommodent ont revêtu leur plus belle parure bleue dont les nuances tendres contrastent avec les défenses agressives de la plante. Un nombre considérable de vautours fauves de grande taille, au moins un mètre d'envergure, tournoient toute la journée en silence au-dessus des pèlerins qui n'en paraissent pas plus impressionnés que cela, conscients de ce que les cibles potentielles de ces oiseaux de proie sont sans doute plus les troupeaux de chevaux, bovins et ovins partout présents dans les alpages qu'eux-mêmes. L'après-midi se termine lorsque je regagne Saint-Jean-Pied-de-Port, la journée a été longue. Ma nuit est agitée, non du fait de la fatigue mais plutôt d'une certaine appréhension de l'arrivée. Même si j'ai appris à apprécier les compagnons de marche rencontrés à partir du Puy, ce n'est pas leur faire injure que de me sentir soulagé que mon périple se termine de façon plus solitaire dans une montagne moins apprivoisée.

Épilogue pyrénéen

J – 3, Saint-Étienne-de-Baïgorry

Je retrouve vite sur le GR 10, après Saint-Jean-Pied-de-Port, les caractéristiques familières des GR de montagne : faible fréquentation malgré la période estivale et la réputation du GR 10, l'un des plus fameux du pays ; un évitement farouche des routes goudronnées ; des petites sentes à flanc de montagne par endroits si étroites que les deux chaussures n'y tiennent pas côte à côte ; des accès sommitaux sans aucune concession, à vue et en absence de sentier tracé ; toute une atmosphère que je connais si bien et qui, à vrai dire, me manquait un peu. Les randonneurs rencontrés, très dispersés, diffèrent aussi de ceux du *Camino francés* en ce que les aînés y sont beaucoup moins représentés, la moyenne d'âge va des jeunes gens aux adultes jeunes ou « encore jeunes ». En revanche, il est un paramètre très significatif d'un phénomène social qui unit les usagers du tracé très « civilisé » du *Camino francés* et ceux des GR montagnards, voire des « hautes routes » plus exposées et

difficiles que les GR, c'est l'importante fréquentation
féminine. Les hommes sont soit seuls, soit en couple,
plus rarement en groupe masculin. Les femmes sont
en revanche nombreuses à randonner en compagnie
d'une ou de plusieurs autres femmes. Ce phénomène
reflète ce que l'on observe dans les villes et villages où
des associations organisent des promenades collectives
les jours fériés : elles sont fréquentées par au moins
quatre-vingts pour cent de femmes. Tout se passe
comme si leur autonomisation, au moins en Occident,
leur permettait de manifester dans des activités variées
certaines de leurs caractéristiques fréquentes, l'énergie,
la sensibilité au spectacle de nature, la facilité
conservée de s'en émouvoir, la curiosité des choses,
des spectacles et des êtres, la sociabilité. En ce qui me
concerne, le chemin est une occasion de renforcer ma
croissante admiration pour cette façon féminine d'être
humain.

Sinon, je me régale de bout en bout. J'aime ces
rudes montées qui sur le moment semblent vous
épuiser mais qui vous laissent frais comme des gardons après cinq minutes de repos, j'aime ces reliefs
francs, ces crêtes et ces à-pics, ces parois et ces failles,
ces plissements, ces successions de sommets, la multiplicité de ces perspectives lointaines, j'aime tout. La
montagne basque à l'ouest et au nord-ouest de la
Basse-Navarre et dans le Labourd, en s'approchant
de l'Atlantique, ne dépasse guère les onze cents
mètres mais elle domine les vallées de la Nive, puis
de la Nivelle, situées juste à son pied à environ cent
cinquante mètres d'altitude, si bien que les dénivelés

sont sérieux et les sensations, puissantes. Quoique à des altitudes modestes, l'impression est ici celle des hauts alpages au-delà des deux mille mètres : les arbres sont absents et le pastoralisme est très développé – chevaux, blondes d'Aquitaine, ovins à tête noire. Près du sommet du Munhoa, j'avise une jument pie immobile sur un rocher plat face au vide, manifestement aux aguets, les oreilles dressées, les naseaux frémissants et la crinière au vent. Elle ne bouge pas lorsque je m'approche d'elle, j'en comprends la raison : à ses pieds sur la plate-forme de pierre, à un mètre du vide eux aussi, deux jeunes poulains du même âge sont allongés sur le flanc, ils dorment profondément sous la protection de leur mère, au moins celle de l'un d'entre eux. Ce groupe équin qui illustre l'attachement atavique de l'animal à ses petits est d'une force étonnante et d'une majesté inouïe, amplifiées par sa position en bordure du plateau sommital ; les silhouettes se découpent dans la clarté pure du matin, elles dominent la vallée de la Nive et les collines de Basse-Navarre au nord, la côte au loin à l'ouest. C'est sans discussion l'une des images saisissantes que je rapporterai de mon voyage.

J'imagine que le pastoralisme et les inévitables animaux morts dans la montagne qu'il implique sont l'explication des nombreuses colonies de vautours fauves déjà décrites hier. Ces charognards en principe strict sont réputés irascibles, on les accuse même de s'en prendre parfois à des animaux malades mais encore vivants, voire à des nouveau-nés, toutes caractéristiques peu sympathiques qui justifient la vigilance

de la jument magnifique des sommets. Ce sont cependant des oiseaux magnifiques, immenses, au ventre
blanc et au dessus des ailes qui m'est apparu orange
doré, en tout cas scintillant lorsque leur plané silen-
cieux qui dessine d'incroyables arabesques les amène
à virer sur l'aile devant moi ou à s'enfoncer dans la
vallée à mes pieds. Lorsque, las d'observer, fasciné,
cette danse céleste, le regard se reporte sur la pente,
il s'arrête parfois à une bergerie en pierres sèches,
une borde selon sa désignation locale, dont la forme
allongée quadrangulaire et le toit presque plat sont
ceux des jasseries du Haut-Forez dans la Loire. Je
suis en définitive enchanté et comblé lorsque je parviens au terme de mon étape, une petite auberge
située à Urdos, un quartier à quatre kilomètres au-
delà de Saint-Étienne-de-Baïgorry. Là, le calme, le
dîner sous une tonnelle à déguster de belles spécialités
basques, du fromage de brebis consommé avec la
confiture de cerises noires, le tout arrosé de vins
d'Irouleguy, achèvent de balayer pour un moment la
tristesse de la fin proche du chemin. Il est des soirs
où la différence entre « être » et « ne pas être » apparaît dans sa délicieuse évidence.

J – 2, Bidarray

L'étape de ce jour, le 30 juillet, par les crêtes
d'Iparla, est mythique. C'est l'une des plus belles du
GR 10 qui joint, par les Pyrénées françaises, l'Atlantique à la Méditerranée. Je l'ai jadis parcourue sur

toute sa longueur mais, du fait du mauvais temps, je n'avais pu accéder alors à ces crêtes, aériennes et d'abord assez abruptes. Je prends de la sorte aujourd'hui ma revanche par une journée d'été idéale sans aucun nuage jusqu'au soir, ce qui est exceptionnel dans la montagne basque où l'orage de fin d'après-midi est si commun pendant la belle saison. De bout en bout, l'étape est extraordinaire, elle est une révélation et un enchantement. Du pic d'Iparla, à 1 044 mètres, et en fait de presque toute la crête, la vue est exceptionnelle, de la Côte basque et de la Rhune aux hauts sommets pyrénéens, de la Basse-Navarre et du Labourd, provinces du Pays basque français, à la Navarre basque espagnole. Ces crêtes se méritent, on y accède de tous côtés par des chemins très raides et quelque peu exposés au-dessus de Bidarray. Leur face française est une impressionnante paroi verticale de cinq cents bons mètres de hauteur alors qu'elles s'abaissent à l'ouest, en Espagne, par des pentes d'alpages très inclinées. Elles combinent de façon idéale toutes les caractéristiques des crêtes qui méritent d'être rappelées, non pas aux montagnards qui les connaissent mais surtout à tous les autres, surtout ceux qui aspirent à des fonctions de direction.

Monter sur les crêtes et continuer de les suivre est exigeant et n'admet pas la tricherie. Cependant, une fois qu'on les a atteintes, elles permettent d'identifier un chemin jamais aisé, parfois rude, mais toujours distinct. La pureté des lignes est un attribut de la crête. De leur arête sommitale, on distingue non seulement sans ambiguïté la route qu'il faut suivre mais aussi le reste du paysage, en particulier les lointains, ce qui permet au marcheur des crêtes de contextualiser sa progression. De là-haut, on observe aussi avec une certaine pitié moqueuse, avec commisération, les arpenteurs de fond de vallée, de chemins creux. On les voit suivre une direction non pas parce que c'est là qu'ils désirent se rendre mais parce que la vallée y va, parfois jusqu'à un verrou que seul le chemin de crête eût permis d'éviter. Quand le randonneur montagnard est égaré, il sait que son salut réside dans la prise de hauteur, surtout jamais dans la descente non contrôlée dans l'inconnu qui aboutira neuf fois sur dix à des barres rocheuses infranchissables et toujours périlleuses. L'effort consenti pour s'élever sauvera souvent, la mollesse qui amène au choix mortifère de l'abandon à la pente, jamais, ou alors au prix d'une débauche ultérieure d'énergie sans commune mesure avec celle qui eût été nécessaire pour s'élever d'emblée. En bas, l'ombre et l'obscurité règnent, la crête par beau temps est lumineuse. Aujourd'hui, les seules ombres que j'y distingue sont celles de grands vautours qui poursuivent inlassablement leur ballet aérien, guettant peut-être une chute. Je ne vois hélas pas de gypaètes barbus, une espèce d'aigle dont les Pyrénées abritent quelques spécimens, mais, s'il en était venu, je les aurais repérés de loin. Et le mauvais temps, objectera peut-être le lecteur, n'est-il pas plus redoutable sur les sommets qu'en bas ? Oui, peut-être, mais de là-haut je le vois venir de plus loin et ai plus de temps pour me mettre à l'abri. J'aime les chemins de crête. Je ne parle ici que de montagne, bien entendu.

La descente sur Bidarray est vertigineuse. Il est possible en réalité de contourner les difficultés principales en empruntant un excellent chemin muletier qu'aurait fort prisé le *Camino francés* de Compostelle. J'imagine que le concepteur du tracé du GR a repoussé avec indignation une telle bassesse. Il a préféré mener les randonneurs sur un pierrier instable couvrant l'arête qui descend rudement de la crête. On ne triche pas, bien sûr. Me retournant après avoir descendu cette arête incertaine, je me félicite de n'avoir pas à m'y engager en sens inverse. J'aurais cependant dû éviter de me réjouir trop fort et trop tôt.

J – 1, Ainhoa

Après l'extase ressentie sur les crêtes d'Iparla la veille, la remise en route au matin vers Ainhoa est difficile. De nouveau m'assaille l'évidence de l'Océan dont je m'approche, que j'ai d'ailleurs vu distinctement depuis les sommets et en descendant sur Bidarray, Océan sur lequel je m'apprête à buter. Je n'irai pas plus loin et je ne sais pas encore où j'irai. L'esprit embrumé par ces pensées qui prennent un tour obsessionnel, je regarde distraitement sur ma carte peu précise et sur le topo-guide du GR 10 ce que sera mon trajet. Il promet de me reconduire à environ huit cent cinquante mètres d'altitude avant

de redescendre doucement vers Ainhoa. Le chemin
forme une épingle à cheveux aiguë dont Bidarray est
le sommet, l'arrivée depuis les crêtes où j'étais la veille
constituant la branche gauche, et la route que je dois
suivre aujourd'hui, la branche droite. Je l'emprunte,
confiant dans le balisage rouge et blanc, et vite perdu
dans des pensées mélancoliques. Un bon chemin
muletier monte vivement à gauche dans la montagne,
je m'y engage. Les marques sont jaunes et roses, qu'à
cela ne tienne, je retrouverai sans doute le balisage
idoine plus haut. Je consulte mon altimètre, cinq cents
mètres déjà, puis sept cent cinquante, je suis à un
petit col d'où partent plusieurs sentiers. Je dois me
rendre à l'évidence, aucun n'est le GR. La sagesse
serait de rebrousser chemin, je l'ai expliqué. L'ascension a déjà été longue, le soleil devient ardent, un
retour en force de la canicule est annoncé, j'hésite.
Une famille sportive qui est partie pour un circuit de
la journée me rejoint alors, elle dispose d'un plan
établi par le syndicat d'initiative. Le consultant, je vois
qu'un chemin muletier sur la gauche permet de
rejoindre le GR, je pousse un lâche soupir de soulagement, j'ai tort.

Je retrouve en effet bien vite les marques rouge et
blanc canoniques, je les suis. Elles me dirigent immédiatement vers une très rude montée dans un pierrier
instable qui couvre l'arête abrupte d'une sorte de
pilier rocheux en contrebas de sommets que je distingue mal. Je suis en plein soleil, la chaleur devient
pesante, je grimpe, stoïque. Un coup d'œil à l'altimètre, il marque neuf cents mètres, déjà. « Tiens,

pensé-je, le temps doit se mettre à l'orage, la pression barométrique a dû baisser, je n'ai pas calé mon altimètre avant mon départ, ce matin, il surestime l'altitude » ; je continue à monter, envahi pourtant par un malaise grandissant. Le paysage m'est étrangement familier, la grande falaise au sommet de laquelle j'arrive m'évoque quelque chose. Un mélange d'entêtement absurde et de perte de la plus élémentaire des lucidités me fait continuer pourtant. Ce n'est qu'à l'observation d'une altitude de mille trente mètres alors que je n'aurais jamais dû dépasser huit cent cinquante mètres que, d'un seul coup, l'évidence s'impose : je suis bien sûr retourné sur les crêtes d'Iparla, non parce que la passion qu'elles m'inspirent m'y a poussé mais par un mélange détonant d'inconscience, d'entêtement et d'étourderie. J'ai, je l'avoue, un moment de découragement vite surmonté. Je ne suis quand même pas masochiste et, pour éviter d'emprunter la même mauvaise arête empierrée pour une troisième fois, je lui préfère le chemin muletier repéré la veille ; il est près de 13 heures lorsque je rejoins Bidarray que j'ai quitté plus de cinq heures auparavant.

Il m'est désormais impossible de parcourir dans son intégralité le chemin jusqu'à la prochaine étape. Meurtri, marri et honteux, je me fais déposer à proximité du col des Trois Croix : il ne sera pas dit que j'arriverai en voiture à mon dernier gîte d'étape avant Ascain. C'est un hôtel situé sur la frontière, à Dancharia, un quartier périphérique à quatre kilomètres environ du centre pittoresque et animé d'Ainhoa. J'y

parviens après deux heures de marche dans la fournaise d'une fin d'après-midi, rouge de confusion
autant qu'à cause de la chaleur, assoiffé, les sangs au
bord de l'ébullition, passablement épuisé.

J – 0, Ascain

Inutile de s'appesantir sur mon état d'esprit en
débutant la dernière étape de mon long voyage, il est
un mélange de celui du condamné à mort fumant sa
dernière cigarette et du marin rentrant au port après
qu'il a fait un merveilleux voyage dont les multiples
images restent gravées dans son esprit. Il me faut gérer
mon temps au plus juste. En effet, le maire d'Ascain
a décidé de m'accueillir en fanfare à 17 heures son-
nantes, il n'est pas question d'arriver cinq minutes
avant ou après ce moment fatidique. Le trajet depuis
Dancharia me fait d'abord passer par les multiples
ventas, magasins espagnols installés sur la frontière et
destinés aux Français. On peut y acheter de tout, du
matériel de construction aux baignoires et aux
alcools, tabacs et nourritures, c'est fort laid. Le GR
quitte ensuite heureusement la frontière pour se
diriger vers la ville de Sare à laquelle on accède par
une magnifique voie médiévale pavée de galets polis
par les pas des marcheurs et ponctuée d'oratoires.
Sare, comme Ainhoa, est une cité typique et touristique où bat le cœur du Pays basque. La langue
basque orale, l'euskara, y fut au XVIe siècle transcrite
pour la première fois en français par le curé du village.
Très catholiques, les Basques refusèrent en bloc la

Constitution civile du clergé pendant la Révolution et plusieurs jeunes, réfractaires à la conscription, se réfugièrent en Espagne. La cité et d'autres alentour furent déclarées « communes infâmes », leurs habitants déportés et leurs biens confisqués. L'importance de la pratique religieuse explique la présence dans l'église de Sare de belles tribunes en bois de chêne datant du XVIIᵉ siècle, moyen utilisé ailleurs aussi dans la région pour accueillir un plus grand nombre de fidèles.

Après Sare, je monte sur la Rhune, la dernière difficulté du parcours. L'éprouvante et erratique étape de la veille et la perspective de la fin de mon périple rendent mon pas lourd comme jamais depuis Givet. Chacune de mes fidèles chaussures allemandes s'est mise à peser une tonne, le sac semble s'ingénier à me retenir, à me tirer en arrière pour retarder le moment fatidique de l'arrivée. Même les milliers de petits chevaux pottoks qui vaquent en liberté sur la montagne semblent s'être donné le mot pour me barrer le chemin vers Ascain, il me faut les chasser pour parvenir au col des Trois-Fontaines puis plonger dans la vallée. Afin d'arriver pile à l'heure dite, je fais une halte sous les pins, la baie de Saint-Jean-de-Luz à mes pieds, Bayonne plus au nord. Il est l'heure, maintenant, il me faut parcourir les ultimes kilomètres jusqu'au terme du chemin. Dans les faubourgs d'Ascain, le policier municipal vient m'apporter de l'eau fraîche, suivi du maire qui me souhaite la bienvenue. C'est ensuite une garde d'honneur constituée d'un cavalier et de trois cavalières en costume basque blanc et rouge qui vient à ma rencontre et m'escorte jusqu'à la place du village où une estrade a été dressée. J'ai droit à un chant folklorique de bienvenue (l'*Agur jaunak*), à une danse d'hommage (l'Aurresku), à la remise d'un béret basque d'honneur, la *boina* par la rosière locale, la reine de la pomme. C'est qu'on fait partout au Pays basque un cidre âcre et très alcoolisé, que l'on me fait bien sûr déguster. Comme les habitants de ces provinces, il a du tempérament, ce cidre ! Après les discours d'usage, j'ai droit à tant de cadeaux issus de l'artisanat local qu'il me faudra me procurer un immense sac pour les rapporter à Paris. Je passe la soirée avec la municipalité à évoquer ce Pays basque auquel ils sont tous éperdument attachés. Le lendemain, je donne une ultime conférence sur le thème du chemin et de la beauté à Saint-Jean-de-Luz, belle ville côtière du Labourd où le souvenir du mariage du roi Louis XIV avec Marie-Thérèse d'Autriche, le 9 juin 1660, est rappelé partout. C'est maintenant fini. Heureusement, j'ai eu le temps de prendre une décision quant à la suite de ma vie après l'accomplissement de mon vœu, la réalisation de mon projet.

J'ai refait le même examen de conscience qu'à l'été 2011 lorsque ma décision de me mettre en route a été fermement arrêtée. Tout ce que j'escomptais de cette grande traversée du pays s'est produit, très au-delà même puisque la liberté du marcheur solitaire m'est sans doute devenue indispensable. De plus, l'exercice m'a permis d'accéder à la réalité de la France et de ses habitants comme jamais auparavant. J'ai par conséquent la passion de ce qui vient de s'accomplir, j'ai aussi la capacité physique de le renouveler. Rien ne peut par conséquent me dissuader d'en faire l'axe de ma vie pour les années qui viennent, tant que j'en garderai le désir et les moyens. Je repars en mai 2014 de la pointe du Raz en Bretagne pour arriver quelques mois plus tard à Sospel, Castellar et Menton.

Paris, le vingt-trois octobre 2013

Plusieurs personnes ont été essentielles à la préparation et à la réalisation de mon projet au niveau de l'intendance, de la tenue de mon blog et des contacts avec la presse : Joëlle, Claudie, Karine, Alice, Virgile et Pierre-Yves.

Qu'elles et qu'ils soient chaudement remerciés.

Toute ma gratitude aussi à Marie pour son aide inestimable dans la préparation du manuscrit final.

Table

Table 307

Du même auteur :

Société et révolution biologique. Pour une éthique de la responsabilité, INRA Éditions, 1996.
Copies conformes. Le clonage en question (avec Fabrice Papillon), NiL, 1998 ; Pocket, 1999.
La Médecine du XXIᵉ siècle. Des gènes et des hommes (avec Dominique Rousset), Bayard, 2000.
Et l'homme dans tout ça ? Plaidoyer pour un humanisme moderne, NiL, 2000 ; Pocket 2004.
L'avenir n'est pas écrit, avec Albert Jacquard, Bayard, 2001 ; Pocket, 2004.
Raisonnable et humain ? NiL, 2004 ; Pocket, 2006.
Bioéthique et liberté (avec Dominique Lecourt), PUF, 2004.
Doit-on légaliser l'euthanasie ? (avec André Comte-Sponville et Marie de Hennezel), Éditions de l'Atelier, 2004.
Le Secret de la salamandre. La médecine en quête d'immortalité (avec Fabrice Papillon), NiL, 2005 ; Pocket, 2007.
Comme deux frères. Mémoire et visions croisées (avec Jean-François Kahn), Stock, 2006 ; Points Seuil, 2007.
L'Homme, ce roseau pensant… Essai sur les racines de la nature humaine, NiL, 2007 ; Pocket, 2008.

Vivre toujours plus ? Le philosophe et le généticien (avec Roger-Pol Droit), Bayard, 2008.

L'Homme, le Bien et le Mal (avec Christian Godin), Stock, 2008 ; Hachette Littératures, 2009.

L'Ultime Liberté ?, Plon, 2008.

Un type bien ne fait pas ça… Morale, éthique et itinéraire personnel, NiL, 2010.

Faut-il légaliser l'euthanasie ? (avec Luc Ferry), Odile Jacob, 2010.

Controverses. Université, science et progrès (avec Valérie Pécresse), NiL, 2011.

Une histoire de la médecine ou le souffle d'Hippocrate (avec Jean-Claude Ameisen, Patrick Berche, Yvan Brohard), La Martinière, 2011.

Une histoire de la pharmacie. Remèdes, onguents et poisons (préface et postface), La Martinière, 2012.

Les Âges de la vie. Mythes, art, science (avec Yvan Brohard), La Martinière, 2012.

Un chercheur en campagne, Stock, 2012.

L'Homme, le Libéralisme et le Bien commun, Stock, 2013.

Journal de guerre d'un Juif patriote, André Kahn (avec Jean-François Kahn), Tallandier, 2014.

Entre deux mers : voyage au bout de soi, Stock, 2015.

Le Livre de Poche s'engage pour l'environnement en réduisant l'empreinte carbone de ses livres. Celle de cet exemplaire est de : **300 g éq. CO_2** Rendez-vous sur www.livredepoche-durable.fr

PAPIER À BASE DE FIBRES CERTIFIÉES

Composition réalisée par PCA

Achevé d'imprimer en mars 2015 en France par
CPI BRODARD ET TAUPIN
La Flèche (Sarthe)
N° d'impression : 3010538
Dépôt légal 1ʳᵉ publication : avril 2015
LIBRAIRIE GÉNÉRALE FRANÇAISE
31, rue de Fleurus – 75278 Paris Cedex 06